特色鲜明的
地域风情

周丽霞 编著

中国出版集团 现代出版社

图书在版编目（ＣＩＰ）数据

特色鲜明的地域风情 / 周丽霞编著. -- 北京 ： 现代出版社，2018.1

ISBN 978-7-5143-6556-6

Ⅰ．①特… Ⅱ．①周… Ⅲ. ①风俗习惯－中国－通俗读物 Ⅳ．①K892-49

中国版本图书馆CIP数据核字(2017)第285469号

特色鲜明的地域风情

作　　者：周丽霞
责任编辑：李　鹏
出版发行：现代出版社
通讯地址：北京市定安门外安华里504号
邮政编码：100011
电　　话：010-64267325 64245264（传真）
网　　址：www.1980xd.com
电子邮箱：xiandai@vip.sina.com
印　　刷：天津兴湘印务有限公司
字　　数：380千字
开　　本：710mm×1000mm　1/16
印　　张：30
版　　次：2018年5月第1版　2018年5月第1次印刷
书　　号：ISBN 978-7-5143-6556-6
定　　价：128.00元

习近平总书记在党的十九大报告中指出："深入挖掘中华优秀传统文化蕴含的思想观念、人文精神、道德规范，结合时代要求继承创新，让中华文化展现出永久魅力和时代风采。"同时习总书记指出："中国特色社会主义文化，源自于中华民族五千多年文明历史所孕育的中华优秀传统文化，熔铸于党领导人民在革命、建设、改革中创造的革命文化和社会主义先进文化，植根于中国特色社会主义伟大实践。"

我国经过改革开放的历程，推进了民族振兴、国家富强、人民幸福的"中国梦"，推进了伟大复兴的历史进程。文化是立国之根，实现"中国梦"也是我国文化实现伟大复兴的过程，并最终体现在文化的发展繁荣。博大精深的中国优秀传统文化是我们在世界文化激荡中站稳脚跟的根基。中华文化源远流长，积淀着中华民族最深层的精神追求，代表着中华民族独特的精神标识，为中华民族生生不息、发展壮大提供了丰厚滋养。我们要认识中华文化的独特创造、价值理念、鲜明特色，增强文化自信和价值自信。

如今，我们正处在改革开放攻坚和经济发展的转型时期，面对世界各国形形色色的文化现象，面对各种眼花缭乱的现代传媒，我们要坚持文化自信，古为今用、洋为中用、推陈出新，有鉴别地加以对待，有扬弃地予以继承，传承和升华中华优秀传统文化，发展中国特色社会主义文化，增强国家文化软实力。

浩浩历史长河，熊熊文明薪火，中华文化源远流长，滚滚黄河、滔滔长江，是最直接的源头，这两大文化浪涛经过千百年冲刷洗礼和不断交流、融合以及沉淀，最终形成了求同存异、兼收并蓄的辉煌灿烂的中华文明，也是世界上唯一绵延不绝的古老文化，并始终充满生机与活力。

中华文化曾是东方文化摇篮，也是推动世界文明不断前行的动力之一。早在五百年前，中华文化的四大发明催生了欧洲文艺复兴运动和地理大发现。中国四大发明先后传到西方，对于促进西方工业社会发展和形成，起到了重要作用。

中华文化的力量，已经深深熔铸到我们的生命力、创造力和凝聚力中，是我们民族的基因。中华民族的精神，业已深深植根于绵延数千年的优秀文化传统之中，是我们的精神家园。

总之，中国文化博大精深，是中华各族人民五千年来创造、传承下来的物质文明和精神文明的总和，其内容包罗万象，浩若星汉，具有很强的文化纵深，蕴含着丰富的宝藏。我们要实现中华文化的伟大复兴，首先要站在传统文化前沿，薪火相传，一脉相承，弘扬和发展五千年来优秀的、光明的、先进的、科学的、文明的和自豪的文化现象，融合古今中外一切文化精华，构建具有中国特色的现代民族文化，向世界和未来展示中华民族的文化力量、文化价值、文化形态与文化风采。

为此，在有关专家指导下，我们收集整理了大量古今资料和最新研究成果，特别编撰了本套大型书系。主要包括巧夺天工的古建杰作、承载历史的文化遗迹、人杰地灵的物华天宝、千年奇观的名胜古迹、天地精华的自然美景、淳朴浓郁的民风习俗、独具特色的语言文字、异彩纷呈的文学艺术、欢乐祥和的歌舞娱乐、生动感人的戏剧表演、辉煌灿烂的科技教育、修身养性的传统保健、至善至美的伦理道德、意蕴深邃的古老哲学、文明悠久的历史形态、群星闪耀的杰出人物等，充分显示了中华民族厚重的文化底蕴和强大的民族凝聚力，具有极强的系统性、广博性和规模性。

本套书系的特点是全景展现，纵横捭阖，内容采取讲故事的方式进行叙述，语言通俗，明白晓畅，图文并茂，形象直观，古风古韵，格调高雅，具有很强的可读性、欣赏性、知识性和延伸性，能够让广大读者全面触摸和感受中国文化的丰富内涵，增强中华儿女民族自尊心和文化自豪感，并能很好地继承和弘扬中国文化，创造具有中国特色的先进民族文化。

西部沃土

西部文化的特色与形态

云南历史悠久，是人类重要的起源地之一，拥有滇、南诏、大理等古国文明，又是大乘、小乘和藏传佛教的交汇之地，形成了独具特色的舞蹈、音乐等非物质文化。

此外，云南民族众多，各民族都拥有自己灿烂的文化，独特的民间传说，奇异的民族风情，更为这些艺术形式增添了异彩，滇云文化为之生色。

云南有白族、彝族、纳西族等多个少数民族，不但语言、服饰、宗教信仰富有特色，民间节日也多姿多彩，白剧、洞经古乐等都是大理极富民族特色的艺术精品。

彩云南现

七彩云南

雄伟壮丽的崇圣寺三塔

　　崇圣寺三塔位于大理古城西北部1.5千米处，西对苍山应乐峰，东对洱海，南有桃溪向东流过，北有梅溪。

　　崇圣寺三塔始建于南诏王劝丰祐时期，先建了大塔，稍后又建了

崇圣寺三塔

■ 崇圣寺三塔

南、北小塔。修建三塔后，又建了规模宏大的崇圣寺。

据《南诏野史》对崇圣寺记载："基方七里，周三百余亩，为屋八百九十间，佛一万一千四百尊，用铜四万五百五十斛"；有"三阁、七楼、九殿、百厦"之规模。

802年，骠国国王雍羌和王子舒难陀，在南诏王异牟寻的陪同下到三塔崇圣寺祈拜敬香，因而崇圣寺三塔成为东南亚、南亚崇尚的"佛都"。

到了大理国时期，大理国第一代国王段思平酷爱佛教，"好佛，岁岁建寺，铸佛万尊"。

1056年，星逻国王耶多曾两次到崇圣寺迎佛牙，大理国王段思廉以玉佛相赠。由于大力倡导，大理佛教非常盛行。因而，众多内地香客和东南亚、南亚香客到崇圣寺朝圣，崇圣寺成了东南亚、南亚推崇的"皇家国寺"。

大理国 位于云南周边地区由白蛮人段思平建立的政权。都城羊苴咩城，国号大理，以其尊崇佛教，又称妙香国。1253年，大蒙古国忽必烈"革囊渡江"征伐云南，建云南等处行中书省，原大理国王段氏被任为大理世袭总管。

彩云南现

七彩云南

大理崇圣寺

明代地理学家徐霞客在《滇游日记》记载：

> 是寺在第十峰下，唐开元中建，名崇圣寺。前三塔鼎立……塔四旁皆高松参天，其西由山门而入，有钟楼与三塔对势，极雄伟。楼中有钟。极大，径可丈余而厚及尺，为蒙氏时铸，其声闻可八十里。
>
> 其后为正殿，殿后罗列诸碑……其后为雨铜观音，乃立像，铸铜而成者，高三丈余……自后历级上，为净土庵等。

明代时，崇圣寺以五大重器著称于世：三塔、南诏建极大钟、雨铜观音像、元代高僧圆护手书的"佛都"匾、明代三圣金像。然世事沧桑，巨钟、雨铜观音、证道歌碑与佛都匾连同寺院皆损毁无存，仅留存三塔。

三塔的主塔名叫千寻塔，底宽9.9米，高69.13米，有16层，为方形密檐式空心砖塔，与西安大小雁塔同是唐代的典型建筑，造型上也与西安小雁塔相似，为唐代的典型塔式之一。

千寻塔以白灰涂面，每级四面有龛，相对两龛供佛像，另两龛为窗洞。塔内装有木骨架，塔身内壁垂直贯通上下，设有木质楼梯，循梯可达顶层。

塔顶有金属塔刹宝盖、宝顶和金鸡等，底部镶嵌着镌刻在大理石上的"永镇山川"4个大字，此为沐英后裔明代黔国公孙世阶所书。

三塔中的南、北二小塔在主塔之西，与主塔等距70米，南北对峙，相距97.5米。两塔形制一样，均为10层，高42.4米，为八角形密檐式空心砖塔，外观装饰成阁楼式，每角有柱，每级设平座，第4、6级有斗拱，顶端有镏金塔刹宝顶，非常华丽。每层出檐，角往上翘，不用梁柱斗拱等，以轮廓线取得艺术效果。塔通体抹石炭，好似玉柱擎天。

崇圣寺三塔布局齐整，保存完善，外观造型相互协调。大塔协领两座小塔，突出其主要地位，同时又衬托出小塔的玲珑雅致；小塔紧随大塔，衬托出大塔的高大、雄伟。三塔布局成鼎足之势，高耸蓝天，成为大理白族文化的象征，是中国南方最壮丽的塔群。

阅读链接

佛图塔位于大理市下关北郊点苍山斜阳峰麓阳平村北面，塔后有寺。佛图塔建筑年代和建筑形式与崇圣寺三塔中的主塔千寻塔大体相同。

塔高30.07米，为13级密檐式空心方形砖塔，塔檐第一级至第四级的高度相差不大，每级约60~70厘米；第八级至十一级高度基本上一致，每级约50~55厘米，塔身内空，为筒形结构，直通至第十二级。塔顶有青铜塔刹。

塔西佛图寺的房屋建筑比较完好，有柏木雕观音像9尊,泥塑文殊、普贤像各1尊，石雕本主像3尊。

艺术奇葩丽江壁画

　　丽江壁画是分布于丽江纳西族自治县诸多地方的庙堂、佛寺、道观、尼庵内的壁画艺术群，如漾西之万德宫，大研镇皈依堂，寒潭寺，束河大觉宫，崖脚村木氏故宅，芝山福国寺，雪松村之雪松庵以

丽江壁画

及白沙琉璃殿、大宝积宫、护法堂、大定阁等处。

丽江壁画具有很高的艺术价值，被称为滇西北少数民族的艺术奇葩。丽江壁画多系宗教题材，表现汉传佛教、藏传佛教和道教的内容为主，用笔细腻，设色精丽，对比强烈，特点突出，是中华文化艺术的瑰宝之一。

壁画是在明初至清初300多年里，由木氏土司世代主持陆续绘制成的。从风格上看，有前期和后期之分。前期自14世纪至16世纪上半期，历木初至木公；后期从16世纪中叶至17世纪中后期，历木高至木增。丽江壁画的绘制过程，记录了木氏土司的盛衰历史。

■ 云南大宝积宫四臂观音壁画

相传，白沙的壁画大部分是汉民族绘画高手马啸仙的作品。另据漾西万德宫石碑和有关资料记载，参与壁画绘制的还有藏民族画匠古昌、纳西民族和东巴画匠以及白民族画匠等数批画家。

由于年代久远，很多地方已毁坏，仅以白沙为中心的大宝积宫、琉璃殿、大定阁及束河大觉宫四处遗存壁画55幅，因此，丽江壁画也称为白沙壁画。规模最大的是大宝积宫的12幅壁画。

大宝积宫建于明代，三进院落，柱梁粗实，斗拱雄健，宽敞壮观，内有壁画20余幅，其中最享盛名的是《如来讲经传教图》，壁画展示了藏传佛教、汉传

道教 起源于盘古开天辟地，元始立教说法，传至世间，创始于黄帝崆峒问道、铸鼎炼丹，阐扬于老子柱下传经、西出函谷。对中国的学术思想、政治经济、军事谋略、文学艺术、科学技术、国民性格、伦理道德、思维方式、民风民俗、民间信仰等诸多方面都产生了深远的影响。

藏传佛教 或称藏语系佛教，是指传入西藏的佛教分支。与汉传佛教、南传佛教并称佛教三大体系。以大乘佛教为主，其下又可分成密教与显教传承。虽然藏传佛教中并没有小乘佛教传承，但是说一切有部及经量部对藏传佛教的形成，仍有很深远的影响。

佛教、道教等宗教活动和故事，画面中有大小100多个人物画像，线条精细，色彩艳丽，突出特点是多种宗教内容合一，多民族传统绘画技巧与风格交融，可以说是稀世奇珍。

在大宝积宫北壁，有一幅"观音普门品图"：正中画观音，执法器，坐莲座上；西侧画人，人遇水、火、盗、虎等场面。

画中有3个旅行的人，各带包裹雨伞，一人遇虎，另一人遇盗；左侧画一犯人，赤膊带枷跪地，一差役揪住他的头发，另一差役举剑欲砍，旁有二吏，指点交谈，似主谋者；右侧画一人遇火；这些遇难者，于危急时口念观世音，就逢凶化吉，虎、盗都不敢伤人，差人屠剑自断，火堆变成浅水荷塘。右侧下部有一班百姓，向着正中观音或跪或立，顶礼膜拜。观音莲座上有藏文题记。

■ 东巴壁画

画虽是明显的宗教宣传，但从图中的官吏、差役、旅人和百姓身上，使人看到明代边疆社会生活的一些侧影。画的上部，有小观音像8尊，亦各具神态，右上第三尊观音，倚手沉思，神态特妙。

这些场面以山石云烟隔开，将它有机地组织在一个大画面里，布局匀称，错落有致。

在西壁上的《莲花生祖师图》，正中画的是藏传佛教的祖师莲花生。在壁画中，他头戴七宝冠，合掌坐于莲座上，黑衣，头微倾。

座下立二小天女，神态优美，四周画百工之神，或坐，或立，或舞，或骑马、春米、坐船、打猎、木作、纺织、捕鱼、打铁、砍柴等，是一幅内容丰富的边疆社会生活画卷。

丽江壁画在构图、布局、线条、色彩的运用上，有较高的水平。如，大宝积宫中的《如来会佛图》。如来佛朱衣金身端坐正中，上列十八尊者，两侧画道教神像，下列正中，画藏传佛教三护法神，外侧画四大天王，共百余像。这些神像把佛、道、藏传佛三教的人物都糅合在一起，层次分明，动静相谐，色彩鲜明，人物生动，是一幅较为精彩的宗教画。

在离大宝积宫东北不远的大定阁，正殿东壁上画的藏传佛教欢喜佛

云南大宝积宫天女壁画

彩云南现

七彩云南

抱裸体女神，表示法与智慧双成。正殿南北两壁的"水月观音"，画文殊、普贤、观音、大势至等佛像，以水月云石相衬，类似一幅山水人物画。如画观音菩萨一幅，观音坐于莲池畔的崖上，脚踏莲花，金身，紫衣，红带，后面花竹成丛，前面池中金荷正开，池水兴波。右上角一散花小天女驾云而至，白鸽相伴，舞于蓝天。

画普贤菩萨一幅，普贤于崖上抱膝而坐，身旁鲜花开放，头顶梅花遮盖，右边溪流急湍，波浪迭起，左下角一童牵象，右上角有天女散花。画面精巧严谨，富于装饰情趣。

丽江壁画在云南绘画史上地位显赫，其规模之宏伟，分布之广，技法之流畅，构图之精美，布局之合理，色彩之绚丽，都达到很高水平。更为突出的是，融多个民族的绘画风格于一体，可以看到明代内地佛教壁画的印记、东巴绘画的特色，文化价值极高。

丽江壁画是丽江宝贵的民族文化遗产，是研究滇西北乃至西南地区民族的社会、文化、政治、宗教等方面的珍贵历史资料。

阅读链接

观音洞壁画位于普宁上蒜乡观音村西南300米处的观音山腰部，为一石灰岩溶洞，面向西北。洞口宽7米，高8米，分两层。上层进深20米，下层进深8米，上下层中部有一个陡峭的崖坎。

古人将溶洞内壁略为加工平整，涂上白灰泥，使用矿物颜料蓝、绿、红、棕、黑等色，用软笔绘画。作画方法是先勾勒线条，再填色彩。

题材内容为佛教密宗造像，有佛、菩萨、罗汉及护法神等。总计画像7组，佛像223身，各式佛塔11座，宣光题记一方，画面共24平方米。

观音洞壁画是元代壁画，也是不可多得的佛教艺术作品。洞内题记对研究昆明元末明初政治、经济史及军民屯田史提供了宝贵资料。

大型乐舞《南诏奉圣乐》

滇云的民族乐舞可谓源远流长，在青铜器物中已发现了大量青铜乐器，如葫芦笙、葫芦箫等较有民族地方特色的乐器，还有编钟、铃、锣、钹等乐器。

"礼失而求诸野"，滇云舞蹈中始终保有商周庙堂舞蹈遗风，如，属于周朝的"六小舞"的羽舞、旄舞、人舞、干舞等。

从商至西汉时期，滇云之域的舞蹈，如，盘舞、剽牛舞以及南诏时期的仿唐字舞南诏奉圣乐、东南亚骠国乐舞、象舞、巫人歌舞、祭盘王歌舞、婚礼歌舞、踏摇、踏歌、干舞、

乐舞陶俑

乐舞俑

咸首舞、紧急鼓舞、祭天歌舞、祀庄稼歌舞、枭首歌舞、娱尸舞，以及后来发展起来的口琴舞、象脚鼓舞、孔雀舞、跳月、左脚舞、芦笙舞、绕三灵歌舞、阿细跳月、琵琶舞、扇舞、烟盒舞等，已奠定了雏形。

到了唐代"南诏国"时期，南诏王室始终以中原唐王朝为榜样，积极向唐王朝学习统治经验及文学艺术，故有"人知礼乐，本唐风化"的记载。

在音乐方面，以西南少数民族音乐为主体，吸收了中原内地、西北地区及东南亚国家的音乐成分，构成了南诏独特的音乐舞蹈。

"天宝战争"之后，南诏为了与唐王朝重新修好，把白族宫廷乐师张洪纲创作的"夷中歌曲"，改编加工整理成大型乐舞《南诏奉圣乐》。

800年，南诏王异牟寻派人送南诏奉圣乐到成都，向剑南西川节度使韦皋献上"夷中歌曲"，借以表达归唐的诚意。

葫芦箫 中国少数民族的吹奏乐器，是生活在中国西南部地区的傣族、阿昌族、佤族等少数民族最喜欢、最常用的乐器之一。葫芦箫的形状和构造别具一格，它是由一个完整的葫芦，加上3根竹管和3枚金属簧片做成的。由于它吹出的颤音有如抖动的丝绸那样飘逸轻柔，因此又称为"葫芦丝"。

经韦皋的加工整理，"复谱次其声，以其舞容"，记录并翻译了歌词，录成乐谱舞图，定名为"南诏奉圣乐"，进献唐王朝，后又随同南诏的歌舞乐团进京献演。此后，《南诏奉圣乐》列入唐代乐舞之林，成为唐代乐舞的组成部分。

南诏奉圣乐是以异牟寻归唐这一重大政治事件为主题，以规模宏伟的乐章和千姿百态的舞容来赞颂唐王朝的文治武功，表明南诏永远臣属于唐王朝的决心。

南诏奉圣乐整台乐舞以字舞为主体，舞"南诏奉圣乐"5个字，仿奉寿乐，以舞者的队形变化或转身换衣而组合成字，每变一次，便成一字，伴以歌唱。

如舞"南"字，歌《圣主无为化》；舞"诏"字，歌《南诏朝天乐》；舞"奉"字，歌《海宇修文化》；舞"圣"字，歌《雨露覃无外》；舞"乐"字，歌《辟土丁零塞》。字舞之后，有16人集体舞《辟四门》和一人独舞《亿万寿》，伴唱"夷中歌曲"《天南滇越络》。

舞人服饰，女着南诏贵族妇女服装，为绛赤色绫锦制成的束身短衣和绘有鸟兽草木的裙子，束以金属腰带，袒露半臂。最有特色的是黑头囊，上披锦方幅，以发辫绾成髻，饰以珠宝、瑟瑟、金贝等饰物。

足穿彩画的皮靴，仿照龟兹

节度使 唐代开始设立的地方军政长官。因受职之时，朝廷赐以旌节，故称。成为固定职衔是从711年以贺拔延嗣为凉州都督充河西节度使开始的。节度使集军、民、财三政于一身，又常以一人兼统两至三镇，多者达四镇，威权之重，超过魏晋时期的持节都督，时称"节镇"。

015

彩云南现

七彩云南

■ 乐舞砖雕

乐人穿靴的打扮，一改南诏"跣足"之习。表演中暗换服饰，则是吸收了唐代字舞的惯用方法，而字舞本身就是仿照唐代字舞《奉寿乐》。

参加演出的乐队十分壮观，乐器有30多种，演奏人员有196人之多，共有30首乐曲，分为龟兹部、大鼓部、胡部、军乐部4个乐部。

龟兹部有羯鼓、揩鼓、腰鼓、鸡娄鼓、短笛、长短箫、大铜钹等数种乐器，共88人操作，分为4列，置于舞场四边。

大鼓部有大鼓24面，共24人操作，分为4列，居龟兹部之前。

胡部有筝、大小箜篌、五弦、琵琶、笙等乐器，有72人操作，列为4排，为唱歌时伴奏。军乐部有金铙、金铎、钢鼓、金钲等乐器，共12人操作。

经韦皋整理后的"夷中歌曲"，不仅赋予作品浓厚的政治色彩，纳入唐代的艺术规范，也合乎当时乐舞声律的要求，使云南少数民族的歌谣发展为宫廷乐舞。

《南诏奉圣乐》为云南艺术宝库增添了辉煌的一页。《南诏奉圣乐》创作演出后，唐乐部原有的10部乐增至14部时，就有了"南诏部"，这是南诏乐舞对中原文化的影响和贡献。《南诏奉圣乐》是云南少数民族文化与中原文化艺术的融合，在中国歌舞艺术宝库中，具有重要的历史和艺术价值。

阅读链接

滇云先民们还自创了一些舞蹈，如葫芦笙舞、翔鹭舞、圆圈舞、巫舞、刑牛舞等。

其中，用铜鼓伴奏或自奏铜鼓跳的铜鼓舞，用于祈求、祭祀法力无边的诸神灵，神圣庄重；"击铜鼓歌舞饮酒，穷昼夜以为乐"。铜鼓乐舞热烈狂放，更多地保留了原始文化的天真、淳朴和自然之遗风。铜鼓乐舞确立了滇云乐舞的基调。

进行礼拜祭祀的洞经音乐

　　云南洞经音乐，是云南特有的地方民间音乐品种，是一种以民俗祭祀为主要内容的民间音乐形式。"洞经音乐"是以弹演《文昌大洞仙经》而得名，奏唱经书中诗赞的音乐即是"洞经音乐"。

云南乐舞

■ 洞经音乐会表演场景

洞经音乐旋律古色古香，格调庄严肃穆，唱腔清脆、圆滑，具有滇戏韵味，又兼佛教道教音乐风格，既表现雄伟壮丽、气势磅礴的场面，也表现优雅婉转的意境，既能登大雅之堂，也能为民间演奏，因其旋律优雅动听，音韵自然流畅，被称为"雅乐"或"仙乐"。

明代初期，大量中原音乐文化随移民进入云南，在部分中心城镇，陆续出现了一些雅集型文人乐社，常聚会唱奏从中原各地带来的各种曲调以抒情怀，其中也唱奏一些道乐诗赞，这为尔后洞经音乐的形成打下了一定的音乐文化基础。

约于嘉靖中晚期至隆庆年间，大理地区的文人在成都得到了此时已刊印成书、并由朝廷诏颁天下各大道庙的正统《道藏》中的《文昌大洞仙经》，回乡后便开始用乐社中的各种音乐曲调来演唱经书中的诗赞，并逐步形成规模，之后人们便把这种音乐形式称为"洞经音乐"。

在洞经音乐的形成和发展过程中，云南历代文人曾广泛借鉴吸收了中原地区的各种民间音乐形式，如道教科仪音乐、北方的吹打乐、江南的丝竹乐以及宫廷音乐、祭孔大晟乐等，逐步成为集中国传统音乐文化之大成、融吹拉弹打唱为一体、代表儒家音乐文化的民俗礼仪音乐。

《道藏》是指道教经籍的总集，是按照一定的编纂意图、收集范围和组织结构，将许多经典编排起来的大型道教丛书。内容十分庞杂，其中有大批道教经典、论集、科戒、符图、法术、斋仪、宫观山志、神仙谱录和道教人物传记等。此外，还收入诸子百家著作和有关中国古代科学技术的著作。

洞经音乐约于明末由大理地区传入昆明，清代康熙中晚期至乾隆年间开始在云南各地传播，嘉庆、道光年间为其鼎盛时期。

光绪后期，洞经音乐开始走出封建士大夫文人阶层把持的雅乐殿堂，迅速普及到农、工、商各界并流传到许多乡村集镇。

洞经音乐组织的成员，在明清科举时期，以爱好音乐的、有功名禄位的文人儒士为主；如举人、学监、秀才、拔贡、庠生、廪生、附生、童生等；也有习武的武举、游击、都司、武秀才、武生之类。

洞经音乐组织在不同地方有着不同的称谓。有的称作"会"，有的称作"学"，也有的称作"坊""堂"或"坛"的。

如大理县城的"宏仁会""鹤云会"，下关镇的

儒家 是中国古代最有影响的学派。由春秋末期思想家孔子在总结、概括和继承了夏、商、周三代尊亲传统文化的基础上形成的一个完整的思想体系。其学派崇尚"礼乐"和"仁义"，提倡"忠恕"和"中庸"之道。主张"德治""仁政"，重视伦理关系。

■ 洞经音乐乐器

特色鲜明的地域风情

■ 洞经音乐表演

孔子 （前551—前479），名丘，字仲尼，中国古代的大思想家和大教育家、政治理论家，儒家学派的创始人。集华夏上古文化之大成，在世时被誉为"天纵之圣""天之木铎"；被后世统治者尊为孔圣人、至圣先师、万世师表。

"礼仁会"等；在昆明则大多都称为"学"，如"同仁学""崇仁学""文明学"等。

洞经会做会主要是向所崇拜的圣贤进行礼拜祭祀，祭祀的圣贤神灵很多，主要有"大成至圣先师孔子""文昌帝君""关圣帝君"以及岳飞等。

此外，民间信仰的许多神灵牌位也是祭祀中供奉的对象，如"三清""斗父斗姥""东西南北中斗""城隍"以及佛教的释迦牟尼佛、观音菩萨等。但洞经会不祭祀道教各个门派的历代祖师。

洞经的祭礼活动一般是该圣贤的诞辰日之时，到这些神庙中去开坛祭奠。如，二月初三"文昌会"，六月二十四"关圣会"，八月二十七孔子圣诞。另外，为了祈年保境，祈求风调雨顺、五谷丰登，每年春天，择吉日要举行斋醮活动，称为"太平会"。

经过数百年的演变发展，洞经会在云南形成了自己独立的经书体系，每一部经卷都有完整的结构和谈演套路，有着"引、起、承、转、合、收"的严谨格局。

每一部经为了适应讲唱的特点，文学体裁形式有白文和韵文两种相间交错，白文是讲读部分，语言声调有一定的抑扬顿挫和节奏感，类似朗诵诗词。

韵文是诵唱部分，韵文的句法结构有四言句、五言句、七言句、长短句四种；句数为四、六、八、十等偶数，这种句法句数能灵活地与音乐曲调相配合，使一些曲调一曲多用，易于更换唱词。

音乐曲调的布局与经文严密配合，形成有对比变化的联曲、套曲结构。洞经音乐中使用的曲调，从名称来看，有唐宋词调，有元代南北曲，更多的是来源于明清的时调小令等杂曲；也有为数很少的道曲、道腔、佛曲。

斋醮 道教仪式。道士们身着金丝银线的道袍，手持各异法器，吟唱着古老的曲调，在坛场里翩翩起舞，犹如演出一场折子戏，这就是道教斋醮科仪，俗称"道场"，谓之"依科演教"，简称"科教"。

■ 洞经音乐演奏

洞经音乐曲调，基本分为经曲与曲牌两大类。经曲依曲填词进行演唱，韵文体有"四言句腔""五言句腔""七言句腔""长短句腔"等；白文体有"白文诵腔""读表腔"等。曲牌根据使用乐器的不同，有"大乐曲牌""细乐曲牌""锣鼓经曲牌"三种。

洞经音乐的乐队组织形式按演奏人员的职责分工，分为"上座"与"下座"两班。上座又分为"左案"四人，"右案"四人，这一部分人员坐于经坛大殿之内，以演唱经文诗赞为主，兼奏各种打击乐器，是打击乐与声乐声部。

下座是演奏吹管乐、弹拨乐、拉弦乐声部等丝竹管弦人员的，坐于台阶之上的大殿门外左右两侧，人员无定数，视乐器多少而组合。

全部乐队成员一般讲究8的倍数，最少为16人，常见的是24人，过去昆明最大规模曾经有过64人的庞大阵容。这是文人们借鉴《祭孔大晟乐》之六佾、八佾定制所为。

上座中设"首座"一人，坐在左案之首，是乐队的总指挥，也是整个洞经会中技艺最全面的核心人物，不仅要精通经籍，能熟唱所有经腔，熟背所有曲牌，而且能掌握吹、拉、弹、打各种乐器；手中操持着板鼓木鱼，因此又称作"司鼓"。

"副坐"一人，是首座的助手，他是经曲的主要演唱者，坐于右案之首，兼敲击磬、大锣，所以又称为"司磬""司锣"。"左案""右案"的二、三、四座分别演奏各种打击乐器及演唱经文诗赞。

洞经音乐中使用的乐器很丰富，达50多种，但各地多少不一，互有差异，不尽相同。洞经音乐的乐器组合形式有"细乐""大乐""锣鼓乐"三种类型。

细乐，即是丝竹乐配以云锣、碰铃、木鱼等打击乐器的组合形式。"细乐曲牌"是洞经音乐中数量较多的一类，曲调多悠扬委婉，有的则轻快活泼，其来源丰富广泛，主要使用于开坛收坛、上香上供、跪拜叩首等时。用细乐伴奏的经曲称为"细乐经曲"。

大乐，即吹打乐形式。以大小唢呐为主奏乐器，配合以大锣、大堂鼓、大钹、大铙，这时丝竹乐也可加入。此类曲牌，有的气氛热烈欢快，有的庄重雄伟，主要使用于开坛收坛时。用大乐伴奏的经曲称为"大乐经曲"，曲调有"开经偈""收经偈""送圣"等。

锣鼓乐，使用时既可套打在曲调进行中，也频繁衔接在"曲牌"和"经腔"之后作曲调的收头。锣鼓乐中根据乐器不同，有武打和文打之别。

由于各地曲调、乐器来源不同及各地乐队组织形式的差异，所以云南洞经音乐也有着地域风格和流派的不同。各地曲调汇总数约3000多首。

纪念龙女公主的白沙细乐

　　"白沙细乐"是流传于丽江纳西族地区熔乐、歌、舞于一炉的古典音乐，又称"别时谢礼""白沙细梨""看北石""北石八"等。

　　据说，白沙细乐是为龙女公主而作。相传木天王想吞并西番国，便把女儿龙女公主嫁给西番王子。龙女得知这一消息后便写了一封信，将信挂在狗脖子上带到西番国去。

　　西番王子知道这一阴谋后，便率兵来攻打丽江，但被木天王打败。木天王立即将公主囚禁于玉龙湖中的玉龙亭。公主死后，人们为纪念她而创作了这部古乐。

　　白沙细乐以纳西族传统音乐为基础，吸收元乐等其他民族音乐而成。白沙细乐的乐队由纳西族乐器组合而成，乐器按照演奏方式的不同可以分为三个乐器组：一为吹管乐器，有竖笛、横笛、波伯。其中横笛是主奏乐器，而波伯则是纳西族特有的竹制乐器；二为弹拨乐器，主要有筝、琵琶、苏古笃等。后来筝几乎不再使用。苏古笃又叫"胡拨"，形似"火不思"；三为拉弦乐器，只有二黄一种，其形

制类似汉族胡琴。

白沙细乐的乐队编制并不固定，根据运用场合和主人的贫富状况，可从三四人直至十多人不等。其最常见的两种编制是八人组和四人组。在演奏中，乐队的排列有一定之规：乐队必须位于灵台右侧、幕布之后。演奏者则按年龄的大小依次排列，年长在前，年幼在后。

"白沙细乐"的音乐忧伤哀怨，悱恻缠绵，除序曲《笃》外，分10个乐章，即《一封书》《雪山脚下》《三股水》《美丽的白云》《赤足舞曲》《弓矢舞曲》《南曲》《北曲》《荔枝花》《云雀舞曲》《哭皇天》。

《笃》为序曲，是纯粹的乐曲合奏曲，节奏自由，曲调辽远深沉，颤音的韵律及偏音使旋律游移不定，强音高，起伏大，颇具高原的清俊之气。

《一封书》则具有很强的戏剧性与抒情性，为惜别之曲。

《三股水》由器乐曲与歌曲组成，有12个乐句，句与句之间用小过门儿联结。乐曲有长有短，充满了凄凉、悲哀与怀念的情绪。这显

过门儿 就是贯串连接曲首、曲尾和句逗之间唱腔中断处的器乐伴奏。自明末清初"时尚小令"用于戏曲以及梆子、皮黄等板式变化体剧种出现后，才有伴奏过门儿的运用，并且成为戏曲音乐的一个重要组成部分。过门儿分起调过门儿、句间过门儿和曲尾过门。

然是在表现人们饮水思源、依恋不舍的复杂感情。

《美丽的白云》是一首有歌有乐，结构工整，曲调安详和平，气氛庄重，包含着人们的某种祝福。

《弓矢舞曲》是歌舞乐的有机结合，其乐取自《一封书》的部分导曲，再配以歌词歌唱，歌时不舞，舞时不歌。

《哭皇天》主要表达主人公痛不欲生的感受，一般认为这是"白沙细乐"最悲伤凄戚的乐曲。赤脚舞以竹笛独奏，并有苏古笃伴奏，时歌时舞，主乐与舞蹈结合紧密，有极强的咏叹性。

这些乐曲，既可以连续演奏，又可以独立欣赏，整个乐曲和谐统一，具有很高的艺术价值。

同其他民族的丧葬音乐一样，白沙细乐也有一套固定不变的仪式规范。乐队由一位年长的人负责组织

■纳西古乐演奏地

■ 纳西族古乐

领导，严格按照规定的仪式进行演奏，同时，每个仪式都配上了相应的乐曲。

纳西族的丧事一般分为三天。三天所演奏的顺序和乐曲都有所不同。

第一天为悬白。按纳西族的风俗，家中有人去世的时候，将一个白纸糊的灯笼悬挂在大门前，表示家中要办丧事。

第一天的下午，要在死者灵前进献三次贡品。第二次献贡品时演奏《笃》。献过祭品后，读祭文，乐队奏《一封书》。亲友吊唁时，再奏《笃》。

白沙细乐演奏主要集中在"正祭日"。正祭也叫祭奠，是丧事中最为重要的一天。最开始是"奠主"，此项仪式在进行时，乐队开始演奏《幕鸣》，接着在举行祭丧礼时奏《一封书》，然后在孝子哭灵时奏《笃》。

灯笼 起源于1800多年前的西汉时期。每年的农历正月十五元宵节前后，人们都要挂起象征团圆意义的红灯笼，来营造一种喜庆的氛围。在经过历代灯彩艺人的继承和发展后，形成了丰富多彩的品种和高超的工艺水平。

是日下午，再将《笃》《一封书》《三股水》《美丽的白云》连缀演奏。晚上，死者家属及乐工皆面灵台唱《幕布》。唱毕，即表演《赤足舞曲》和《弓矢舞曲》等，表演者手持松毛绕桌而舞，每舞一周则停下来向死者歌唱。如此不断反复。

按纳西族的风俗，如果死者是男性要跳9次，如果死者是女性则只跳7次。在舞蹈之时，乐队以《一封书》伴奏。

第三天为"送灵"，即出殡。出殡之日，演奏者吹奏《笃》与《一封书》，行走在送葬队伍之前，当行至半道，乐队的演奏即告结束，而送葬队伍还要继续前进，直至墓地。

"白沙细乐"构思独到，意境深宽，文学性高；器乐兼歌并舞，艺术表现力和感染力强；曲调富于抒情性，委婉幽雅，柔中蓄健，起伏回旋；或倾怀细诉，思绪萦绕，或气势辽阔，憧憬遐想，或乐涛激荡，浪漫悠然。

旋律流畅如溪，基调质朴健康，丰富优美至极。可见，这部纳西族大型组合器乐曲是中国民族民间音乐宝库中的瑰宝。

阅读链接

关于白沙细乐的起源，还有另外一个传说：相传，南宋理宗宝祐元年（1253），蒙古宪宗命令其弟，也就是后来的元世祖忽必烈亲征大理，纳西首领阿良在剌巴江迎接蒙古大兵执礼甚恭。

不久，忽必烈攻破大理，在挥师北还之际，为感谢阿良，封他为"茶罕章管民管"，并且还赐予阿良大量礼物。其中，就包括半队乐工和一半乐谱。

他们与纳西乐工共同创作了"北石细里"。《笃》写忽必烈与阿良深夜话别情景，故又名《夜分手》；《一封书》由纳西乐工写就，阿良修书向忽必烈报喜，忽必烈即兴赐名"一封书"；《三股水》描述纳西军民与元兵合修三思渠的情景；《哭皇天》表达纳西人送别元兵时的依依之情。

黔风贵韵

　　古代贵州被称为"蛮夷之地"，居住着众多的少数民族，由于地理位置、建制沿革、民族习俗等诸多因素，深受荆楚、巴蜀文化的影响。

　　在历史上，贵州较少受到各种外来干扰，又有巨岭恶瘴做自然壁垒，加之地处荆楚、巴蜀文化的交汇地带，使之成为古老华夏文化的天然储存地，多种地域文化的沉积带，这里留下很多古老文化，如傩文化、民歌、舞蹈、戏剧、节庆风俗……

斑斓多彩的贵州蜡染

贵州是个神奇而美丽的地方，那里居住着17个少数民族，有苗族、瑶族、布依族、侗族、水族、彝族等。他们世代繁衍生息于斯，创造了斑斓多彩的民族艺术瑰宝，尤以刺绣、蜡染、银饰闻名于世，堪称贵州"三宝"。

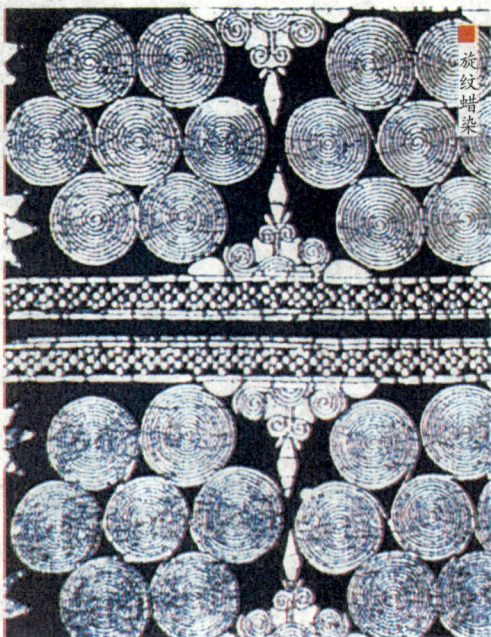
旋纹蜡染

蜡染，古称"点蜡幔"，也称"阑干斑布"，与绞缬、夹缬并称为"中国古代三大印花技艺"。

蜡染起源于秦汉时期，盛于隋唐时期，至宋代，随着木版刻花、印染等工艺的出现，这种耗时的蜡染工艺在中原一带逐渐消失，却在山高路远、交通闭塞的贵州得以延续。

贵州蜡染分布广泛，大部分的市、自治州、县都有蜡染制作，安顺、丹寨、黄平、榕江、织金、镇宁、贵定、龙里、开阳、纳雍、六枝和黔西等地都是著名的蜡染产地。

世居那里的苗族、布依族、瑶族、侗族等民族继承了先民们创造的蜡染技术，其中苗族的蜡染艺术成就最高。

■ 蜡染

关于蜡染的起源，各地区有着不同的传说。

在黔西北苗族中，有这样的传说：苗族先祖蚩尤战败后被黄帝俘获，黄帝将他镇以木枷游街示众，然后处以极刑。

蚩尤就义后，木枷被弃于荒野，化为枫树。从此枫树成为蚩尤的象征和化身，也就成为了苗族人民所崇拜的神树。

枫树的汁液带红色，苗族认为那是祖先的血，具有神力，于是用来描绘自己的图腾和崇拜物的形象，制成祭祀服和旗幡。

人们还发现枫液中因含有胶质和糖分而具有防染作用，染后图案更加鲜明，后来又从祭祀用品普及到日用品，这就是"枫液染"。

黔东南州从江县岜沙寨的黑苗仍保留着这种古老的防染技艺，用它来描绘一些锯齿形的龙、蛇、鱼、

蚩尤 是中国上古时代九黎族部落酋长，神话中的武战神。相传蚩尤面如牛首，背生双翅，是牛图腾和鸟图腾氏族的首领。他有兄弟81人，都有铜头铁额，8条胳膊，9只脚趾，个个本领非凡。

虫以及太阳，图案极为古拙。

而在黔南布依族苗族自治州的丹寨、三都、榕江一带"白领苗"中，流传着一首欢快的《蜡染歌》，歌中对于蜡染的起源另有说法。

古时候，有10个老人造天开地，天由于不稳固而经常垮下来，老人们只好用自己的身躯把天顶住，累得腰酸背痛，于是请女神娃爽缝一把撑天伞。

娃爽采来云雾织成白布后晒在梨树之下，被风吹落的梨花掉到了布上，蜜蜂飞到落花上采蜜时将蜂蜡沾到布上印出了花朵的轮廓，地上的蓝靛草分泌出的汁液又把白布染成蓝色。娃爽一看千辛万苦织出来的布被弄脏了，十分焦急，赶快拿到水中漂洗。

天上的火王劝她不要急，帮助她晒化了蜡。预想不到的效果出现了，白布变成了蓝底白花的美丽花布。于是，娃爽用它缝成撑天伞，蓝底成了青天，白花变成月亮和星辰。娃爽又把这种技艺传授给了人间的阿蒲、阿仰姐妹，从此人们便穿上了这种蜡染的美丽衣裙。

贵州各地区、各民族的蜡染艺术风格各不相同。位于贵州中部的安顺、镇宁一带，居住着苗族、布依族，他们的蜡染各具特色。

蝴蝶纹蜡染

安顺苗族喜欢在袖边、襟边、背扇、被面上装饰蜡染纹样，以背扇最为精美。其特点是染彩和点子。背扇的传统纹样有太阳纹、鱼纹、蝶纹、花鸟纹、马掌纹等。

值得一提的是，安顺苗族蜡染除了蓝白相

间外，彩色蜡染是其最显著的特色。古老的传统方法中红色用杨梅汁，黄色用黄栀子碾碎泡水，当这两色与蓝靛相融，即形成草绿和赭石等色调。

有的以蓝色为底，配以红、黄、白、绿，色彩典雅柔和；有的则以红、黄为主，点缀黑白，光彩富丽夺目，这种五彩蜡染在其他地方较为少见。

■ 动物纹蜡染

相比之下，镇宁布依族蜡染却显得格外清新雅致，其蜡染多用于布依族妇女穿的长裙、衣袖、头帕、围腰等处，纹样多选用螺旋纹、圆点纹、几何纹、三角纹等，色彩在蓝白相间和深蓝、浅蓝与白色之间发生变化，更显恬淡大方和层次分明。

黔东南丹寨蜡染纹样造型夸张，想象奔放，构图大气，舒展挺拔。除了鸟纹，还有蝴蝶纹、龙纹、蜈蚣纹、鱼纹、漩涡纹、马蹄纹、铜鼓纹和梨花纹等。

位于黔东南的黄平、施秉、凯里等地，生活着一群特殊的土著民族部落，自称是羿的后人。她们绘制的蜡染服饰庄重别致，享有盛誉。背扇更是精美独特，分方形和长方形两种。蜡染纹样多为太阳纹、鱼纹、鸟纹、水纹、木鼓纹等。

贵州西北部的织金县，那里的苗族妇女擅长蜡染背扇的制作，图案以纤细、精巧、严谨著称，颇具细

背扇 是用以背负孩子的襁褓，俗称"背儿带"。是贵州少数民族劳动妇女重要的生活用品，制作工艺复杂，技法有刺绣、挑花、蜡染、织锦、布贴等。由于贵州各民族居住的自然环境、历史文化、宗教信仰等不同，背扇的艺术形式和文化内涵不尽相同，因而形成了风格各异、多姿多彩的背扇艺术。

密画之风格。有的配以红、绿丝线的刺绣，像宝石一样镶嵌于蓝白蜡花之间，更显得韵味无穷。

织金的蜡染纹样以抽象的几何纹、螺旋纹和卷草纹为主，经过随意组合交错，产生绮丽的艺术效果。

贵州蜡染艺术语言质朴、天真、粗犷而有力，特别是它的造型不受自然形象细节的约束，进行了大胆的变化和夸张，这种变化和夸张出自天真的想象，富有无穷的魅力。

图案纹样十分丰富，有几何形，也有自然形象，一般都来自生活或优美的传说故事，具有浓郁的民族色彩。

贵州蜡染艺术在少数民族地区世代相传，经过悠久的历史发展过程，积累了丰富的创作经验，形成了独特的民族艺术风格，是中国一朵极富特色的民族艺术之花。

特色鲜明的地域风情

阅读链接

关于蜡染的起源，还有一个故事：

一个美丽而贫穷的姑娘，由于没有像样的衣裙不好意思参加社交活动。节日里姑娘们都穿上漂亮的服装去和小伙子跳月，她独自一人忧伤地留在家里织布。

房梁上的蜂巢落到了白布上，白布沾上了蜂蜡，姑娘没有在意发生的一切，仍将布放进靛缸中漫染，蓝布上意外地现出了白花。姑娘得到了启示，用蜂蜡在布上画花，染制成了美丽的花布。

在又一个节日的芦笙场上，穿着蜡染服装的姑娘成为众人瞩目的对象，小伙子们纷纷向她表示爱慕之情，姑娘们希望穿上美丽的服装，都来向她请教制作方法，于是，蜡染的技艺在苗家女儿中流传开来。

历史悠久的傩堂戏

千百年来，土家人在与自然的抗争中，凭着特有的灵性、灵气，开发了梵净山麓、乌江河中游流域、武陵山区，创造了特有的农耕文化，构成了独特的民族风情，积淀了深厚的文化底蕴，产生了真挚热

傩戏表演

特色鲜明的地域风情

■ 傩戏表演

烈的民歌文化，刚健奔放的舞蹈文化，独具魅力的饮食文化，争奇斗妍的工艺美术文化和原始神秘的傩文化等。

在傩文化中，黔东北土家族的傩堂戏最富有特色。有"冲傩""还愿"两大类。

农村民谚说："一傩冲百鬼，一愿了千神。"一般是应主人家邀请才去演出，根据主人家的要求决定仪式繁简和演出规模。

冲傩有三种。家宅不宁，怪异作祟，冲太平傩；偷盗诈骗，难以破获，冲地傩；家人病重，久病垂危，冲急救傩。

冲傩一般只举行法事，不演正戏。法事内容有：开坛礼请、发文敬灶、行坛洁净、立楼点兵、搭桥放兵、安营扎寨、开红山、收兵招魂、上熟、造船、打火送神等。

武陵山 位于湖北、湖南、重庆、贵州四省市境内。主峰梵净山，海拔2494米，在贵州省江口县北。金鞭溪从中流过，形成了"水绕四门""十里画廊"等胜境，被人们称为具有"奇、野、险、幽、秀"特点的"世上绝景""天下奇观"。

德江一带把其中"请圣""发文""扎寨""搭桥"称为"阴戏四大坛"。思南等地有称"四大坛""八小坛"的。称呼不完全一致，内容却大抵相同，都有请神、酬神、送神等阶段。

冲傩属于驱邪镇魔的强制性手段，主要是傩祭、傩舞的形式。

还愿场面则较为隆重、盛大。还愿也有三种：祈求高寿的吉愿叫"寿愿"；祈求生子的吉愿叫"童子愿"；祈求小孩平安成长的吉愿叫"过关愿"。

还愿属于娱神娱人、祈福、禳灾的祈祷手段。还愿的傩戏一般分为开坛、开洞、闭坛三个阶段。

开坛即举行法事，即前述"四大坛""八小坛"之类。开坛要设香案，案前供奉傩神傩公、傩母神

■ 傩舞人偶

像。正殿挂《三清图》《司坛图》。

中堂供奉"三元"，即上元、中元、下元。传说是周代三个谏官，宋真宗封为"三元"，一些少数民族奉为神祇。但有巫师说"三元"就是"三清"，即上清原始天尊、太清灵宝天尊、玉清道德天尊。

《三清图》是彩绘的神祇谱，杂有无数儒、佛、道三教神祇。虽然坛师多自称信奉道教，却又号称祭祀"七千祖师""八万本主"，神系混杂。

《司坛图》则是本坛历代祖师谱系，奉若神明。坛师称为不忘祖师教诲，以求演出顺利。祭祀时，演员净手，焚香烧纸，燃放鞭炮，叩首跪拜，手蘸酒弹地，嘴念祖师之名，祈求保佑，宽恕过失等。

法事完毕开洞出戏。开洞由掌坛师主持，两个演员金角将军、唐氏太婆表演。掌坛师下系罗裙，身穿法衣，头戴五岳帽，左肩搭牌带，右肩插神鞭，左手持牛角，右手拿师刀。

先到桃园十字路口请金角将军，又指引他去请唐氏太婆。唐氏太婆掌管"桃源三洞"钥匙，她打开上、中、下三洞，搬出"二十四戏"。二十四戏又称"阳戏"，是正戏。全堂24出，可演半堂12出。

正戏中插入一些杂戏，叫"插戏"。插戏放在正戏之后演出的叫"后戏"。正戏和插戏的题材，来源于神话传说、历史演义、民间故事和戏曲等。插戏主要演出生活气息浓厚、戏剧效果较强烈的折子戏，主要用来娱人。正戏的主题是宣扬神道，为傩祭服务，主要用于娱神。

二十四戏请出24个神灵面具。面具也叫"脸壳""脸子"等。每请一个面具，法师都要念诵其神名和颂词，还要十分虔诚地敬酒，视为神物，赋予灵气。每个面具都有固定的神名，但由于传承流派、地域不同，同一面具出现不同的名称。

如思南等地二十四神面名称是：唐氏太婆、开路将军、扫地和尚、地盘业主、关爷、周仓、点兵仙官、钟馗、二郎神、开山猛将、龙王、龙女等。

德江一带半堂戏"十二面具"神名是：唐氏太婆、桃园土地、关爷、引兵土地、押兵先师、先锋小姐、消灾和尚、梁山土地、秦童、甘生。

全堂戏另加"十二面具"，其神名为：开山莽将、掐时先生、卜卦先师、鞠躬教师、幺儿媳妇、李龙、杨泗、了愿判官、关夫子、秦童娘子。

实际上傩戏面具的名称和数量大大超过了24个。正戏必须戴专用面具之外，插戏可代用、通用面具，不够时还可以涂面化妆。

傩戏面具多用白杨木制作而成，根据面具神名的传说故事造型绘制雕刻。每一个神名都有传说故事说明其来龙去脉，每一个面具都有其独特造型和形象。

黔东北傩戏面具主要有肖像型和变形型，大致上

周仓 是中国历史小说《三国演义》中的人物，其形象为身材高大、黑面虬髯的关西大汉。在《三国演义》及此后的各种民间传说中，周仓均以关羽护卫的形象出现，在各地的关帝庙中，关羽神像的两侧也经常供奉周仓、关平的神像。

■ 傩舞人物

有以下几种：

正神面具，形象安详、正直、善良、圣洁，如唐氏太婆、先锋小姐、桃园土地、消灾和尚等。

凶神面具，形象凶悍、横蛮，如龙王、二郎神、开山莽将、押兵先师等。

丑角面具，形象滑稽、幽默、风趣、可笑，如秦童、秋姑婆等。

牛头马面，形象浑厚，线条粗犷，造型夸张。

经过长期的熏陶，傩堂戏面具已有较高的审美价值和文化价值。每一种面具都已经具有它所代表的角色的性格和品德等因素，成为傩文化的一个重要组成部分。

傩堂戏的道具服饰也充满神秘色彩，具有两重性质：一是演出世俗剧目时，是普通道具服饰，有世俗性质；二是在傩祭演出中，是特殊法器法衣，有神灵性质。

闭坛是整个傩事活动的最后阶段，傩堂戏演出结束后，酬神，送神，祭祀本坛历代师祖，类似开坛的仪式。吃罢酒饭，主人家鸣放爆竹欢送，掌坛老师拱手作别。

特色鲜明的地域风情

阅读链接

传说傩神公傩神母生前因恋爱受阻，双双投河殉情。很久以后，放牛娃们在河边拾到了两人脑壳，他们脸色红润光泽，也不发臭。放牛娃们感到奇怪，就用柳枝条编成兜，把它放到洞里供着玩，弄些野果祭品，还捏了不少黄泥巴的小人在两边陪伴着。

大家围着开心地唱歌跳舞，过路人见了，也加入孩子们的行列，有什么三灾两痛就诉说，不料立刻就病除灾消。这样一来祭拜的人越来越多。

天籁数侗族大歌

　　"饭养身，歌养心。"这是侗家人常说的一句话。侗家人把歌当作精神食粮，用它来陶冶心灵和情操。

　　侗族人视歌为宝，认为歌就是知识，就是文化，谁掌握的歌多，谁就是有知识的人。

侗族大歌

■ 侗族大歌

在侗族地区，歌师是被社会所公认的最有知识、最懂道理的人，因而很受侗族人的尊重。侗族人世代都爱歌、学歌、唱歌，以歌为乐，以"会唱歌、会歌多"为荣，用歌来表达自己的情感，用歌来倾诉自己的喜怒哀乐。

在侗族的各种民歌中，侗族大歌是最著名的一种歌调，是侗族人久唱不衰的一首古歌。主要流行于黎平、榕江、从江一带，其中以黎平和从江两县交界处的侗族大歌最为著称。

侗族大歌历史久远，起源于春秋战国时期，刘向的《越人歌》虽然不是真正意义上的侗族大歌，但那种声韵和格调已为侗族大歌的产生奠定了基础。

在南朝时期，这类民歌又有所发展，如《子夜歌》《大子夜歌》《子夜四时歌》等。

至宋代，侗族大歌已经发展到了比较成熟的阶

刘向（约前77—前6），西汉时期经学家、目录学家、文学家。刘向的散文主要是奏疏和校雠古书的"叙录"，较有名的有《谏营昌陵疏》和《战国策叙录》，叙事简约，理论畅达，舒缓平易是其主要特色。

段，如宋人陆游在其所著《老学庵笔记》中已经有关于"仡伶"集体作客唱歌的记载。

至明代，侗族大歌已经在侗族部分地区盛行了，在明代邝露的《赤雅》中有记载，"长歌闭目，顿首摇足"，即是侗族大歌的演唱情形。

作为一种多声部、无指挥、无伴奏、自然和声的民间合唱形式。无论是音律结构、演唱技艺、演唱方式和演唱场合，侗族大歌均与一般民间歌曲不同。

侗族大歌不仅仅是一种音乐艺术形式，对于侗族文化及其精神的传承和凝聚也起着非常重大的作用，是侗族文化的直接体现。

侗族大歌的演唱形式、风格和旋律，跟一般合唱不同，是一领众和的合唱。合唱分为高、中、低多声部，属于民间支声复调音乐歌曲范畴。

歌曲每段多是先由领唱者唱一两句，而后众人随声合唱。和声讲究嗓音和曲调，以大自然的声音为

陆游（1125—1210），南宋时期著名诗人。其一生笔耕不辍，遗存诗歌9000多首，内容极为丰富。与王安石、苏轼、黄庭坚合称"宋代四大诗人"，又与杨万里、范成大、尤袤合称"南宋四大家"。著有《剑南诗稿》《渭南文集》《南唐书》《老学庵笔记》等。

蛮夷之地

黔风贵韵

■ 侗族歌队

侗族大歌

摹本，高声部洪亮开朗，气势磅礴，如长江大河奔腾翻滚。中声部悠扬婉转，轻柔飘洒，如鸟啼蝉吟优美动人，低声部浑厚深沉，徐缓幽雅，如风呼雷鸣撼人心神。三声部交融渗透，配合优美的旋律，使侗族大歌的复调音乐几乎达到尽善尽美的程度。

侗族大歌的歌词结构显示了它独特的韵律格式，使之与音乐相协调。每首歌包括男女对唱两个组成部分。每部分由相对的10多段或数十段组成，数段又形成一个单位。

每一单位的各段最后一个音节要押韵，每段分上下两个小段。每小段若干句，最后一句为单数音节句，其余各句都为双数音节句。

小段的句与句之间要押复韵，即第一句的末音节韵与第二句中间某一音节的韵复合，而第二句的末音节又与第三句的中间某一音节的韵复合，依次复合至末尾。

侗族大歌种类繁多，各有特色。一般按其风格、旋律、内容、演唱方式分为嘎奶、嘎索、嘎窘、嘎耶、嘎瓦乡。其中的"嘎"是最精华的部分。

嘎奶，即先母大歌，据说是产生最早的侗族大歌，歌曲段数较多，而且有答歌相和，主要流传于从江九洞地区。

嘎索，即声音大歌，最有特色。这类歌式以表现歌曲的曲调和歌队的声音为主。歌调一般较短小。曲调多是对虫鸣、鸟叫、流水等自然音响的模仿，所以声音变化多，基本上是一首词一个曲调。这类歌的演唱，一般是穿插在鼓楼大歌的演唱中进行。

嘎窘，即叙事大歌。这类大歌一般是歌队出寨走客，应主人的邀请而唱。歌较长，有一定的故事情节。著名的叙事歌有《珠郎娘美》《莽岁流美》《元东》等。

大歌民间的正式演唱场面一般都是比较隆重的，通常在外寨的歌队来访时，由主寨歌队邀请对方在鼓楼演唱。如果对方是男性歌队，由主寨女性歌队接待，如果对方是女性歌队，则由主寨男性歌队接待。同性歌队习惯上不互相邀请。

侗族大歌不仅是一种音乐艺术，还是了解侗族的社会结构、婚恋关系、文化传承和精神生活的重要组成部分，具有社会史、思想史、教育史、婚姻史等多方面的研究价值。

蛮夷之地

黔风贵韵

阅读链接

在侗族音乐中，与大歌相对应的是嘎腊，即"小歌"。小歌大多在青年男女社交的"行歌坐月"时由一人独唱或两人对唱。用小嗓轻声慢唱，内容多为情歌，曲调短小，委婉缠绵。

其中有用乐器伴奏的琵琶歌、牛腿琴歌、笛子歌；有无伴奏的河歌、山歌等。

琵琶歌，侗语称"嘎琵琶"，以侗族琵琶伴奏而得名。是男青年晚间唱的一种情歌，用小嗓唱，曲调含蓄轻柔。

牛腿琴歌，侗语称"嘎给"，以牛腿琴伴奏，多为情歌和叙事歌，结构短小，速度徐缓，音色柔美，乐器伴奏与歌声常构成简单的支声复调。

璀璨绚丽的芦笙舞

　　贵州是中国最大的苗族聚居区，被称为"苗疆腹地"。苗族人特别爱跳舞，在他们的社会生活中处处离不开舞蹈：祭祀祖先、节日庆典要跳舞，恋爱求偶、婚姻嫁娶要跳舞，迎送亲友、聚会饮宴要跳

苗族舞蹈

舞。甚至丧仪，德高望重的长者去世，苗族的悼念也是用舞蹈的形式来为其送行。

■ 苗族芦笙

相传盘古开天辟地时，大地一片荒凉。那时，苗族祖先是靠狩猎飞禽走兽作衣食的，为了解决捕获鸟兽的困难，当时一个心灵手巧的小伙子，在林中砍下树木和竹子，做了支芦笙模仿鸟兽的鸣叫和动作，吹跳起来以引诱各类鸟兽。从此，人们每次出猎均有所获，于是芦笙舞就成了生活的必需品而世代相传。

在贵州苗族芦笙舞中，锦鸡舞、鼓龙鼓虎——长衫龙、滚山珠是最有特色的。

锦鸡舞是发源于丹寨排调镇境内。苗族锦鸡舞源远流长。传说"嘎闹"支系苗族的祖先住在东方大平原上，后来迁到一个叫"展坳对社"的沙滩边居住，又因洪灾而沿江上行来到丹寨。在迁徙的进程中，美丽的锦鸡帮助苗族先祖找到了最后定居的地方。

盘古 是中国古代神话传说中开天辟地的巨人神。在三国时期吴国徐整著的《三五历纪》《五运历年纪》及《古小说钩沉》集中的《玄中记》等描述了盘古开天辟地的经过。而南朝萧梁任昉所著的《述异记》中则描述了盘古死后身体化为天地万物。

在丹寨县定居后，苗族的祖先们一边开田，一边打猎充饥度日。锦鸡又帮助他们获得了小米种，帮助他们度过饥荒，所以锦鸡就成了他们的命运吉星。

居住在上述地方的苗族同胞在每年的盛大节日里，举行隆重的吹笙跳月活动，敲击铜鼓，欢跳锦鸡舞，放牯子牛斗角，以纪念先祖和怀念给他们带来自由、祥和与欢乐的美丽锦鸡。

民间锦鸡舞多以特大号、大号、中号、小号4支规格不同的芦笙为主要吹奏乐器，吹奏出低、中、高、特高等多音混合曲，其节奏有序、欢快、流畅，音质委婉悠扬，似若高山流水之声，奔放自然。

民间锦鸡舞的芦笙曲调丰富，有乐曲100多首，演奏起来轻快流畅，优美动听。

跳舞时，男性青年吹奏芦笙于前领舞，女性排成一字长蛇队跟在后面，沿着逆时针方向转圆圈舞。随芦笙曲调和舞步的变化而翩翩起舞，舞步时而缓缓前移，时而逆时针方向转圆圈跳，有时或前或后、或左或右移动，有时或进或退曼舞。

舞蹈动作有三、四、七步不等，以四步为主，兼以六步转身。腿上动作多、上肢动作少，以腰、膝的自然摇动为舞蹈的基本特点。

双脚按芦笙曲调节奏变换出优美姿势，双手于两侧稍往外自然摇摆，加上妇女头上的锦鸡银饰跃跃欲飞，银角冠一点一摇，腿边花带一飘一闪，百褶裙脚边的洁白羽毛银浪翻飞，翩翩曼舞中舞者步履轻盈，酷似锦鸡在行乐觅食。

每跳一步，舞者双膝同时自然向前颤动，双手于两侧自然放开，悠然摇摆。人多时，芦笙手在中间围成圆圈吹跳，女性在外围成圆圈曼舞。

锦鸡舞表现了苗族人民温和娴静的性格，体现出人与自然和谐友好的精神状态，凸显着苗族人民古老而绚烂的美感追求，是民间舞蹈中一枝烂漫的山花。

鼓龙鼓虎——长衫龙，是贵州苗岭山麓小花苗聚居区贵定县新埔乡谷撒村所独有的一种苗族芦笙舞蹈。长衫龙苗族芦笙舞为男子双人舞、四人舞和群舞。舞者身着黑色大襟长衫，头插两根野鸡翎，头顶龙面牛角图腾，口戴髯口，拴红色银饰腰带，手执芦笙，自吹自跳。

该舞伴奏乐器笙管粗长，声音低沉浑厚，音乐节奏鲜明，舞蹈动作与音乐紧密结合为一体，和谐流畅，潇洒大方，表现为苗族芦笙舞的独特风格。舞蹈分为三节，第一节表示群龙出现；第二节表示龙腾虎跃；第三节表示群龙抢宝。

滚山珠原名"地龙滚荆"，苗语叫"子落夺"，流传在贵州省纳雍县猪场苗族彝族乡。

传说远古时期，苗族祖先在大迁徙途中来到黑洋大箐。迁徙中道路坎坷，荆棘遍野，英勇的苗族青年为了给父老们开辟一条通道，就用自己矫健的身躯从荆棘林中滚出一条路，让父老们顺利通过，到达

■苗族高排芦笙

黑洋大箐安家落户。人们为了纪念这些青年的功绩，就模仿他们用身躯滚倒荆棘的动作，编成芦笙舞，取名"地龙滚荆"。

"滚山珠"，本是用形体模仿箐鸡在山林中嬉戏的一种欢快的芦笙舞，所以其技巧与形体造型的写实性较强。

表演者手执六管芦笙，头戴箐鸡翎帽或红线花帽，身着绣花白褂，吹奏着世代传承的芦笙舞曲，围绕梭镖或盛满水的碗进行舞蹈表演。时而"对脚掌""扣肩倒立"，时而"跪步""点将"，"刀丛滚身"，芦笙舞步与技巧运用难度随表演进程不断增加。

黔东南地区盛行的"讨花带"和黔中地区盛行的"牵羊"也颇有代表性。

"讨花带"是小伙子边舞边吹着芦笙曲《讨花带子》向自己爱慕的姑娘求爱。在这种场合，姑娘若与小伙子情投意合，就会把自己精心编织的花带，含情脉脉地拴在小伙子的芦笙上。

"牵羊"是男青年在前面边吹边跳，尾随而舞的姑娘若爱上了某个小伙子，就把自己亲手编织的美丽花带作为定情的信物，拴在他的腰上，然后牵着花带的一端，跟在小伙子身后踏节而舞。

阅读链接

在一次农事活动中，一个苗族老祖公听到秧鸡叫声，估摸着有水源，遂循声探寻，发现有一天然龙形水井穴，他们认为是龙神相助指路，便迁寨开荒于此，建成了谷撒寨。

为感谢龙神的恩赐，老祖公定下寨规：每年农历二月初一，封寨杀牛祭龙神，他们把自己模拟打扮成"龙"，学着龙的模样跳起舞来祈求龙神福佑。

人们的虔诚感动了神灵，神灵便教会他们制作芦笙，并传授了龙舞与芦笙舞相结合的长衫龙芦笙舞，从此就在苗族同胞中流传开来。

古朴秦川

　　三秦大地历史悠久，人杰地灵，千百年来，勤劳的人们创造了辉煌灿烂的精神文明和物质文明。一方水土养一方人，蓝天黄土的自然环境孕育了三秦文化。

　　这里保存了许多有着久远历史的根植于黄土高原上的非物质文化，如形式多样的陕西曲艺、民间舞蹈，相传久远的宝鸡社火、安塞腰鼓、西安鼓乐、秦腔……

最耀眼的陕北说书艺术

陕北说书雕塑

陕北说书是西北地区十分重要的曲艺形式，主要流行于陕西北部的延安和榆林等地。其唱词生活气息浓厚，通俗易懂，曲目内容多以"奸臣害忠良，相公招姑娘"为主，唱腔激越、粗犷，具有浓郁的陕北风情。

陕北说书源远流长，三皇治世时期便有传说：

很久以前，有个老汉有3个儿子，长大以后都给人家当了奴隶。大儿子叫大黄，让奴隶主给剁了一只手。二儿子叫二黄，他的一条腿被打断了。三儿子三黄的眼睛被扎瞎了。

兄弟三人流落到陕北青化县，以

乞讨为生。一天大黄拾到了两片烂木板，敲打着说些吉利话，主人便赐给他们一些残汤剩饭。

有一次人家吃羊，他们捡来羊肠子，晒干绷在木板上就弹出了声音。后来他们弟兄三人自制了琵琶，从此相互配合，边打、边唱、边弹。

就这样过了十几年。有一天，二黄心想，要是大哥去世了谁来敲梆子，他灵机一动，干脆把木板绑在腿上，自打、自弹、自唱。后来老大、老二去了山西临县一带，老三却留在了陕北。

■ 说书塑像

老三婚后生了5个儿子，并将弹琵琶的技艺传给了他们，大儿子成家后收了36个徒弟，将三弦传给了18个徒弟，并且在榆林安了家，把三弦、莲花落、琵琶的技艺传给了后人。

陕北说书源于周代瞽人的"百戏"与"散乐"，加上民间音乐的沃土而形成的；吸收了隋唐"俗称"与"转变"的精华，继承了"话本""陶真"与各种技艺的格体；在元、明、清发展成熟。

陕北说书的传统表演形式是艺人采用陕北方言，手持三弦或琵琶自弹自唱、说唱相间地叙述故事。根据伴奏乐器的不同，或称之为"三弦书"，或称之为"琵琶书"。

曲艺 中华民族各种"说唱艺术"的统称，它是由民间口头文学和歌唱艺术经过长期发展演变形成的一种独特的艺术形式。据不完全统计，中国民间各族曲艺曲种约有400种。曲艺作为中国最具民族民间色彩的表演艺术，在中国整个文艺发展史上占有十分重要的地位。

053

独特神韵

古朴秦川

后来，陕北说书发展成一人同时用大三弦或琵琶、梆子、耍板和小锣或钹5种乐器进行伴奏的曲艺说书形式。

陕北说书的曲调比较丰富，风格激扬粗犷，素有"九腔十八调"之称，其中常用的有"单音调""双音调""西凉调""山东腔""平调""哭调""对对调""武调"等。

陕北说书唱词的曲调很多。除了艺人们特有的开场白或特定的唱词外，几乎不加任何限制，可以由艺人任意发挥。

好的民间艺人在唱词中大量引用陕北民歌、陕北道情、陕北秧歌剧、陕北碗碗腔，甚至秦腔、眉户、蒲剧、晋剧、京剧的曲调，可以说是熔各种唱腔于一炉，加以冶炼，然后形成一种别具一格的唱词。

陕北说书的传统节目很多，长篇代表性的有《花柳记》《摇钱记》《观灯记》《雕翎扇》等，短篇有《张七姐下凡》等。

被称为陕北民间艺术中最耀眼的技艺之一的"陕北说书"，在厚重的文化积淀和滋养下，具有独特的艺术风格，是中国曲艺艺术中不可或缺的一部分。

特色鲜明的地域风情

阅读链接

关于陕北说书还有一个传说：很久很久以前，有个皇帝得了一子，他自幼双目失明，不幸生怪病死了，皇帝就将他弃于荒野。

没想到的是，皇子三天后死而复生，眼睛也恢复了光明。只见身旁的一棵大树洞上，爬有一只两三尺长的蝎子，树枝上织有一张蛛网，一瞬间这只蝎子变成了琵琶，蛛网变成了弦索。

此后，皇子被一个老头儿收养。不久，皇帝得知此信，急令朝臣将儿子和老头儿一起召回朝廷。数日后知道老头儿通晓五音，知晓阴阳八卦之术，便让他给儿子传授琵琶和音律。

几年后皇帝病逝，皇子继承了皇位，并封老头儿为朝中乐官，此后便有了琵琶说书传于后世。

独具魅力的安塞腰鼓

安塞，地处陕北高原腹部，地域辽阔，沟壑纵横，延河在境内蜿蜒流过，与子长、延安、甘泉、志丹和北边的靖边毗邻。

安塞历史上就是军事重镇，素有"上郡咽喉""北门锁钥"之称，

■ 安塞腰鼓

跑驴 是一人执驴形道具扮骑驴妇女，另一人扮赶驴人的双人社火舞蹈。跑驴一般都是表现一对农村新婚夫妻在回娘家的路上，过沟、爬坡、驴惊、抢救等经过，有说有唱有舞，诙谐风趣。跑驴主要伴奏乐器有唢呐、小鼓、大铙和小铙等，乐曲常选用冀东唢呐曲《满堂红》。

是抵御外族入侵的边防要塞之一。

据传说，早在秦汉时期，腰鼓就被驻防将士视同刀枪、弓箭一样不可少的装备。遇到敌人突袭，就击鼓报警，传递讯息；两军对阵交锋，以击鼓助威；征战取得胜利，士卒又击鼓庆贺。

随着时间的流逝，腰鼓从军事用途逐渐发展成为当地民众祈求神灵、祝愿丰收、欢度春节时的一种民俗性舞蹈，但在击鼓的风格和表演上，继续保留着某些秦汉将士的勃勃英姿。

安塞腰鼓融舞蹈、歌曲、武术于一体，表演刚劲豪放，气势宏大，色彩鲜明，热烈喜庆，给人一种强大的艺术震撼，被誉为"中华鼓王""东方神鼓""东方第一鼓""中华民族之鼓魂"。

安塞腰鼓多采用集体表演形式，腰鼓手少则数十人，多时可达百余人。队伍包括拉花女角、伞头、蛮

■ 安塞腰鼓表演

■ 安塞腰鼓表演

婆、蛮汉等角色，和"跑驴""水船"等各种小场节目组成浩浩荡荡的民间舞队。

在表演上强调整体效果，要求动作的整齐统一和队形变化的规范性，主要通过鼓手们豪迈粗犷的舞姿和刚劲有力的击鼓技巧，充分展现生息在黄土高原上的男子汉们的阳刚之美。

安塞腰鼓有完整的表演形式和活动习俗。过去，多在喜庆节日和庙会中演出，每年的春节至元宵节，是集中的活动时间。

活动开始前，要由庙会会长先组织祭祀活动，称为"谒庙"，舞队在伞头的带领下，敲起锣鼓，吹响唢呐，有时还要抬着整猪整羊和其他供品前去寺庙烧香敬神，祈求神灵保佑风调雨顺、国泰民安，并在庙内广场踢打一阵，意在娱神。

"谒庙"结束，正月初八九后，腰鼓队便开始了挨门拜年活动，俗称"沿门子"。当地有这样一句谚语："锣鼓唢呐直响哩，屁股底下棍撬哩!"

这时，腰鼓队按村中情况依次走家串户，在主家

庙会 又称"庙市"或"节场"，是中华文化传统的节日风俗。早期庙会仅是一种隆重的祭祀活动，随着经济的发展和人们交流的需要，庙会就在保持祭祀活动的同时，逐渐融入集市交易活动。各地区庙会的具体内容稍有不同，各具地方特色。

特色鲜明的地域风情

土地神 即土地爷。在道教神系中地位较低，专业名称为"福德正神"。在民间信仰极为普遍，是民间信仰中的地方保护神，流行于全国各地，旧时凡有人群居住的地方就有祀奉土地神的现象存在。土地神崇奉之盛，是由明代开始的。土地神的形象大都衣着朴实，平易近人，慈祥可亲，多为须发全白的老者。

院中、窑前表演一阵，伞头根据各家情况，触景生情演唱几段吉利秧歌，以表贺年之意。主家则认为腰鼓队进院入户敲敲打打、跳跳唱唱，可以消灾免难、四季平安。

有时两队腰鼓在途中相遇，一般都由伞头互唱秧歌，共贺新年，让道而行，但有时也会出现互不让道的情况，此刻就要竞技赛艺，争个高低。

两队锣鼓大作，唢呐声、腰鼓声，好似春雷滚动。鼓手们尽情击打、跳跃，如疯似狂，打至高潮，鼓乐暂息，由双方伞头出场对歌，这也是竞赛技艺的一个方面。直至有一队阵脚先乱，动作不齐，鼓点、队形也都统一不到一块或对歌对答不上时，就算输了，于是主动让道，让胜者先走。

"沿门子"结束后，邻村之间的腰鼓队还要互相拜年，彼此互访，进行交流演出，这和陕北秧歌一

■ 安塞腰鼓表演

安塞腰鼓表演

样，称之为"搭彩门"。

正月十五时，各村腰鼓队云集广场，开始了互比互赛活动。各路鼓手各显身手，互比高低，成为一年里腰鼓表演的高潮。

这不仅活跃了农村春节文娱活动，还通过彼此观摩、切磋技艺，推动了腰鼓的普及和提高。当晚还要举行"转灯"，几乎是人人争游，合家同转。届时鼓乐齐鸣，灯光闪烁，腰鼓队在前引导，众人随后，呈现出一派热闹非凡的景象。

腰鼓队的活动常延续到正月十七八，祭罢土地神后方告结束。

腰鼓的表演形式可大致分为"路鼓"和"场地鼓"。

"路鼓"是腰鼓队在行进中边走边舞的一种表演形式，前由两名伞头领队，后随由挎鼓子和拉花组成的舞队。

伞头身后紧随的一位挎鼓子，称"头路鼓子"，他必然是技艺精湛的击鼓能手，全队的动作变换和节奏急缓，统一由他来指挥。

队伍的后部，是扮成蛮婆、蛮汉的丑角，也有的扮成孙悟空、猪八戒等，随意扭动，逗笑取乐，以增添节庆的欢乐气氛。

"路鼓"由于在行进中表演，一般动作简单，幅度较小，多做"十字步""走路步""马步缠腰"等动作。常用的队形有"单过街""双过街""单龙摆尾""双龙摆尾"等。

　　"场地鼓"是指腰鼓队到达表演地点，打开场子后的表演形式。开始时由伞头挥伞号令，顿时鼓乐齐鸣，众舞者随伞头翩翩起舞。

　　这一段叫"踩大场"，表演节奏缓慢，目的是打开场地，拉开队伍。第二段载歌载舞，表演节奏渐快，动作幅度较大，队形变化繁多。常用的队形有"神楼""古庙""神前挂金牌""富贵不断头""和尚游门"等。到引出"太阳弧"图案后，伞头站到场中央领唱秧歌，唱词视场合和对象而定。

　　"谒庙"时，有拜庙祭文，一般演出有向观众拜年问好的，也有喜庆丰收和祝愿吉祥等内容。伞头唱时，众舞者在场边慢步转圈，并重复接唱每段的最后一句，俗称"接后音"。

　　唱完后，伞头退出场地，由挎鼓子和拉花入场表演，走出各种复杂多变的队形。此刻不受时间的限制，舞者尽情表现各自的技艺绝招，情绪热烈，起伏跌宕，使表演达到高潮。

　　为了突出挎鼓子的技巧，表演"场地鼓"时由挎鼓子在场内单独表演。众鼓手在头路鼓子的指挥下，精神振奋，击鼓狂舞，此时只见鼓槌挥舞、彩绸翻飞、鼓声如雷、震撼大地、声势逼人，极富感染力。

　　这一段结束后，再穿插表演其他形式的小场节目，如"跑驴""水船""高跷""二鬼打架""大头和尚"等。

　　小场节目结束后，再接着表演一段大场腰鼓。此刻锣鼓敲得快，唢呐吹得紧，击鼓更激烈，情绪更欢快，使整场表演在强烈的气氛和高昂的情绪中结束。

　　安塞腰鼓依据不同的风格韵律原有文、武之分，"文腰鼓"轻松愉快、潇洒活泼，动作幅度小，类似秧歌的风格；"武腰鼓"则欢快激烈、粗犷奔放，并有较大的踢打、跳跃和旋转动作，尤其是鼓手的腾空飞跃技巧，给人们以英武、激越的感觉。

安塞的西河口乡与真武洞两地腰鼓最有特色。生动地反映了当地群众憨厚、淳朴的气质和性格特征。特别在表演中，又有机地糅合了民间武术和秧歌舞动作，有张有弛、活而不乱，进退有序、气势磅礴、浑厚有力，被赞为"式子慷慨码子硬"。

安塞腰鼓是一种非常独特的民间大型舞蹈艺术形式，具有2000年以上的历史。独具魅力的安塞腰鼓像掀起在黄土地上的狂飙，展示出西北黄土高原农民朴素而豪放的性格，张扬出独特的艺术个性。

阅读链接

安塞腰鼓在表演活动中有大鼓、喇叭等乐器伴奏，融打击乐、吹奏乐为一体。

打击乐在腰鼓活动中起着指挥、领衔的作用，腰鼓表演时的快慢起伏都通过打击乐控制。打击乐包括大鼓、大镲、小镲、锣、小锣等。

安塞腰鼓以大鼓为指挥，腰鼓的鼓点和大鼓的鼓点相一致，其他乐器则起辅助或填补主导打击空白的作用，和腰鼓鼓点相统一，渲染气氛。打击乐通过队员动作和所布图案来控制表演动作，达到有起有伏、节奏有序的目的。

安塞腰鼓的伴奏乐器主要是唢呐。唢呐声音洪亮、圆润、质朴，与腰鼓的击打声协调一致，起到相映生辉的作用。腰鼓小场表演时，特别是打文鼓时，在一定场合，其他乐器全停，由唢呐单独演奏，腰鼓队员边打边扭，别有一番风趣。

源远流长的西安鼓乐

西安古乐，也称"长安古乐"。后来由于各种鼓在这一乐种中起着主要作用，故又称"西安鼓乐"。

西安鼓乐是在中国境内发现并保存最完整的大型民间乐种之一，以打击乐和吹奏乐混合演奏的一种大型乐种，内容丰富、乐队庞大、曲目众多、结构复杂，是中国古代音乐、民间音乐发展史上的奇迹。

西安鼓乐

西安鼓乐脱胎于唐代燕乐，后融于宫廷音乐，安史之乱期间随宫廷乐师的流亡而走入民间。

长安鼓乐分僧、道、俗3个流派，各派有着不同的风格。相传，道派为城

坐乐

隍庙道士所传，而僧派由一毛姓和尚所传，演奏者多为市民，亦有道士、僧人。僧派中的一部分，因长期掌握在农民手中，不断吸收民间音乐，逐渐和僧派有了区别，形成俗派。

僧派悠扬敞亮，道派平和娴雅，俗派热烈浓郁。但不论是哪一种派，其演奏形式都是两种，即坐乐和行乐。

坐乐，顾名思义，是在室内围绕着桌案坐奏的，常常是艺人们比赛技艺的，称为"斗乐""对垒""支桌子""摆开"，所以坐乐较为精致，手法亦甚多样。

坐乐大致可以分为城乡两种，城市坐乐叫"八拍坐乐"或"耍鼓段坐乐"，农村坐乐则叫"打扎子坐乐"。前者用笙、笛、管、双云锣，还曾用过筝、琵

笛 一种吹管乐器。是迄今为止发现的最古老的汉族乐器，也是汉族乐器中最具代表性、最有民族特色的吹奏乐器。在新石器时代，已经诞生了骨笛；黄帝时期，开始选竹制笛。秦汉时期已有了七孔竹笛，并发明了两头笛，蔡邕、荀勖、梁武帝都曾制作十二律笛，即一笛一律。

琶，打击乐器有坐鼓、战鼓、乐鼓、独鼓、大镲、大铙、铰子、扇子鼓、大锣、马锣、引锣、木梆子，编制约十二三人。

农村坐乐或有若干乐器调整，依条件而定。有些地方农村的坐乐，吹奏乐器用到十几人以上，打击乐器更多，"川家伙"和"苏家伙"用到几十人之多，造成神人震撼、山川荡气的宏大音响，风格亦因之不同于城市坐乐。

行乐，顾名思义，即在行进中演奏，伴以彩旗、令旗、社旗、万民伞、高照斗子等。乐器用高把鼓、单面鼓、小吊锣、铰子、供锣、手梆子、方匣子等打击乐器和笛、管、笙若干。行乐有时还有"歌章"，内容与祈雨有关。

行乐又分高把鼓、乱八仙两种演奏形式。

高把鼓，亦叫"铜锣鼓"，所用乐器除笛、笙等管乐器外，以使用高把鼓、铰子、疙瘩锣、贡锣、手梆子等打击乐器伴奏以形成自己独有的风貌。乐曲节奏平稳，速度徐缓，情调典雅。

乱八仙是以使用笛、笙、管、云锣、单面鼓、引锣、铰子、手棒

行乐

独特神韵

古朴秦川

■ 西安鼓乐

子8件乐器而得名。乱八仙演奏曲目广泛，凡是坐乐中的怪板抒情乐曲，如鼓段、耍曲、套词、北词等曲调均可演奏。

特别是坐乐中的耍曲，《摇门栓》《捧金杯》《得胜令》《石榴花》《香山射鼓》《十拍》《十六拍》《五十眼》《歌沙》等，大都来源于民歌小调或器乐曲牌，乐曲短小，旋律优美，情绪欢快，很受群众欢迎。

念词音乐，也是西安鼓乐的主要组成部分。念词音乐，主要流行于西安城区。大都是城市的居民参加，也有农民，如长安何家营村及皇甫村的鼓乐社也兼唱念词。

念词是一种西安方言口音较为明显的合唱，其声调旋律必然随着歌词的口语化而出现一些极不稳定的变化音。

笙 是中国古老的簧管乐器，古代八音乐器之一，已有3000多年的历史，由每根管子中的簧片发声，是吹管乐器中唯一的和声乐器，也是唯一能吹吸发声的乐器，其音色清晰透亮，音域宽广，感染力强。

"念词"专在庙会上演唱，内容大都含有宗教色彩。其中，有颂佛的，有赞道的，有歌唱历史人物孔子、关云长、尉迟恭等的。

这些演唱者既不是单一的宗教信徒，又不隶属某个社会组织，仅借庙会进行娱乐活动。一旦接受寺庙的请帖，任何寺庙都去演奏，他们可以因地制宜随时随地自由填词歌唱。其音乐和歌词格调无一脱离长安古城。

西安鼓乐是中国古代音乐的重要遗存，它特有的复杂曲体和丰富的特性乐汇、旋法及乐器配置形式成为破解古代音乐艺术谜团的珍贵佐证；大量的传谱曲目丰富了中华音乐文化宝库，将为民族音乐文化的进一步发展发挥重要作用。

阅读链接

西安鼓乐各流派乐社保留下来的曲目与曲牌上千首，是一笔非常宝贵而丰富的遗产。

其中大型套曲的体裁类别有《套词》《北词》《南词》《外南词》《外分词》《京套》《大乐》《花鼓段》《别子》《服子》《打扎子》等，约有400余套。

小型乐曲的体裁类别有《鼓段》《耍曲》《小曲》《歌章》《经曲》《舞曲》《起》《垒鼓》《花打》《串扎子》《引令》《行拍》《得胜令》《曲破》《赶东山》《卓本》《玉包头》《下水船》《扑灯蛾》《游声》等500余首。

可以独立演奏的鼓谱有《浪头子》《三股鞭》《法点》《女退鼓》《花退鼓》《笨点退鼓》《大赐福》《帽子头》《干鼓》等百余首。

巴蜀奇葩

川蜀地域人口众多，成都平原、岷江流域自古就繁衍着汉、藏、羌等10多个民族，他们各有自己独特的生活习俗、宗教信仰、传统节日，以及独特的节庆、歌会等。

同时，在外来文化的影响下，加上数千年的丰厚积淀，他们创造出了较高水平的非物质文化，比如光彩照人的川剧艺术、藏戏……为川蜀文化注入了多彩多姿的内容。

丰富多彩的绵竹年画

绵竹年画

绵竹年画，以产于竹纸之乡的四川省绵竹市而得名。由于多以木版印出轮廓而后填色，又称"绵竹木版年画"，与天津杨柳青年画、山东潍坊杨家埠年画、苏州桃花坞年画齐名，素有"四川三宝""绵竹三绝"之美誉。

绵竹年画是世世代代民间画师们勤劳和智慧的结晶，体现了川蜀人民乐观向上的思想感情和古老的民族风尚。

绵竹年画起源于北宋时期，兴于明代，盛于清代。尤其是清代乾隆年间，是绵竹木版年画发展的辉煌时期。至清代嘉庆年间，由于经

■ 绵竹年画

济繁荣，绵竹年画进入鼎盛时期，年画行会也相应建立，名"伏羲会"，有专业从业人员900余人，作坊300多户，画商更如过江之鲫。

鼎盛时期的绵竹年画作坊主要分布于绵竹城区及西南农村，风格也各异。如，清道乡"曾发皓""何云发"偏重彩色清水大袍；作坊则偏重美人、娃娃戏、故事类，风格独特。

城区年画作品则重拓片、杂条、斗方、案子或兼门画。老字号"傅兴发"生产的门神工艺精细，五彩鲜艳，衣褶清晰，眉目生动。"云鹤斋"的木版拓片享有盛誉。而肖华金专出斗方样张，有"肖斗方"之称。

绵竹年画形式丰富多彩，有门画、斗方、横推、中堂、条屏、单条、木版拓片等。

门画是绵竹传统年画的主要品种，按大小分为"大毛""二毛""三毛""四毛"等规格。所谓大毛，就是整张粉笺纸上作画，大多绘秦琼、尉迟恭等武

杨柳青年画 全称"杨柳青木版年画"，是中国著名的民间木版年画，与苏州桃花坞年画并称"南桃北柳"。起源于明代崇祯年间，清代雍正、乾隆至光绪初期为鼎盛期，制作方法为"半印半画"。具有笔法细腻、人物秀丽、色彩明艳、内容丰富、形式多样、气氛祥和、情节幽默、题词有趣等特色。

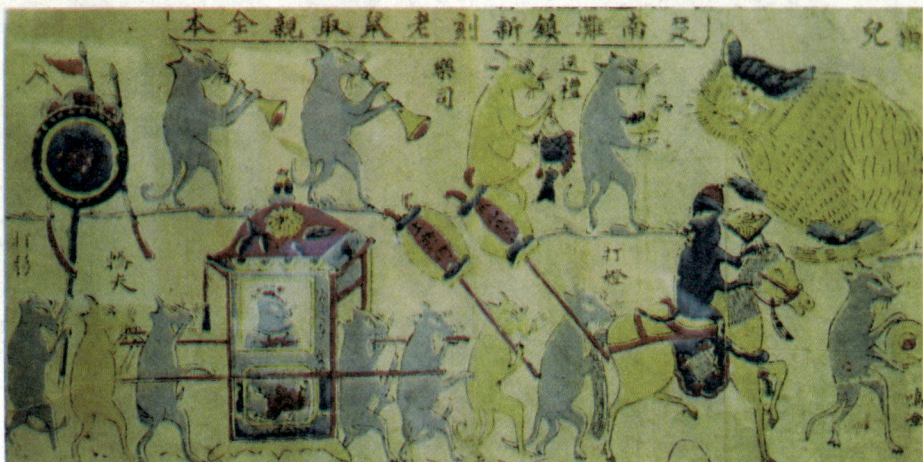

老鼠娶亲年画

特色鲜明的地域风情

门神 是道教和民间共同信仰的守卫门户的神灵，旧时人们都将其神像贴于门上，用以驱邪辟鬼、卫家宅、保平安、助功利、降吉祥等，是民间最受人们欢迎的保护神之一。

国画 一般称之为"丹青"，传统绘画形式是用毛笔蘸水、墨、彩作画于绢或纸上并加以装裱，这种画被称为"中国画"，简称"国画"。中国画在内容和艺术创作上，体现了古人对自然、社会及与之相关联的政治、哲学、宗教、道德、文艺等方面的认识。

将，称"武门神"。将其贴于大门之上，意在御凶求安，护卫家宅。

"二毛"，即张贴于二门的文门神，其画稍小于"大毛"，此类多系求福、求喜、求富贵的内容。

贴于寝室门或灶屋门的"三毛"，画幅小于"二毛"，大多为仕女、娃娃题材，如观花美人、八宝童子等，艺术造型颇有魅力，特别逗人喜爱。

此外，还有一种属于稀有的落地门神，它是一种与大门一样大小的特大门神。这类门神常见于旧时代大户人家的庞大龙门之上，内容多为武将。

绵竹年画的斗方，并非文人戏笔，而是《老鼠娶亲》《三猴烫猪》等讽喻性独幅小品。绵竹年画的横批，一般是表现人物众多的大场面的《文姬归汉》《迎春图》等。

绵竹年画条屏有4条屏、8条屏、12条屏之分。内容多表现情节曲折的历史故事、神话传说一类，如《三国演义》《百寿图》《二十四孝》等。绵竹年画的中堂均是表现吉祥内容，如《麻姑献寿》《紫微高照》等。

绵竹年画内容广泛，有辟邪迎祥、历史人物、戏曲故事、民俗民风、名人字画、花鸟虫鱼等。按制作方法分为"捶墨""落墨"和"填色"三大类。

"捶墨"即木板拓片，总称"黑货"，内容多为民俗和名人字画、神话传说等。

"落墨"，即以水墨为主，色彩淡雅，近似国画"小写"，内容多为神像和各种戏曲故事。

"填色"，总称"红货"，按繁简可分7种，有"明历明挂""色金""印金""花金""常行""水墨"及"填水脚"。其中尤以"明历明挂"的绘制最为工整细腻，色彩也异常艳丽多彩。

而"填水脚"，用色单纯，寥寥数笔，却十分生动传神，非绵竹年画高手不能为之，以它的天真、质朴、粗犷而成为绵竹年画中的珍品。

绵竹年画以彩绘见长，具有浓厚民族特点和鲜明地方特色。绵竹年画构图讲究对称、完整、饱满，主次分明，多样统一；色彩上采用对比手法，用色单纯、艳丽，强烈明快，构成红火、热烈的艺术效果。

在绘制风格上，既承传了唐代之前手工绘制年画的制作风格，又

■ 绵竹年画

继承了宋代之后雕版印刷年画的风格。绵竹年画和中国其他年画一样首先是要刻成线版，但是线版在绵竹年画中只起轮廓作用，全靠人工彩绘，从不套色制作。经过不同艺人的手笔，呈现出不同的风格，同一个艺人绘制不同的画幅也会产生不同的趣味。

这是绵竹年画区别于其他诸家年画的主要特点之一，也正是绵竹年画的绝妙之处。

线条是绵竹木版年画造型及构图的基本手段，形因线而立，神因线而传。绵竹年画画师在长期的艺术实践中积累了一整套以线造型的艺术规律。绵竹年画艺人有画诀说道，"流水褶子要活套，铁线褶子要挺直"。这一曲一伸的变化是绵竹年画用线的动感和静感的艺术处理，给整个画面赋予韵律感和节奏感。

绵竹年画在用纸、用笔、用色上也别具一格。传统绵竹年画一般都用粉笺纸和鸳鸯笔，颜色多用矿物色和民间染料加胶矾调制而成。

绵竹年画的装饰性和雕刻艺术，在早期显然受到汉代四川画像砖艺术的影响，后来又受到宗教画影响，因此具有较高的民族研究和艺术价值。

特色鲜明的地域风情

阅读链接

绵竹年画在色彩的处理上是别具一格的，其基本色有黄丹、佛青、桃红、草绿等色。运用色相和色度的对比，是民间彩绘大师们所惯用的手法。它单纯而艳丽，浓重而明快，对比而和谐。

他们还用"鸳鸯笔"在画面上构成了既有立体感又有质感的特殊效果。而借助色彩同类色深浅及阶梯变化，造成了深、浅、明、暗的过渡，所形成的立体效果，增加了画面的节奏和装饰情趣。由于用笔、用纸、用色的独特性，使绵竹年画具有浓郁的乡土风味和鲜明的地方特色。

川江号子和南溪号子

　　川江号子是川江船工们为统一动作和节奏，由号工领唱，众船工帮腔、合唱的一种一领众和式的民间歌唱形式。川江号子高亢、豪迈而有力，在巴渝劳动号子中最具特色。

　　巴渝境内，山峦重叠，江河纵横，交通不便。货物流通、客运往

川江纤夫雕塑

龙船号子

特色鲜明的地域风情

来，皆需木船载客运货，于是柏木帆船成为主要的交通工具，小的船有几个船工，大的有二三十个船工，以至更多。艄翁又称驾长，是一船之主，船行船停，闯滩斗水，该快该慢，众船工皆听艄翁指挥。

在明清时期，是由艄翁击鼓为号指挥船行，统一扳桡节奏。大约在清朝中期，逐渐兴起了号子，产生了专门的号子头。

日复一日，年复一年，川江纤夫"脚蹬石头手扒沙，风里雨里走天涯"，在负重前行喊出的一声声号子，成了著名的川江号子，成了数十种类别和数以千计曲目的川江水系音乐文化。

号子头根据江河的水势水性不同，明滩暗礁对行船存在的危险性，根据摇橹扳桡的劳动节奏，编创出一些不同节奏、不同音调、不同情绪的号子，如船行下水或平水时，要唱"莫约号子""桡号子""二流摇橹号子""龙船号子"等，此类号子音调悠扬，节奏不快，适合扳桡的慢动作，也是船工在过滩、礁的紧张劳动后得以体力精力上的劳逸调剂。

闯滩时，唱"懒大桡号子""起复桡号子""鸡啄米号子"，此类号子音调雄壮激烈，具有强烈的劳动节奏特点，以适应闯滩的行船需要。

船行上水拉纤时，要唱"大斑鸠号子""幺二三号子""抓抓号子""蔫泡泡号子"，此类号子一般旋律性强，拉纤时船工很累，为缓解紧张情绪、统一脚步和力点集中的需要而形成了音乐特点。

过险滩时，要唱"绞船号子""交加号子"，此类号子以激烈、雄壮的音调为特点。

川江号子的唱词很丰富，往往以沿江的地名、物产、历史、人文景观为题材进行编创，具有丰富的知识性。如"川江两岸有名堂"。

川江号子是长江水路运输史上的文化瑰宝，是船工们与险滩恶水搏斗时用热血和汗水凝铸而成的生命之歌，具有传承历史悠久、品类曲目丰富、曲调高亢激越、一领众和和徒歌等特征。它的存在从本质上体现了自古以来川江各流域劳动人民面对险恶的自然环境不屈不挠的抗争精神和粗犷豪迈中不失幽默的性格特征。同时，在音乐形式和内容上，其发展也较为完善，具有很高的文化历史价值。

在渝东南土家族、苗

苗族 中国的古老民族，曾有"三苗""南蛮""荆蛮""五陵蛮"等称。挑花、刺绣、织锦、蜡染、银饰制作等工艺美术，瑰丽多彩。苗族节日较多，较隆重的节日有过"召龙节""苗年节""牯藏节"等，被称为"歌舞的民族"。

■ 川江号子壁雕

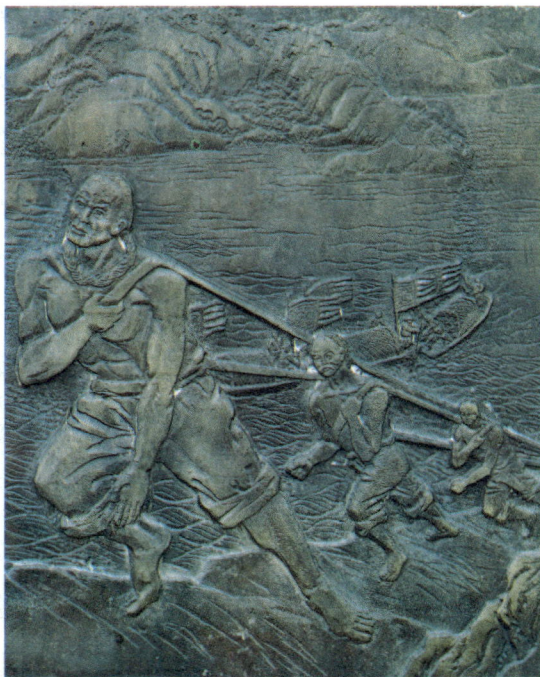

族聚居的村寨，可以说是民歌的海洋。黔江区鹅池镇的南溪是闻名的山歌之乡，素有"南溪左右二面坡，男女老少会唱歌"之说。这里，民族文化资源丰富，文化底蕴厚重，特色鲜明。以《大板腔》《九道拐》《三台声》为代表的"南溪山歌"，真是无时不在，无处不有。

南溪号子的雏形是土家族农民在劳动中解乏鼓劲的劳动号子和山歌号子，与薅草锣鼓近似。南溪村地理条件特殊，被险峻群山环抱，山谷狭长幽暗，阻碍了土家族先民的交流和联系，人们只得通过声音来相互传递消息，一声声呐喊在不经意间演变成了南溪村民文化生活中的重要内容，经过千年的丰富发展和传承，从而形成了南溪号子。

在长时期的传唱过程中，南溪号子逐步发展成为一种自成一格的特殊山歌品种，它既不同于周边的川江号子、纤夫号子，也有别于广泛传唱在武陵山区的其他劳动号子和山歌号子。

在南溪村有着"十对男女九对歌，十首山歌九情歌"的说法。南溪号子的歌词多属即兴创作，无伴奏乐器，多以情歌为主，靠口头传唱得以世代相传，没有文字记录，爱唱山歌的人看到什么或想到什么就唱什么，往往是一首山歌开始由一个人唱，大家喜欢就自然会在人群中传唱。

南溪号子腔调和唱法比较固定。唱腔主要有大板腔、九道拐、三台声、打闹台、南河号、喇叭号等10余种。其基本唱法为一人领喊，二人或三人扮尖声，即喊高音，三人或更多的人喊低音，众人帮腔，从而形成高中低声部互相应和、在山野间悠扬激荡的天籁之声。一首号子多为4句，一句7个字，中间有大量衬词。如："新打船儿下余渡，余渡有个两夫妇，生下幺姑一尺五；六幺妹生下地，团团转转把媒提，幺妹还在娘怀里。"

南溪号子的内容涉及土家族历史、地理、民间传说，传达出许多古老的历史文化信息。演唱的特异性，系土家族音乐文化的遗存，具有吸收优秀传统发展民族音乐的艺术价值。

阅读链接

劳动号子是产生并应用于生产劳动的民间歌曲，具有协调与指挥劳动的实际功用。在劳动过程中，尤其是集体协作性较强的劳动，为了统一步伐，调节呼吸，释放身体负重的压力，劳动者常常发出吆喝或呼号。这些吆喝、呼号声逐渐被劳动人民美化，发展成为歌曲的形式。

劳动号子曲调比较简单，节奏强而有力，有领有合，顿挫分明。内容根据劳动特点随意发挥。劳动号子因各地区生产特点不同，可分许多类型。如沿海地区和水乡渔村，流行渔民号子；城镇的水旱码头，流行搬运号子。此外，还有开山号子、爬坡号子、插秧号子、榔头号子、入囤号子、夯号、打桩歌、辘轳歌等多种形式。

工艺独特的成都蜀锦

蜀锦，又称"蜀江锦"，是一种具有汉民族特色和地方风格的多彩织锦。它与南京的云锦、苏州的宋锦、广西的壮锦一起，并称为中国"四大名锦"，有"中国四大名锦之首"的美誉，以年代久远、工艺独特而被誉为"东方瑰宝，中华一绝"。

多纹蜀锦

蚕桑文明在蜀地起源甚早，古蜀第一位先王蚕丛，据说便已教民养蚕。据《尚书》记载，春秋战国时期，时人已经把成都出产的锦专称为"蜀锦"。再加上不断形成的"南方丝绸之路"，蜀锦开始销往印度、缅甸，蜀锦经营规模不断扩大。蜀地的丝绸生产已成为一项重要的产业。

至汉代时，成都织锦业日盛，以至"机杼相和"，蜀锦织造技巧日趋熟练，以其做工精致、花式繁多闻名于世。朝廷在成都设有专管织锦的官员，因此成都被称为"锦官城"，简称"锦城"。

■ 云锦百福图

而环绕成都的锦江，也因有众多织工在其中洗濯蜀锦而得名。"十样锦"是蜀锦的主要品种之一，简称"什锦"。张骞出使西域，见当地商贾皆偏爱一种锦缎，张骞一看，原来是成都的蜀锦。

汉代蜀郡成都人扬雄在《蜀都赋》中写道：

若挥锦布绣，望芒兮无幅。尔乃其人，自造奇锦。发文扬彩，转代无穷。

秦汉时期的织锦图案突破了中国自西周以来装饰图案的单调格式，把简单的、静态的菱形几何纹、

《尚书》为一部多体裁文献汇编。相传为孔子编定。战国时期总称《书》，汉代改称《尚书》，即"上古之书"。因是儒家五经之一，又称《书经》。该书分为《虞书》《夏书》《商书》《周书》。

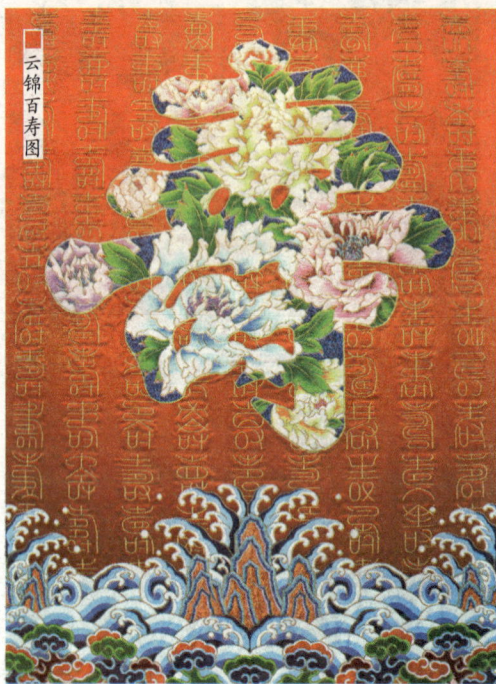
云锦百寿图

回纹、云雷纹和云气纹发展为在云气之间自由奔驰的各种祥禽瑞兽等动物图案，统称为"云气动物纹"。其线条比较粗犷、生动、简练，造型奔放活泼，取材主要是当时日常生活中人们普遍接触到的云彩鸟兽、狩猎骑射等内容。

在此时期，锦纹图案中还常常配以各种吉祥的铭文，如"富且昌""大宜子孙""万年益寿""长生无极""长乐明光""登高望四海""万年益寿""长生无极"等。

东汉时期以来，丝织物加金技术，首先用于蜀锦，但其基本图案和织造方法仍然是汉代的延续。

南北朝时期，一些动物图案以安详的静态为主，如方格兽纹锦。在方形彩色格子中，排列着卧狮、奶牛、大象等静态的动物，采用两组彩条经线来衬托主体图案，形成一种新颖的风格。这段时期还出现了带波状主轴的植物纹样，以及缠枝连理、对称纹样等。

成对称排列的动植物图案装饰在一定的几何骨架之中，如，新疆阿斯塔拉墓出土的北朝时期的树纹锦，树的形象采用左右规则而对称的排列，各组树纹上下之间缀以菱形点，显现出色彩明暗的层次变化，规则而不呆板，树纹采用红色的彩条经线显现，有明亮突出的色彩效果，是一种典型的彩条经锦。

唐代时，四川的蚕丝业步入鼎盛时期，那时的蜀锦，代表着中国古代丝织技艺的最高水平。唐代贞观年间，首开文字织锦之先河，四川进贡的一件以丝线织成的文字锦王羲之的《兰亭序》是其最杰出的代表作，被当作"异物"收入宫中。

唐代蜀锦的图案有格子花、纹莲花、龟甲花、联珠、对禽、对兽等。唐代末期，又增加了天下乐、长安竹、方胜、宜男、狮团、八答晕等图案。红色绫地宝相花织锦绣袜，即典型的宝相花纹锦。

随着蜀锦的纺织技术不断成熟，宋代宋神宗统治期间，在成都开办成都府锦院，有127间机房、154台织机供织锦所用，而且日用挽丝之工164人，用杼之工154人，炼染之工11人，纺绎之工110人，在朝廷支持下蜀锦业规模进一步扩大。其间所织的"灯笼锦"和"落花流水锦"流行民间，成为当时的经典。

在宋元时期，发展了纬起花的纬锦，其纹样图案有庆丰年锦、灯花锦、盘球、翠池狮子、云雀，以及

王羲之（303—361），东晋时期著名书法家，有"书圣"之称。其书法兼善隶、草、楷、行各体，精研体势，心摹手追，广采众长，备精诸体，冶于一炉，摆脱了汉魏笔风，自成一家，影响深远。代表作《兰亭序》被誉为"天下第一行书"。在书法史上，他与其子王献之合称为"二王"。

■ 云锦麒麟

瑞草云鹤、百花孔雀、宜男百花、如意牡丹等。

天华锦源于宋代"八达晕"锦，也称"添花""锦群"，以圆、方、菱形等几何图形作有规律的交错重叠，内饰多种纹样，并在中心处突出较大的花形，形成变化多样的满地锦式，素有"锦上添花"之美誉。

而在明末清初，蜀地经历了长达37年的战乱，巴蜀大地荒烟蔓草，物是人非，蜀锦纺织业已经被摧残殆尽，"锦坊尽毁，花样无存"。

在清代初期，织品花样只存天孙锦一种。直至康熙年间，外逃或被俘的锦工才回到成都，重操旧业，锦城又响起了"轧轧弄机杼"的声音。

在康熙皇帝的支持下，蜀锦纺织业不断恢复和发展，清代末期达到了顶峰，产生了被称为"晚清三绝"的月华锦、雨丝锦和方方锦。但由于江南丝织业的发达兴旺，地位上升，四川的丝织业一直没有达

明锦孔雀开屏

到明代盛时的地位。

蜀锦的品种繁多，传统品种有雨丝锦、方方锦、铺地锦、散花锦、浣花锦、民族锦、彩晕锦等。

雨丝锦的特点是锦面用白色和其他色彩的经丝组成，色络由粗渐细，白经由细渐粗，交替过渡，形成色白相间，呈现明亮对比的丝丝雨条状，雨条上再饰以各种花纹图案，粗细匀称，既调和了对比强烈的

■ 云锦

色彩，又突出了彩条间的花纹，具有烘云托月的艺术效果，给人以一种轻快而舒适的韵律感。

方方锦的特点是缎地纬浮花，在单一底色上，以彩色经纬线配以等距不同色彩的方格，方格内饰以不同色彩的圆形或椭圆形的古朴典雅的花纹图案，如梅鹊争春、凤穿牡丹、望江楼、百花潭等。

铺地锦又称"锦上添花"，其特点是在缎纹组织上用几何纹样或细小的花纹铺满底子，再在花纹上嵌织大朵花卉，如宝相花等。色彩丰富、层次分明，显得格外富丽堂皇。

散花锦的特点是花纹布满锦地，常见的图案有如意牡丹、瑞草云鹤、百鸟朝凤、五谷丰登、龙爪菊、云雁等，富于浓厚的地方色彩和民族风格。

浣花锦又称"花锦"，它是由古代名锦"落花流水锦"发展而来的。传说是唐代卜居成都浣花溪的贵妇人根据溪水荡漾的变化而设计的花纹，而且在锦织成后，多数在锦江上游溪水潭内洗涤，故而得

名。其特点是底组织采用平纹或缎纹以曲水纹、浪花纹与落花组合图案，纹样图案简练古朴，典雅大方。

民族锦一般采用多色彩条嵌入金银丝织成，多用于民族服饰，故而得名。其特点是锦面上的图案从经纬线交织中显现出自然光彩，富有光泽。常见的图案有团花、葵花、"万"字、"寿"字等。

彩晕锦的特点是织纹华贵相映，明暗匹配，层次分明，并以色晕过渡，花纹绚丽多彩，别具一格。

蜀锦图案的取材十分广泛、丰富，诸如神话传说、历史故事、吉祥铭文、山水人物、花鸟禽兽等，千百年来不断发展、提炼，具有高度的概括性和艺术水平，其中寓合纹、龙凤纹、团花纹、花鸟纹、卷草纹、几何纹、对禽对兽纹以及方方、晕裥、条锦群等传统纹样仍为广大人民群众喜闻乐见。

清代蜀锦，在国外仍然享有盛名，被称为"名贵的蜀江锦"。1909年，蜀锦参加南洋博览会，获得"国际特奖"。

阅读链接

蜀地农业与蚕桑业十分发达，种植和应用天然色素植物的历史悠久，形成了一套自成特色的染织工艺体系。色素与色谱比较齐全，特别是染红色，最为著名。蜀锦又被称为"蜀红锦""绯红天下重"。蜀地染的蜀红锦，色彩鲜艳，经久不褪。

已知流传到日本的许多著名蜀锦，如"格子红锦""赤狮凤纹蜀江锦""唐花纹锦""铺石地折枝花纹蜀江锦"均是红色或以红色为底色。

日本的正仓院、法隆寺珍藏有"赤地鸳鸯唐草纹锦""大幡垂饰""紫地狮子奏乐纹锦""狩猎纹锦"等唐代的蜀江锦。

名闻天下的川西蜀绣

蜀绣，又称"川绣"，是指出产于四川成都及其周边的刺绣品，因地缘关系而得名。与江苏苏州的苏绣、湖南长沙的湘绣和广东的粤绣并列为"中国四大名绣"。

蜀绣的生产具有悠久的历史。早在汉代，蜀绣之名就已誉满天下。至西汉末期，刺绣已成为"女工之业，覆衣天下"。

当时艺高的绣女被朝廷官府控制，汉代少府属官的东织室、西织室，就是专为皇室加工缯帛纹绣高级成衣而设立的。因绣品

■ 精美的蜀绣

显示出非凡之技而被皇亲国戚们视为珍宝。

汉代以后至五代十国时期，四川相对安定的局面为蜀绣的发展创造了有利的条件，社会需求的不断增加，刺激了蜀绣业的飞速发展。至宋代，蜀绣的发展达到鼎盛时期，绣品在工艺、产销量和精美程度上都独步天下。

清代中叶以后，散布于民间的蜀绣艺人已经相当众多，形成了许多小型刺绣作坊，并成立了民间组织"三皇神会"。这是一个由铺、料、师组成的刺绣业的专门行会。可见，当时蜀绣已从家庭逐渐进入市场，形成广为社会所需的规模生产。

那时成都的刺绣手工作坊在九龙巷、科甲巷一带有八九十家。当时蜀绣主要分三类：穿货、行头、灯彩。

1903年，清代朝廷在成都成立四川省劝工总局，内设刺绣科，聘请名家设计绣稿，同时钻研刺绣技法。在此时期，除实用品外，更丰富了刺绣欣赏品类，如条屏、中堂、斗方、横披等。

题材除以古代名家画作如苏东坡的怪石丛条、郑板桥的竹石、陈老莲的人物等为粉本，又请当时名画家如刘子兼、赵鹤琴、杨建安、张致安等设计绣稿，并绣制流行图案，山水人物，花鸟鱼虫，无所不及。

这样一来，既提高了蜀绣的

苏绣 优秀的民族传统工艺之一。已有2000余年的历史，早在三国时期就有了关于苏绣制作的记载。清代是苏绣的全盛时期，流派繁衍，名手竞秀。具有图案秀丽、构思巧妙、绣工细致、针法活泼、色彩清雅的独特风格，地方特色浓郁。

■ 古典蜀绣屏风

艺术欣赏性，同时也产生了一批刺绣名家，如张洪兴、王草廷、罗文胜、陈文胜等。张洪兴等名家绣制的"动物四联屏"荣获巴拿马赛会金质奖章。张洪兴绣制的"狮子滚绣球"挂屏又得清王朝嘉奖，授予五品军功，为蜀绣赢得很高声誉。

蜀绣绣法灵活，适应力强。一般绣品都采用绸、缎、绢、纱、绉作为面料，并根据绣物的需要，制作程序、配色、用线各不相同。蜀绣的绣刺技法甚为独特。据统计，蜀绣的针法有12大类、122种。常用的针法有晕针、铺针、滚针、截针、掺针、沙针、盖针等。

蜀绣常用晕针来表现绣物的质感，体现绣物的光、色、形，把绣物绣得惟妙惟肖，如鲤鱼的灵动、金丝猴的敏捷、人物的秀美、山川的壮丽、花鸟的多姿、大熊猫的憨态等。

晕针是一种有规律的长短针，分全三针、二二针、二三针三种。全三针是长短不等的三针；二二针是两长两短的针；二三针是两长三短的针。

各种针脚都须密接相挨，每排长短不等，但针脚是相接的，交错成水波纹。全三针适用于倾斜运针的绣面，向左倾斜的先由短针到长针，向右倾斜的先由长针到短针。二二针适用于小面积部位，二三针用处较广，凡正面或稍倾斜的绣面都适用此种针法。

■ 蜀绣罗汉渡水

苏东坡（1037—1101），即苏轼，北宋时期文学家、书画家。是豪放派词人的主要代表之一，与欧阳修并称"欧苏"，与黄庭坚并称"苏黄"，与辛弃疾并称"苏辛"，为"唐宋八大家"之一。代表作品有《水调歌头·中秋》《赤壁赋》《江城子·乙卯正月二十日夜记梦》《记承天寺夜游》等。

晕针绣花、鸟、虫、鱼、人物、走兽，不仅易于浸色，更能体现出事物的自然本质和真实感。

滚针适用于绣蜀葵、芙蓉花叶的叶脉，以及树藤、松针、烟云、人物衣褶等。这种针法能体现出绣制物像的自然形态。

蜀绣的技艺特点有线法平顺光亮、针脚整齐、施针严谨、掺色柔和、车拧自如、劲气生动、虚实得体，任何一件蜀绣都淋漓尽致地展示了这些独到的技艺。

所谓"车"是指刺绣的关键部位，如动物的眼睛、一朵花的花瓣等，由中心起逐渐向四周扩展；所谓"拧"则是指运用长短不同的针脚，从刺绣形象的外围逐渐向内添针或减针。这种独特的绣工使绣制作品有张有弛、浓淡适度、密疏得体，极具一定的艺术效果。

蜀绣的绣品品种繁多，色彩丰富。其图案主要以民间流行的题材为内容，一般是取寓意或谐音来表达某个含义，常取吉祥喜庆等百姓心目中美好的愿望为题材。如表示爱情的鸳鸯戏水，表示富贵的凤凰牡丹，表示长寿的松柏仙鹤等。

阅读链接

刺绣是中国优秀的民族传统工艺之一，刺绣与养蚕、缫丝分不开，所以叫"刺绣"，又称"丝绣"。

中国在四五千年前就已经开始养蚕、缫丝了。据《尚书》记载，4000年前的章服制度就规定"衣画而裳绣"。至周代，有"绣缋共职"的记载。唐宋刺绣施针匀细，设色丰富，盛行用刺绣作书画、饰件等。宋代时期崇尚刺绣服装的风气已逐渐在民间广泛流行。除了"四大名绣"外，还有京绣、鲁绣、汴绣、瓯绣、杭绣、汉绣、闽绣等地方名绣，少数民族如维吾尔、彝、傣、布依、哈萨克、瑶、苗、土家、景颇、侗、白、壮、蒙古、藏等也都有自己特色的民族刺绣。

岭南灵秀

岭南气候常年温和，四季如春。空气湿润，植物繁茂常青，花卉四季常开，环境清新秀丽。

岭南文化虽然随着时代的发展不断与外地融合，但仍然保持着鲜明的地方特色，这在戏剧、音乐、文学和民间习俗等方面则表现得更为显著。

所有这些把岭南文化点缀得更加丰富多彩，是中华文化百花园中的一朵奇葩。

形式多样的岭南曲艺

岭南曲艺形式多样。其中，最具地方特色的有木鱼、龙舟、南音、粤讴、潮州歌册、竹板歌、说书、相声等。

木鱼，又称"木鱼歌""摸鱼歌"或"沐浴歌"，是上继唐代变文而后宝卷、弹词，与广东粤语地区的民间文学、民间歌谣相互融合，经过长期演变而成的第一个粤语说唱曲种，一般为盲人所唱。

木鱼

它广泛流传于珠江三角洲和其他粤语地区，至清代以后极为兴盛。早期的作品有《观音出世》《目连救母》等。

木鱼的演唱形式颇为独特，表演时演唱者靠敲击一

"南音"演奏场景

段剖空的硬质木头来掌握节拍。唱词基本是七字句，通俗易懂。木鱼的内容大都是历史故事或民间故事，也有一些佛教故事。

龙舟也称"龙舟歌"，用广州方言演唱，演唱者手执木雕小龙舟，胸前挂小锣小鼓，边敲边唱。唱词基本是六字一句，句法与木鱼比较接近。

唱词的韵，可以是八韵，也可变化成十六韵，若不够最多可有三十六韵。最常用的韵为占、则、平、稳、悲、欢、喜、乐等，可加可减。

龙舟以小锣小鼓作伴奏，打鼓和锣也有技巧：打的是一长三短鼓，五大一小锣；有单打、双打、短点、长点之分，收放自如。

龙舟唱腔有虾吼、玉喉、猫喉、豆沙喉等。在唱词的过程当中，艺人则会根据当时当地的情景即兴创作一些似曲非曲、似调非调的说词。

变文 唐代兴起的一种说唱文学，多用韵文和散文交错组成，内容原为佛经故事，后来范围扩大，包括历史故事、民间传说等。

弹词 一种说唱艺术，弹词本身是韵文跟散文的综合体，包括说白和唱词两部分。弹唱之前，必须先有一段开场的"开篇"，接下来进入"本书"，"本书"再分说白跟唱词两部分，唱词多是七字句形式，也有十字句，演唱形式分"单挡"和"双挡"。

弹唱表演

特色鲜明的地域风情

　　从篇幅看，龙舟几乎都是短篇。龙舟的内容以神话传说和历史故事为主，较有影响的作品有《八仙贺寿》《仙姬送子》《昭君和番》等。

　　南音是在龙舟、木鱼的基础上，吸收吴声等曲种的音调发展而成。南音与龙舟、木鱼的最大不同是后者多在民间下层传唱，而前者则多在上层的文人雅士中鉴赏，所以虽都以广州方言来表现，但南音书面语较多，比龙舟和木鱼文雅。

　　南音的内容多是吟风弄月和消遣应酬之作，最有代表性的作品有《客途秋恨》和《叹五更》。

　　粤讴出现于清代嘉庆年间，相传是由冯询和招子庸在木鱼、南音的说唱形式基础上创制而成。粤讴也是一种粤语方言文学形式，主要流行于粤语方言区。

　　粤讴除了使用粤语方言外，创作上还有篇幅和句法长短随意及有韵而不限制格律等特点。演唱时用琵琶伴奏，后改用扬琴，但也可不用伴奏。一般唱前先奏引子，唱完一节奏过门。以四句为一节，每节中间有"过序"，全歌唱完奏煞板。音乐贯串始终，结构上非常完备。

"潮州歌册"是用潮州方言演唱的长篇叙事韵文，俗称"笑歌册"。它是从弹词演变而来的。

唐代时，潮州民间艺人根据佛教教义中的故事编写成新的"变文"，说唱时配一种弹拨乐器，自唱自弹，称为"弹词"。由于弹词抄本多有错漏，明清时期，民间艺人将弹词重新整理后，用木板刻字印刷，装订成册，并广泛流传于民间。人们又称"弹词刻本"为"歌册"。

经过长期的不断丰富和发展，它成为一种用潮州方言说唱，而且音韵整齐，通俗顺口，故事情节完整，艺术魅力强，深受潮州地区人民群众欢迎的传统民间曲艺形式。它发源于潮州，流传于周边地区。

潮州歌册一般曲文多为七字句，四句为一组，押韵以组为单位。流行于潮州方言区。

潮州歌册的内容多为历史故事及民间传说，也有一些反映地方题材。以改编的为多，创作相对较少。比较流行的有《苏六娘》《英台仔》《张古董》《吴忠恕》《过番歌》《隋唐演义》《包公出世》及《正德君游江南》等。

潮州歌册的演唱非常简单，无须任何乐器伴奏，调子也比较平直，一般不必经过专门训练就能掌握。演唱潮州歌册并不只是一种表演，而是一种自娱活动。

竹板歌，又称"五句板"，属

广州方言 又称为"粤方言""粤语""白话"和"广府话"，是古南越族语言与汉语言混糅后形成的一种独特的地方语言，为现代汉语方言的七大方言之一。在广州方言中，有着许多独特的词语，具有浓厚的广州地方特色。

潮州方言 即潮州话、潮汕话，属汉语方言八大语系之一的闽南语系次方言，也是现今全国最古远、最特殊的方言之一。它古朴典雅，词汇丰富，语法特殊，保留的古音古词古义多，语言生动又富幽默感，与其他方言有很大区别。

潮州竹板

客家民间曲艺，它不仅是兴宁市最早流行的主要曲艺品种，还流行于梅州全市和河源、韶关等地区客家语市县。

竹板歌，以叙事见长，有短、中、长篇之分。竹板歌说唱，包括唱词、曲调、表演道具、表演形式四个方面。

唱词每首为五句，每句七字，第一、第二、第四、第五句押韵，习惯运用尾驳尾合韵，多用于演唱故事传本。有其独特的曲调，并在流传中逐步形成平板、哭板、欢板、拖板、吊腔等基本唱腔，或快或慢，或高或低，全由说唱艺人灵活运用。

表演道具是4块竹板，表演者敲击竹板作为伴奏节拍。表演形式由单人表演，发展至双人、多人表演，由独唱发展至对唱、小组唱、表演唱、弹唱等形式。

除此之外，还有粤东的潮曲清唱，海陆丰的白字歌、汕尾的十音、尺艺等，以及乐昌的渔鼓、莲花闹，吴川的木鱼，雷州姑娘歌，信宜的牛娘调等。

阅读链接

关于龙舟歌的起源有两种说法：

一种说法是在清代乾隆年间，顺德龙江有个落难的子弟，平时能说会道，为了糊口，在木鱼的基础改革腔调，胸前挂个小锣鼓，手提木雕的龙舟，边敲边唱卖艺度日。群众觉得这种唱法非常独特而且很有味道，腔调明快悦耳，通俗易懂，便钟情其中。于是，不少人争相仿效，龙舟歌便渐渐流传开来。

还有另一种说法，指龙舟歌由广东天地会等反清团体始创。1683年，反清志士以通俗的歌谣作为团结群众"反清复明"的媒介。天地会在活动初期，就编了六七百首那样的歌，他们在水网地带往来演唱，并以龙舟作为标记，后来称为"龙舟歌"。

别具韵味的西关大屋

要了解广州文化首选西关，那是岭南文化的缩影；西关大屋又是西关建筑文化的精髓。

西关，在明代已成为广州城区的商业中心，十八甫在明代已逐渐

广州十三行的店铺

■ 西关人物雕像

特色鲜明的地域风情

陶塑 是陶质的雕塑艺术品，早在新石器时代这种艺术形式便已出现，盛行于秦汉时期。它的出现为中国雕塑史和陶艺史上谱写了光辉灿烂的一页。西安秦始皇兵马俑是陶塑的主要代表。

十三行 又称"洋货行""洋行""外洋行""洋货十三行"，是清代设立于广州的经营对外贸易的专业商行。名义上虽称"十三"，其实并无定数。1856年，十三行毁于广州西关大火。

形成。而西关角形成于清代同治、光绪年间，范围包括文昌桥、大观桥、泮塘、昌华园周围一带。

特别是乾嘉年间，当时云集西关的富商在商业繁华的十三行的"西关角"一带兴建了极具岭南特色的广州传统民间住宅，被称为"西关大屋"。它吸取了中原园林建筑和家居特色，结合了岭南气候的特点，形成了独特的地方风格。

西关大屋高大明亮，厅堂结合，室内装修典雅，堪称集工艺美术之大成，木石砖雕、陶塑灰塑、壁画石景、玻璃及铁漏花、满洲窗、刻彩图案、红木家具、木雕花饰、槛窗等，均极富岭南韵味与风采。

西关大屋多为砖木结构，青砖石脚，高大正门用花岗石装嵌。其平面布局按中原传统的正堂屋形式，基本上是纵深方向展开。

其典型平面为三间两廊。左右对称，中间为主要厅堂。中轴线由前而后，由南而北，依次为门廊、门厅、轿厅、正厅、长辈房、天井、二厅、二房。

每厅为一进，一般大屋为二三进，形成颇多的中轴线。两旁偏间前部左边为书房及小院，右边为偏厅和客房。

客房顶为平天台，供乘凉、赏月和西关小姐们七夕拜月等用。偏厅、客房后部为卧房、厨房等。庭园中栽种花木，筑有假山鱼池，颇为典雅清幽。

西关大屋的门廊装修，设矮脚吊扇门、趟栊门、硬木大门三重门扇。趟栊是一个活动的栏栅，用13条或15条坚硬的圆木条构成，横向开合故称"趟栊"。

角门和趟栊有通风和保安的功能，是适应岭南炎热多雨的气候而特制的建筑构件。西关大屋的大门是用红木或樟木等高级木材制造，厚约8厘米，门钮铜环，门脚藏石臼中，门后用横闩扣门，以防盗贼。

■ 西关大屋

■ 西关大屋一角

天井 中国南方房屋结构中的组成部分，一般为单进或多进房屋中前后正间中，两边为厢房包围，宽与正间相同，进深与厢房等长，地面用青砖嵌铺的空地，因面积较小，光线为高屋围堵显得较暗，状如深井，故名。不同于院子。

门厅中设天官和土地神仕，其后有中门4扇，平时不开，只有乘轿贵客来访才开，以示隆重迎接。仅留左右两门出入，使路人看不见门内情景。轿厅是供乘轿客人及主人出入停轿之所。

大厅是大屋的主体建筑，面积最大，屋脊最高。整座大厅红栋、黑桷、白瓦，宽敞宏大。为使大厅更加明亮，屋顶错落装以明瓦，即玻璃瓦。

正厅后面是头房，是长辈们居住之所，以明瓦、高窗采光。头房后依次是二厅、二房。二房又称"尾房"，是中轴线上最后的房间。

厅与厅之间以小天井隔开，天井上加小屋盖，依靠高侧窗采光通风。中轴线两旁主要有书房、偏厅、卧室和楼梯间等，大体上左右对称布置。

门厅右边一般设有小庭院，内栽种名贵花木，布置石山、石景、鱼池或荷花池，以供主人或来客游憩观赏。

大屋两侧各有一条青云巷，取"平步青云"之意。青云巷又称"冷巷""火巷""水巷"等，具有交通、通风、采光、排水、晾晒、栽花、清运粪便垃圾等多种功能。

西关大屋是广州传统建筑的瑰宝，据统计仅存100多间，具有保留价值的有10多间。最著名的西关大屋有坐落于宝源北街18号的"梁资政第"、坐落于多宝路的邓宫保第以及坐落于宝华路正中的钟家花园等。十分可惜，这些名园大宅大多早已不复存在。

硕果仅存的名宅只有小画舫斋。

小画舫斋建成于1902年，是一座环形园林式的西关大屋，四周为楼房，中间是花园，楼房精致典雅，花园花木茂盛，整体结构别具浓郁的岭南建筑韵味。

屋脊 中国古代建筑屋顶相对的斜坡或相对的两边之间顶端的交汇线，它是古建筑的重要组成部分。史料早有记载，如《南史·王琳传》："所居屋脊，无故剥破，出赤蚒数升，落地化为血。"另外，在中国古建筑的屋脊上，我们可以很容易看到一些神兽的造型，这就是人们所说的吻兽。

■ 广州西关大屋

正门在三连直街，南向；后门在逢源大街，北向。口额石刻清末书法家苏若湖所书"小画舫斋"四字。小画舫斋整座建筑为白花岗石脚，水磨"东莞青砖"精砌墙壁，平滑洁亮。

从正门进入，首先映入眼帘的是一座玲珑剔透的木雕通花套石刻红花玻璃大屏风。屏风后面是门厅，前边有一条东西走向的长廊，长廊中建有一座名叫"诗境亭"的半边亭。西边是"船厅"，呈画舫形，小画舫斋因此而得名。

"船厅"约200平方米，两层木结构，一面临水，附有码头和游船；一面向着遍置花木石山的园林，有九里香、白玉兰、荔枝树及米兰、茉莉花等。它是主人会客宴请及收藏欣赏古董字画的地方，当年清代两广总督阮元就曾题匾"白荷红荔泮塘西"于厅内。

园内还有幽雅的楼房和亭台，夏天凉风阵阵，花香扑鼻，别是一番情趣。四周是精美的人工建筑，有客厅、祖先庙、船厅、花厅、书厅、画厅等，内多陈列名人诗词字画，是文人墨客的聚集地。

阅读链接

小画舫斋主人黄景棠，字诏平，广东新宁人，其父黄福是知名侨商。他在新加坡度过童年，青年时回国。27岁拔贡，后有候选道官衔，但未任实职，主要致力于工商业，是清末广州商界参与政治活动的活跃人物。

1905年，广州总商会成立时任坐办。1907年，与一些有新思想的商人组织粤商自治会，后主办《七十二行商报》。在收回路权、澳门勘界、争回东沙岛主权等斗争中表现突出。

1911年，在鼓动商人反对铁路收归国有的斗争中，黄景棠被官府威胁恐吓，被迫远赴南洋，后来才重返广州。黄景棠能作诗，著有《倚剑楼诗草》，它是研究清代晚期广东社会有价值的资料。

名扬四海的潮汕工夫茶

潮州茶文化是岭南茶文化的又一重要系列，而尤以工夫茶著称。"工夫"，本为茶名，后演化为烹茶方法。潮州工夫茶，起于明代，盛于清代，后成为潮州地区饮茶习俗的文化现象，是潮州饮食文化的

功夫茶具

特色鲜明的地域风情

■ 工夫茶表演

丘逢甲（1864—1912），祖籍粤东嘉应州镇平，是清代末期著名诗人和爱国志士，同时也是一位卓越的教育家。丘逢甲扬弃旧式，以时务、策论、诗、古文辞课士，摒弃八股试帖，创办了当时粤东潮属各县独一无二的新式学堂，开创了潮汕近代新式学堂的先声。

重要组成部分。

潮州工夫茶蕴含着丰富的文化内容，工夫茶乃文人骚客生活中不可或缺的雅事，故在许多诗文中均言及工夫茶，如丘逢甲从日本回国后，在潮州生活时作《潮州春思》诗6首，其中一首记述春日烹品工夫茶的情景，写道：

曲院春风啜茗天，竹炉榄炭手亲煎。
小砂壶瀹新鹪嘴，来试潮山处女泉。

潮州工夫茶，以茶具精致小巧、烹制考究与以茶寄情为特点。工夫茶一般不用红茶和绿茶，而用半发酵的乌龙、奇种与铁观音，不必要上等茶，茶叶远没有茶具讲究。

工夫茶的茶具，往往是"一式多件"，一套茶具有茶壶、茶盘、茶杯、茶垫、茶罐、水瓶、龙缸、水钵、红泥火炉、砂姚、茶担、羽扇等，一般以12件为常见，如果12件皆为精品，则称"十二宝"；如果其中有8件为精品，或4件为精品，则称"八宝"或者"四宝"。

工夫茶的茶壶，多用江苏宜兴所产的朱砂壶，要求"小浅齐老"，茶壶"宜小"，"小则香气氤氲，大则易于散烫""独自斟酌，越小越佳"；茶杯也宜小宜浅，犹如半只乒乓球，色白如玉，杯小则一啜而尽，浅则水不留底。

工夫茶之工夫，全在茶之烹法，虽有好的茶叶、茶具，而不善冲，也前功尽弃。

潮州工夫茶的烹法，有所谓"十法"，即活火、虾须水、拣茶、装茶、烫盅、热罐、高冲、盖沫、淋

铁观音 属于乌龙茶类，是中国十大名茶之一。介于绿茶和红茶之间，属于半发酵茶类，铁观音除具有一般茶叶的保健功能外，还具有抗衰老、抗癌症、抗动脉硬化、防治糖尿病、减肥健美、防治龋齿、清热降火、敌烟醒酒等功效。

■ 工夫茶茶具

顶与低筛。也有"八步法"：

治器，即冲茶前的准备工作，从起火到烧开水，冲烫茶具。

纳茶，将茶叶分粗细后，分别把茶叶装入茶壶，粗者置于底，中者置于中，细者置于上，茶叶不可装得太满，仅七八成即可。

候茶，讲究煮水，以"蟹眼水"为度，如苏东坡所说，"蟹眼已过鱼眼生"，初沸的水冲茶最好。

冲点，讲究"高冲"，开水从茶壶边冲入，切忌直冲壶心，以防"冲破茶胆"，茶叶冲散，茶沫溢出，可能把茶冲坏。

刮沫，即冲茶时溢出的白色茶沫，先用茶壶盖刮去，然后把茶壶盖好。

淋罐，茶壶盖好后，即用开水冲淋壶盖，既可冲去溢出的茶沫，又可在壶外加热。

烫杯，在筛茶前，先烫杯，一可消毒，二可使茶杯升温，茶不易凉，也能使茶生香。

筛茶，讲究"低筛"，这是潮州工夫茶的特有筛茶方法，把茶壶嘴贴近已整齐摆放好的茶杯，然后如"关公巡城"般连续不断地把茶均匀地筛洒在各个杯中，不能一次注满一杯，以示"一视同仁"。但一壶茶却必须循环筛洒以至于尽，即所谓"韩信点兵，多多益善"。

潮州工夫茶依照以上程序，各有一个雅致的名称：鉴赏香茗、孟臣淋霖、乌龙入宫、悬壶高冲、春风拂面、熏洗仙颜、若琛出浴、玉液回壶、游山玩水、关公巡城、韩信点兵、敬奉香茗、高冲低筛、若琛复浴、重酌妙香、再识醇韵、三斟流霞等。

潮州工夫茶，不同于一般的喝茶，两者之异首先在于非同一般喝茶那样，大口大杯地喝，而是小杯小杯地品味，品茶之意与其说为解渴，不如说在品味茶之香，在以茶叙情。

其次，潮州工夫茶特别讲究食茶的礼节，待茶冲完，主客总是谦让一番，然后请长者、贵宾先尝，杯沿接唇，茶面迎鼻，闻茶之香，一啜而尽。

工夫茶这一套礼仪正是中国传统的茶道。首先，潮汕工夫茶的美学思想基础是"天人合一"。大自然变化规律的存在已毋庸赘述。潮州工夫茶道正是大自然人性化的载体。我们可以这样说，如果没有了茶道艺术形式的规范化、程式化，就绝不会有茶道之美。

最后，潮汕工夫茶规范之美的最高境界是"天人合一"。《周易·系辞》由封象的变化总结出"立象以尽意"的思想，强调了规范之美。人体本身就是"规范"之美的典型：其结构之稳定，让观者一眼便可以辨清是人还是动物。

人体规范之美即生命美，它是天生自然的，它契合了天道自然。人体的这种"存在"，制约着人的生存意识，"道"就是诸多生存意识的综合体现。因此，世"道"都在力求最大限度地调节、利用自然力以为生命之美服务。形成于唐代的中国茶道，究其实质，便是生命之美的一种延伸。

茶艺

潮州工夫茶道之"七义一心"便是中国茶道的规范之美，是"立七义一心以尽道"。天道动，茶道也动。人类对和谐美好生活的追求永不停息，因而个体内在心灵向自然复归之求善愿望也永无止境。"立象以心意"的延展，必定是"忘象以尽意"。

那么，"立七义一心以尽道"，终极当为"忘七义一心以尽道"，这才算潮州工夫茶道的"和"之最高境界。彼时，茶道美与生命融为一体，茶道规范变成行为规范，达于"百姓日用而不知"（《周易·系辞上》）之境界。此处所谓的"不知"，意指茶道践履，处处契合自然，没有勉强，恰在此时似先天本能的流露。这种"行为自然"与"天道自然"的贯通一致，实乃最高境界的"天人合一"，即最高境界之"和"，它是由鼎盛国势的活力孕育出来的具备中国早期恢宏气概之"和"。那才是潮汕工夫茶道的真、善、美。

潮汕工夫茶道乃"人道"之载体，显示了"系善成生，读德大业"的人道原则，"各正性命，保合太和"的凝聚力，积德行善的未来意识，它既具备了中国传统文化的个性，又不缺乏类似全人类所共同向往的共性。

潮汕工夫茶道，实质上已升华为一种全新的，全人类都能意会、理解、破译的语言。潮汕工夫茶道辐射之所及，已渐次形成独特而又统一的文化意识体系——茶文化。

阅读链接

传统的潮汕工夫茶一般只有3个杯子，不管多少客人都只用3个杯子。

第一杯茶一定先给左手第一位客人，无论其身份尊卑，无论其年龄大小，也无分性别。每喝完一杯茶要用滚烫的茶水洗一次杯子，然后再把带有热度的杯子给下一个用。这种习俗据说是人们为了表示团结、友爱和互相谦让的美好品德。

广西壮族自治区地处祖国南疆，山水秀丽、四季如春、物产富饶，居住着壮、汉、瑶、苗、侗、仫佬、毛南、回、京、彝、水和仡佬12个民族，是中国5个少数民族自治区之一。

广西是多民族的省区，不论是民间文学还是民间歌曲，或者是民间戏剧，都非常丰富，并呈现出独具特色的民族风情。

广西有着自己灿烂的文化艺术，并形成了自己独特的文化特点，如，壮族的铜鼓、花山崖壁画早已闻名中外。

八桂山水

美不胜收

四大名锦之一的壮锦

壮锦，与云锦、蜀锦、宋锦并称"中国四大名锦"，据传起源于宋代，是广西民族文化瑰宝，是广西尤其是壮族地区一项最具代表性的民族手工艺品，主要产地为广西靖西、忻城、宾阳等县。

历经千余年发展的壮锦有自成体系的三大种类、20多个品种和50多种图案，以结实耐用、技艺精巧、图案别致、花纹精美著称，既是精美的工艺品，又具有很高的实用价值。

黎族男子帽子

作为工艺美术织品，壮锦是八桂人民最精彩的文化创造之一，其历史非常悠久。关于美丽的壮锦，还有一个动人的故事：

相传，在古时候，住在大山脚下的一位壮族老

妈妈，与三个儿子相依为命。

■ 黎族织锦

老妈妈是一位手艺精湛的织工。她织出了一幅壮锦，上面有房屋，有花园，有田地、果园、菜园和鱼塘，还有鸡鸭牛羊。

一天，一阵大风，把壮锦卷向东方的天边去了，原来是那里的一群仙女拿壮锦做样子去了。

老妈妈先后派出了两个年龄稍长的儿子出发去寻找壮锦，但他们都畏惧路途艰辛，拿着钱到城里享福去了。后来，老妈妈的三儿子在大石马的帮助下，越过火山和大海，找到了红衣仙女，让她还回壮锦。

红衣仙女说什么也不肯。有一天她正拿着老妈妈的壮锦样子在织锦，老三趁机拿走了自己家的壮锦，骑马回到老妈妈的身边。

老三回到家中，壮锦在阳光下渐渐地伸展，变成

云锦、蜀锦、宋锦 云锦是南京传统提花丝织物的总称，以其华贵，多彩灿烂，变换如云霞而得名；蜀锦是指汉代至三国蜀郡所织造的锦，大多以经向彩条为基础起彩，并彩条添花；宋锦有两种含义：一是指宋代由官府锦院主持生产的织锦；二是指明清时期由苏州织造府主持生产的宋式锦。

黎锦工艺品

了美丽的家园。但是，让老三没想到的是，仙女实在是太喜欢老妈妈的壮锦了，便偷偷在壮锦上绣下了自己的像，被老三带回家中。于是老三就跟她结为夫妻，过上了幸福生活……

早在汉代，广西就已有织锦技艺。聪明智慧的广西人民，充分利用植物的纤维，织出葛布、络布作为衣料，这种布料，"细者宜暑，柔熟者御寒"。

到了唐代，据《唐六曲》和《元和郡县志》记载说：当时广西人民所织出的蕉布、竹子布、吉贝布、班布、都洛布、麻布、丝布、食单、葛布等九种布料，已被朝廷列为贡品。

唐人张籍的《白苎歌》称赞白苎布说："皎皎白苎白且鲜，将作春衣称少年。"意思说人们穿着白苎布缝制的衣服好像年轻多了。

尽管此时的织锦技艺已经取得了朝廷的好评，但真正能够称为"锦"的纺织品则出现于宋代。这一时期，壮族的纺织业有了进一步的发展，除普通的布帛以外，还出现了丝、麻、丝棉交织的锦。

据说，宋代有一名叫达尼妹的壮族姑娘，看到蜘蛛网上的露珠在阳光照耀下闪烁着异彩，从中得到启示，便用五光十色的丝线为纬，原色细纱为经，精心纺织而成。从此就产生了瑰丽的壮锦。

据南宋诗人范成大的《桂海虞衡志》记载，壮锦当时出产于广西左右江，称为"羰布"。南宋地理学家周去非也在《岭外代答》中说，绒布"白质方纹，广幅大缕，似中都之线罗，而佳丽厚重，诚南方之上服也"。

所谓"白质方纹",就是指当时生产的壮锦,装饰花纹为方格几何纹,色调为单色,这便是最早的壮锦了,此时,它已经具备了"厚重"和织有方格纹图案等基本特征。

到了明代,壮锦越来越流行,工艺也越来越精湛。明代万历年间,织有龙、凤等花纹图案的壮锦已成为朝廷的贡品。

明清时期,壮锦已发展到用多种色彩的绒线编织,使壮锦呈现出绚丽的色彩,虽仍为皇室贡品,但平民百姓亦可享用。

传统的壮锦以棉、麻线做地经、地纬平纹交织,用粗而无拈的真丝做彩纬织起花,在织物正反面形成对称花纹,并将底组织完全覆盖,增加织物厚度。其色彩对比强烈,纹样多为菱形几何图案,结构严谨而富于变化,具有浓艳粗犷的艺术风格。

壮族民间织锦品种有被面、床毯、背带、挂包、

张籍 （约767—约830）唐代诗人。字文昌,先世移居和州,遂为和州乌江人。世称"张水部""张司业"。张籍的乐府诗与王建齐名,并称为"张王乐府"。其著名诗篇主要有《塞下曲》《征妇怨》《采莲曲》《江南曲》。

范成大 （1126—1193）字致能,号石湖居士。南宋诗人。从江西派入手,后学习中、晚唐诗,继承了白居易、王建、张籍等诗人新乐府的现实主义精神,终于自成一家。与杨万里、陆游、尤袤合称南宋"中兴四大诗人"。

111

美不胜收

八桂山水

■ 黎族织锦

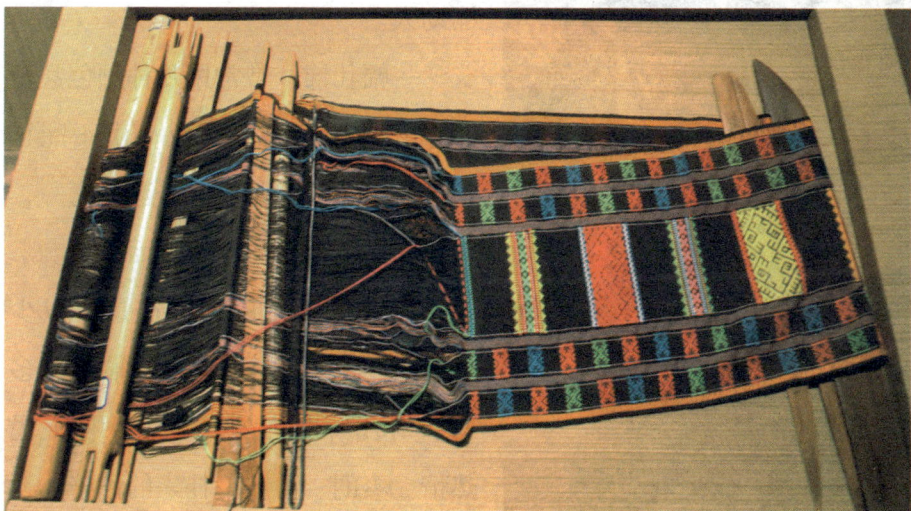

平纹 一种纺织的组织形式，与之相对的有斜纹。平纹组织的经纱和纬纱以一上一下的规律交织，所以交织点最多，纱线屈曲点最多，使织物坚牢、耐磨、硬挺、平整，但弹性较小，光泽一般，平纹织物密度不可能太高，较为轻薄，耐磨性和透气性较好。

台布、围裙、头巾、衣服边角饰等。它们与其他民族的织锦品的形成具有不同的特点。

首先，壮族人民在长期的劳动中琢磨出了一整套壮锦织造技术。他们使用的是装有支撑系统、传动装置、分综装置和提花装置的手工织机，以棉纱为经，以各种彩色丝绒为纬，采用通经断纬的方法巧妙交织而成的。

使用的传统小木机，又称竹笼机，机上设有"花笼"用以提织花纹图案，用花笼起花为壮锦织机的最大特点。

其次，壮锦艺人对壮锦的配色也有一些特别的要求，既要艳丽夺目，还要经久耐看。

壮族人多喜爱重彩，以红、黄、蓝、绿为基本色，其余是补色，对比鲜明强烈，以红色为背景，充满热烈、活跃、欢腾的气氛；用绿色作烘托，有开朗的情调；如以黄绿色配置，则艳丽动人。

一幅壮锦，常常用几种颜色甚至是十几种颜色搭配组成，由于配置得当，显得斑斓绚丽，丰富统一，对比和谐，古艳深厚，华而不俗。

壮锦色彩运用的特点是：以少见多，纯朴中见丰富，素雅中见多彩，对比鲜明强烈。显示八桂人民热情、爽朗、勇敢、朴素的性格。

■ 黎锦服装

最后，壮锦图案构成的式样大致有三种：

一是平纹上织二方连续和四方连续的几何纹，组成连绵的几何图案，显得朴素而明快。

二是以各种几何纹为底，上饰动植物图案，形成多层次的复合图形，图案清晰而有浮雕感。

三是用多种几何纹大小结合，方圆穿插，编织成繁密而富于韵律感的复合几何图案，有严谨和谐之美。

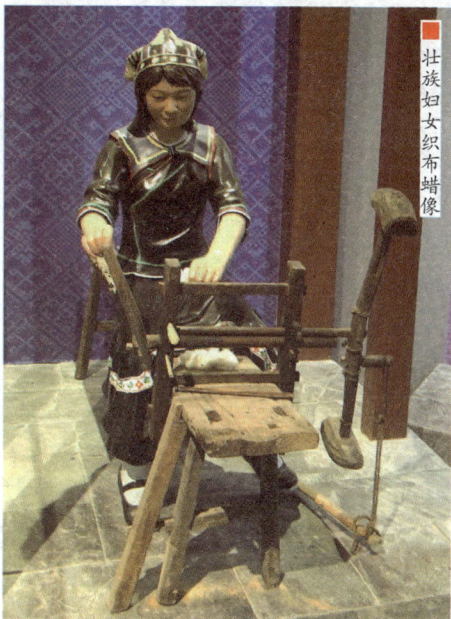

壮族妇女织布蜡像

壮锦传统图案有数十种之多，大都选取生活中的可见之物和象征吉祥幸福的花纹，尤以几何纹为多。

常见的有方格纹、水波纹、云纹、回字纹、编织纹、同心圆纹以及各种花草和动物图像，如蝶恋花、凤穿牡丹、双龙戏珠、狮子滚绣球、鲤鱼跳龙门等。

凤的图案在壮锦中独占鳌头，"十件壮锦九件凤，活似凤从锦中出"，这是由于壮族喜爱凤凰，视之为吉祥象征的缘故。

阅读链接

壮锦丰富而多彩的纹样，充分反映了广西人民淳朴健康的审美情趣，同时也反映了他们对生活、大自然和民族文化的热爱和崇敬。

这种利用棉线或丝线编织而成的精美工艺品，图案生动，结构严谨，色彩斑斓，充满热烈、开朗的民族格调，体现了壮族人民对美好生活的追求与向往。

长在悬崖上的花山壁画

花山壁画位于广西南宁西南部的宁明、龙州两县境内，以古代壮族的大批山崖壁画为主要景观，分布于2800多平方千米范围之内，大壁画有64处，集中在宁明县驮龙镇的花山和宁明县明江镇两处。

因宁明县的花山崖壁画的画幅最大，人物画像最多，内容也最复

花山岩画全景

■ 花山岩画近景

杂，是各地崖壁画的代表作。所以，人们把左江流域各县的崖壁画统称为"花山壁画"。

据记载，花山崖壁画已有2000年以上的历史。花山崖壁画的创作年代，为春秋战国时期，壁画所体现的社会内容，有人说是骆越人庆祝丰收，还有人说是古人祭祀水神，众说纷纭，莫衷一是。总之，历经百世仍然是一个谜。

花山壁画作为世界同类岩画中单位面积最大、画面最集中、保存最完好的一处岩画，被誉为是中国稻作文化的最大标志、壮族文化瑰宝和世界岩画的极品。关于壁画的来历，有这样一段动人的故事：

相传，在古时候，有一个穷人，他到花山上去砍柴，一不小心，柴刀一脱手掉地，砍柴人伸手就去捡。

可是，当他的手快抓到刀的时候，刀就像自己会跳似的往下掉一节，砍柴人老是抓不着刀。一直跟着刀下到了明江边的石岩，忽然听到山岩边的一个山洞

水神 在中国古文化的神话中，水神是传承最广、影响最大的神。其中最著名的应当属共工，为西北的洪水之神，传说他与黄帝族的颛顼发生一场战争，不胜，怒而头触不周山，使天地为之倾斜。此外还有一说，谓共工是尧的大臣，后被尧流放于幽州。

水晶 水晶文化在中国历史悠久，古人曾赋予它一串极富美感的雅称：水玉、水精、水碧等。古代人称水晶为水玉，那是因古人看重"其莹如水，其坚如玉"的质地。像水晶拥有这么多的别称，实不多见。

里传出来一阵锣鼓声。他悄悄爬近洞口一看，哎哟！岩洞里是一个神奇的世界：洞壁上金光闪闪，洞顶上珠宝闪烁，像千万个水晶吊灯，洞的周围金钗、银镯、项链、耳环、粮食、衣物样样都有。

勇士们正在洞中操练、唱歌跳舞，各种乐器在为他们伴奏，非常热闹，把砍柴人都看呆了。

后来，洞里的勇士发现洞口有生人偷看，就出来问："你来这里干什么？"

砍柴人把事情经过告诉勇士。勇士就问他："你想要点什么呢？想要什么你自己到洞里去挑选吧！"

砍柴人说："我不想要什么好东西，我只想要一把柴刀和几斤米。"

另一个勇士说："好吧，你自己进去拿吧！我们在这里练武也是为了保护穷人，以后你缺什么，就大胆来拿吧！"

砍柴人进到洞里，见到金银财宝到处都是，但是他一点也不拿，只拿了一把柴刀和几斤米就出去了。

砍柴人回去后把这件事给穷兄弟们一说，大家高兴极了。

以后，花山附近的穷人遇到了什么困难，就到洞里去请勇士们帮忙。青年们串亲戚赶街没有衣服就到洞里去借。姑娘赶歌圩没有耳环、项链也到洞

■ 广西宁明县耀达乡花山岩画

里去借。他们都严格遵守一条规矩：借了东西，用后就还。

谁知这个秘密后来被一个财主知道了。他也装作穷人到洞里去借东西，可是他光借不还。

一天，贪财鬼又到洞里借东西。当他走到洞口时，洞口就关闭起来了。财主怀恨在心，就告诉官家说："花山岩洞里有人要谋反。"

官家得到消息，马上派了大批兵马来攻打花山，花山洞里的勇士们知道了，都带着刀枪走出山洞。

开战那天，勇士们威风凛凛地在花山前的沙滩上摆开了阵势。

不一会儿，官兵蜂拥而来，勇士们上前迎战，顿时刀光闪闪，杀声震天。勇士们在铜鼓声助威下，越杀越勇，把官兵打得落花流水。

官兵被打败了，勇士们和百姓说不出的高兴。第二天，他们就在花山前的沙滩上开祝捷大会。会上，大家尽情地欢乐和狂舞。说来也奇怪，这个热烈的场面，被江水映到山岩上，便永远留在那里了，后来便成了花山壁画。

花山整座峭崖画满了各种呈土红色的人像和物像共3100余幅。人像最大的高达3米，最小的只有0.3米。这些崖壁画，或三五为组，或千百为群，多画在下临

■ 广西宁明祭祀舞蹈岩画

美不胜收

八桂山水

枪　在现代一般指火器枪，在古代称作矛，为刺兵器，杀伤力较大，其长而锋利，使用灵便，其他兵器难与匹敌。故称为"百兵之王"。武术长器械的枪由古代兵器矛演变而来。枪的长度约相当于人体直立，手臂伸直向上的高度。枪法以拦、拿、扎为主。当前流行的枪有大枪、花枪、双头枪、短枪、双枪、钩镰枪等。

花山岩画

深渊、上难攀缘的河道拐弯绝壁之上。

这些画像全是用赭红色单线勾勒，线条粗犷，形象传神。人像中有正面和侧面两种姿势。正面人像两手高举、两脚叉开成立马式。侧面人像两手平伸、两腿微蹲成跳跃式，既像练兵习武，又如狂舞欢歌。正画人像中有佩刀剑的，有戴桂冠的，这是这些人物中的头人或指挥者。其周围都有一群小人物围着他，组成了一幅幅神情各异的画面。

阅读链接

花山崖壁画是八桂大地的艺术瑰宝。它那古朴粗犷的笔法和风格，那栩栩如生呼之欲出的人物神态，体现了古代壮族人民的审美情趣和高超的艺术水准。

左江花山崖壁画就其分布之广，作画地点之陡峭，画面之雄伟壮观，作画条件之艰险，都是国内外所罕见的，在世界美术史上享有崇高的地位。

流传千年的铜鼓文化

在广西歌舞戏曲的乐器中，铜鼓尤其是积淀千年的一个重要文化象征。壮族先民"濮人"是铜鼓这种打击乐器最先的铸造者和使用者，已有2700多年历史，以广西数量最多，分布最广。

广西有铜鼓，至少可以追溯到公元前2世纪，田东县锅盖岭战国时代墓中发现有铜鼓。《后汉书·马援传》说，马援南征交趾时，"得骆越铜鼓"。据考证，其铜鼓的产地在今广西境内。自汉代以后，广西铜鼓见于文献记载者，真可谓史不绝书。

壮乡铜鼓

西汉铜鼓

铜鼓传入八桂地区后，壮族等民族先民把铜鼓当作神圣的宝贝予以保护和膜拜，广西由此成为古代生产和使用铜鼓的重要地区之一。

同时，铜鼓在八桂地区得到不断开发与利用，被赋予更多的内容，所以发展很快，铜鼓的鼎盛期发生在壮族地区。在花山壁画中，图中人物举手向上敲打铜鼓的图案出现多处，这说明铜鼓在壮族先民的心目中早已有了重要的地位。

宋代曾任桂林通判的周去非在《岭外代答》中对广西铜鼓有详尽描述：

广西土中铜鼓，耕者屡得之，其制正圆，而平其面，曲其腰，状若烘篮，又类宣座。面有五蟾，分踞其上。蟾皆累蹲，一大一小相负也。

周围款识，其圆纹为古钱，其方纹如织簟，或为人形，或如琰璧，或尖如浮屠，如玉林，或斜如豕牙，如鹿耳，各以其环成章，合其众纹，大类细画圆阵之形，工巧微密，可以玩好。铜鼓大者阔七尺，小者三尺，所在神祠佛寺皆有之，州县用以为更点。

这段记载，表述了广西千百年来深深积淀的铜鼓文化。正是这种独特的铜鼓文化，为壮族历史写下了灿烂的一页。

铜鼓的品种有北流型、灵山型、冷水冲型，它们都是铜鼓工艺的精品。壮族铜鼓全身用铜制成，它分鼓面、鼓胸、鼓腰和鼓足四部分，做工讲究，整鼓沉重结实，鼓面最大直径有1米多，重300多千克。

铜鼓的铸造艺术要求极高，它通体用铜合金铸成，薄厚均匀，鼓面、鼓身都有丰富多彩的图案。铜鼓铸造技艺，从采矿炼铜，用黏土制造鼓芯、鼓范，在泥胎上刻镂花纹，到将熔化的铜汁注入其中，焊上鼓面、鼓耳，最后是立雕，工序繁多。只有精湛的工艺才能制造出铜鼓珍品。

在古代，铜鼓多用于祭神或节日喜庆活动。在祭神时，铜鼓是神圣的法器，有专门的鼓手和专门的鼓点。在节日里，铜鼓是打击乐器，铿锵的鼓点激起人们的节日热情。征战时，铜鼓是号令士兵的指挥工具，是振奋士气的精神支柱。

铜鼓击打时声音嘹亮，动听悦耳，以其特有的作用，丰富了壮族人民的生活。在节日庆典活动、

鼓 在远古时期，鼓被尊奉为通天的神器，主要是作为祭祀的器具。在狩猎征战活动中，鼓都被广泛地应用。鼓作为乐器是从周代开始。周代有八音，鼓是群音的首领，古文献所谓"鼓琴瑟"，就是琴瑟开弹之前，先有鼓声作为引导。鼓的文化内涵博大而精深，雄壮的鼓声紧紧伴随着人类，远古的蛮荒一步步走向文明。

■ 壮族铜鼓石雕

宗教礼仪中，他们都打起铜鼓抒发情怀。在秋收时，村村擂响铜鼓，欢庆丰收。铜鼓是壮族的精神食粮，金鼓长鸣给壮族人民带来无比的欢乐。

铜鼓的花纹瑰丽且富有民族文化特色。鼓面的太阳纹、雷纹、青蛙、飞鹭；鼓身的羽人舞姿、龙舟竞渡等，都蕴含着民俗文化的魅力。

铜鼓全身铸满花纹图案，鼓面正中画上一个光芒四射的太阳纹。这可能与壮族祖先崇拜太阳神有关。

鼓面、鼓胸、鼓腰一般都铸有青蛙，反映了壮族以蛙为图腾，崇拜青蛙。另外，龙舟竞渡在广西各地大规模开展，所以铜鼓上多饰有龙舟竞渡纹。

关于铜鼓的用途，古代主要的祭祀活动是为了求雨，祈求农业丰收。铜鼓身上铸有的云雷纹和青蛙，反映了它与农业生产的关系。

据说，全世界古铜鼓有1600多面，中国已发现的有1400多面，其中在广西的就有500多面。在广西岑溪县发现的铜鼓上的五铢钱纹生动地说明，它是骆越文化与中原文化融合的结晶。

阅读链接

广西是铜鼓的故乡，广西大地孕育了灿烂的铜鼓文化，铜鼓凝聚了古代壮族及南方其他少数民族的智慧。

在2000多年铜鼓发展的历史长河中，广西的铜鼓在整个大家庭中究竟占据何种地位？

如果说，中国云南中部偏西地区因为出土了大量年代久远、形状古朴的原始类型的铜鼓，而被确认为古代铜鼓的发祥地的话，那么，地处五岭之南、连接南海与云贵高原的广西，因其蕴藏铜鼓数量众多，类型齐全，堪称古代铜鼓的大本营，也是当之无愧的。

优良的基础加上良好的契机，造就了辉煌的草原文化。草原文化属于多元文化，是在和其他民族以及地区文化相互碰撞、交融的基础上，融会贯通而成的复合型文化，因此，草原文化具有浓厚的地域特色和民族特征。

作为中华文化中最具古老传统的地域文化之一，草原文化在吸纳多种传统文化营养的基础上，不断推陈出新，不断吸收新鲜血液，形成新的统一。

作为草原文化的集大成者，蒙古族文化也焕发出历久弥新的艺术魅力。

永恒之火

马背民族

拥有千年历史的呼麦艺术

呼麦表演塑像

　　"呼麦"是图瓦文的中文音译，又名"浩林·潮尔"，原义指喉咙，即为喉音，一种由喉咙紧缩而唱出双声的泛音咏唱技法，又称"蒙古喉音"。作为一种歌咏方法，"呼麦"主要流传于中国内蒙古、新疆阿尔泰等地区。

　　呼麦有千年的历史，是蒙古族山林狩猎文化时期的产物，在全世界独一无二。相传蒙古族先民在深山中活动，见河汊分流，瀑布飞泻，山鸣谷应，动人心魄，声闻数十里，便加以模仿，就产生了原始的呼麦。

　　后来，蒙古族人又经过长期探索，终于创造出呼麦这一奇特的声乐形式。呼麦演唱艺术的内涵是颇为独特的，体现了人和大自然的和谐、交融，相互作用、渗透，并使人们的心灵得到纯化、升华，进入一种新的境界。

呼麦的产生和发展可以看成是蒙古族音乐发展进步的产物，是其在声学规律的认识和掌握方面所作的一个重大突破。

■ 呼麦艺人

早在13世纪蒙古草原盛行英雄史诗说唱艺术时，呼麦就已经已十分盛行了，据考证，中国诸多古籍中记载的北方草原民族的一种歌唱艺术——啸，就是呼麦的原始形态。

西藏密宗格鲁派的噶陀、噶美两寺，有使用低沉的喉音来唱诵经咒的传承。新疆阿尔泰山区的蒙古族人中尚有呼麦流传。

呼麦唱法是在特殊的地域条件和生产、生活方式下产生的，其发声方法、声音特色比较罕见，不同于举世闻名的蒙古族长调的唱法，声乐专家形容这种唱法是"高如登苍穹之巅，低如下瀚海之底，宽如于大地之边"。

呼麦是运用特殊的发声技巧，一人同时唱出两个声部，形成罕见的多声部形态。呼麦发声原理特殊，有时声带振动，有时不振动，是用腔体内的气量

说唱艺术 用来讲唱历史、传说叙事及文学作品的一种艺术体裁，可单口说唱，可多口说唱；可乐器伴奏，可无伴奏。由于中国各民族以及民族内部各地区语言不一致，形成的说唱音乐也就有多种多样的曲调，具有浓郁的地方色彩。

啸 中国古代的一种歌吟方式。啸不承担切实的内容，不遵守既定的格式，只随心所欲吐露出一派风致，一腔心曲。历史上的魏晋时期多有名士之啸，亦有妇女之啸。

快板 中国民间曲艺的一种，早年叫"数来宝"，也叫"顺口溜""流口辙""练子嘴"，是从宋代民间演唱的"莲花落"演变发展成的。词儿合辙押韵，说时用竹板打拍，节奏较快。

■ 蒙古族呼麦表演雕塑

产生共鸣。假声带也随之振动。

高音部的高音与口型有直接的关系，口型扁音就高，口型圆音就低。低音声部与高音声部之间的距离有时可以达到6个八度音程，高音声部的旋律有时类似口哨声或金属声。

呼麦演唱时的方法是首先把声带放松，利用口腔内的空气振动声带产生共鸣，发出基础低音，然后巧妙地调节舌尖的空隙，用一股气息冲击发出高泛音。

于是形成在持续低音的基础上，不断地产生高音区的曲调。用这种方法演唱，可以清晰地听到一个人同时发出两种声音，即高音区的曲调和低音区的持续音。

技术高超的呼麦演唱大师可以用二声部来演唱徐缓的长调、急速的快板或世界名曲。一般来说，呼麦的低声部是一个持续的低音，但有时也可变化音高，而高音部是一条波浪起伏的旋律线，它有时有词，但常常是无词的。这种唱法能唱出透明清亮、带有金属

声的高音声部，获得无比美妙的声音效果。

蒙古族音乐家将呼麦分为抒情性的和硬性的两类。其中抒情性的称为"乌音格音呼麦"，又可将其分为"鼻腔呼麦""硬腭呼麦""嗓音呼麦""咽喉呼麦""胸腔呼麦"5种。

呼麦的曲目，因受特殊演唱技巧的限制，不是十分丰富。大体说来有以下三种类型：

一是咏唱美丽的自然风光，诸如《阿尔泰山颂》《额布河流水》。

二是表现和模拟野生动物的可爱形象，如《布谷鸟》《黑走熊》等，这类曲目保留着山林狩猎文化时期的音乐遗存。

三是赞美骏马和草原，如《四岁的海骝马》。

从其音乐风格来说，呼麦以短调音乐为主，但也能演唱一些简短的长调歌曲，此类曲目并不多。

呼麦不仅是一种独唱的艺术，而且也可用来伴奏，其在独唱中的伴奏效果十分良好，越来越多的歌唱家将呼麦融进自己的演唱中，并获得了良好的效果。

阅读链接

"潮尔道"是蒙古族独具特色的多声部演唱方式，由两人或多人进行演唱，其高音部是著名的长调歌，而低音部则是被称为"潮尔"的中低音伴唱形式，即是低音或中音"呼麦"。这种演唱形式，传承流行于内蒙古锡林郭勒北部一带。

"潮尔"是和声之意，"道"为歌唱，潮尔道的意思就是和声演唱。潮尔道的内容，主要是以赞颂为主，歌颂自然宇宙、民族英雄。

根据蒙古族的习俗，"潮尔道"是不能随便演唱的，只有在严肃、庄严、隆重的场合才能演唱，也不能与酒歌、爱情歌曲等混杂演唱。

极富草原风味的马头琴演奏

马头琴是蒙古族民间拉弦乐器，因琴头雕有纤丽的马头而得名，蒙古语称"绰尔"。发音柔和浑厚，音色宏阔低沉，极富草原风味。

关于马头琴的来历，苍茫辽阔的草原传唱着一个美丽的传说：草原上有一个爱唱歌的牧人苏和，他有一匹心爱的白马，白马皮毛缎子般光亮，嘶鸣银铃般悦耳。

皮画马头琴

一次赛马会上，白马勇夺冠军，可恶的王爷却夺走了苏和心爱的白马。白马思念主人苏和，一日寻得机会脱缰而逃，不幸被追来的王爷射中毒箭。

白马寻到主人苏和后，毒发身亡。苏和悲痛欲绝，日夜守护白马。白马的嘶鸣经常在苏和的耳边回响。苏和以白马的腿骨做琴杆、头骨做琴箱、马皮做面、马尾为琴弦、套马杆做琴弓。

最后又依照白马的模样雕刻了一个马头，做出草原上第一把马头琴。苏和拉起马头琴，从此，草原上空时时飘荡起浑厚低沉的马头琴声。

马头琴历史悠久，是从唐宋时期拉弦乐器奚琴发展演变而来的。成吉思汗时已流传民间。据《马可·波罗游记》记载，12世纪蒙古族的前身鞑靼人中流行一种二弦琴，可能是其前身。明清时期马头琴便用于宫廷乐队。

清朝史籍《清史稿》记载：

胡琴，剡桐为质，二弦，龙首，方柄。槽椭而下锐，冒以革，槽外设木如箭头似扣弦，龙首下为山口，凿空纳弦，缩以两轴，左右各一，以木系马尾八十一茎扎之。

从这个记载可知，马头琴原来也有龙首。这件事情早在《元史》卷七十一《礼乐志》有记载：

胡琴制如火不思，卷颈，龙首二弦，用弓捩之，弓之弦为马尾。

传统的马头琴，多为马头琴手就地取材、自制自用，故用料和

蒙古族乐器马头琴

129

永恒之火

马背民族

规格尺寸很不一致。通常分为大小两种，分别适用于室外和室内演奏。大的马头琴，琴体全长100～120厘米，琴箱长26～30厘米，下宽22～28厘米，适宜室外演奏使用；小的马头琴，琴体全长70厘米左右，琴箱长20厘米，下宽18厘米左右，适宜室内演奏使用。

马头琴琴箱的面、背两面都蒙皮膜，用马尾弓摩擦马尾弦，发出的声音甜美、浑厚、悠扬、动听。

内蒙古是马头琴主要流传地区，除内蒙古外，辽宁、吉林、黑龙江、甘肃、新疆等地的蒙古族也不同程度流行。

由于流传地区不同，马头琴的名称、造型、音色和演奏方法也各不相同。在内蒙古西部地区称作"莫林胡兀尔"，而在内蒙古东部的呼伦贝尔盟、哲里木盟、昭乌达盟则叫作"潮尔"，此外，还有"胡兀尔""胡琴""马尾胡琴""弓弦胡琴"等叫法。

马头琴是适合演奏蒙古族古代长调的最好乐器，它能够准确地表达出蒙古族人的生活，如：辽阔的草原、呼啸的狂风、悲伤的心情、奔腾的马蹄声、欢乐的牧歌等。

特色鲜明的地域风情

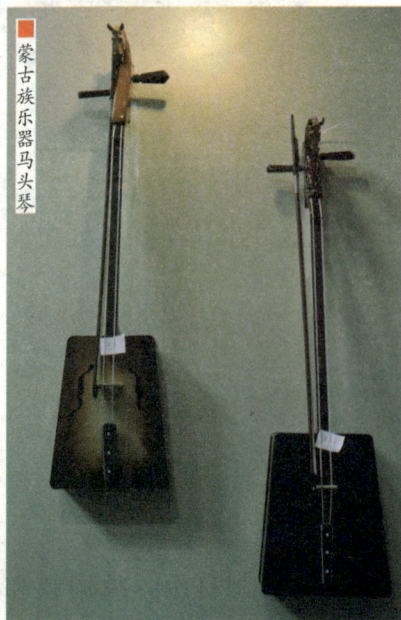
蒙古族乐器马头琴

到18世纪初，马头琴的外观及结构有了很大的变化。随着马头琴琴体的革新，马头琴的演奏技巧也有了新的创造和发展，涌现出不少民间说唱演奏家。

马头琴有很多传统演奏方法，"潮尔演奏法""泛音演奏法""胡尔演奏法"和"实音演奏法"是马头琴四大传统演奏法。

潮尔演奏法是传统演奏法之一，主要分布于黑龙江、吉林、内蒙古科

蒙古族乐器马头琴

尔沁、辽宁喀喇沁蒙古族镇和俄罗斯的图瓦共和国、蒙古国西部等地域，传承于科尔沁部族及其诸旗。

"潮尔"是这些地区民间演奏家对马头琴的传统称谓。潮尔演奏法于科尔沁部音乐基础上产生，古朴、深沉幽思、悠远超然，如泣如诉。科尔沁潮尔史诗就是用潮尔伴奏，以自拉自唱的形式讲述蒙古族英雄史诗。

泛音演奏法主要流行于锡林郭勒，后传入巴彦淖尔和当今蒙古国等地域。该地区的人们在古代把马头琴称为"乞乞里胡尔"。

泛音演奏法也是传统马头琴演奏法之一，它是长期吸纳长调民歌旋律的产物，可以说，泛音演奏法是伴随锡林郭勒草原长调歌曲兴起发展而形成的。这种演奏法影响了长调歌曲的华彩性装饰歌腔，反过来，长调歌曲又影响了这种演奏法的技巧的发展。

胡尔演奏法主要在锡林郭勒盟北部诸旗和科尔沁等地区流传。它是一种纯五度定弦的演奏法，非常适合演奏和伴奏古老的短调民歌。这种演奏法，由于定弦与胡琴一样，因而被称作胡尔演奏法，现在使用这种演奏法的人已经很少了。

实音演奏法流行于内蒙古阿拉善以及锡林郭勒等地区，是当代马头琴演奏法的基础。该演奏法使用的乐器，被称为"耶克里"，可以说是马头琴的古老形态。它是以整木雕刻出来的，琴杆和琴箱连为一体，琴体大小和琴箱样式也不尽相同。

实音演奏法常用纯四度、五度以及大三度等双音，因此也被称为"耶克里潮尔"，其独奏曲目约有30首。除《美丽的阿尔泰》等赞美故乡美景的乐曲之外，多数乐曲描绘了骏马、奔驼的步态。

马头琴在其传承过程中，其造型、演奏法、艺术技巧和风格等，经过无数演奏家和艺人的不断研究、改进，吸取其他民族音乐的精华，以致各方面都趋于完善。其声纯美甘润，低音深沉，中音明亮，泛音清丽，旋律悠扬，富有感情色彩。

婉转悠扬的马头琴声融汇着牧人的喜怒哀乐，融汇着牧人的希冀，从牧人的心底飘出，弥散在整个草原，久久不息，与草原上的一切相融相汇，越来越悠远、弥散。

阅读链接

演奏马头琴时，通常采取坐姿，将琴箱夹于两腿中间，琴杆偏向左侧。左手虎口自然张开，拇指微扶琴杆，在低把位上，用食指、中指的指甲根部顶弦，无名指、小指采用指尖顶弦，小指在演奏中非常重要，它常从外弦下面伸进去顶里弦；在高把位上，由于音位距离很小，各指都以指尖按弦。

右手执弓时，以虎口夹住弓柄，食指、中指放在弓杆上，无名指和小指控制弓毛。运弓中，弓毛和琴弦保持直角状态。

拉奏方法也与其他拉弦乐器不同，琴弓弓毛不夹在里、外弦之间，而是在两弦外面擦奏，所以它具有独特音色，柔和、浑厚而深沉，拉奏起来特别洪阔、低沉而豪放，有草原风味。

右手弓法有长弓、半弓、短弓、跳弓、连弓、连跳弓、顿弓、打弓、击弓、碎弓和抖弓等，左手指法有弹音、挑音、颤音、打音、滑音、双音、拨弦、揉弦和泛音等。

盛大的草原四季祭祀大典

在蒙古草原地区，一年四季都有盛大的祭祀盛会，极富地方色彩。四季祭祀盛会是成吉思汗陵的祭祀活动，主要是为了纪念这位草原伟人对草原人民做出的巨大的贡献。

红山祭祖蜡像

北魏时期蒙古族人生活画卷

特色鲜明的地域风情

　　成吉思汗一生征战，结束了蒙古草原数百年的分裂局面，为中国统一的多民族国家的形成做出了杰出贡献。成吉思汗陵位于内蒙古鄂尔多斯伊金霍洛旗。

　　1277年，成吉思汗病逝，部下按蒙古族传统进行遗体秘葬的同时，遵照他的遗言将衣冠等遗物运到鄂尔多斯高原伊金霍洛旗安葬，并从宫廷守卫者中挑出500户从事守陵和祭祀，这些人称为"达尔扈特人"，意思是富有神圣使命的人。

　　春季大祭，蒙古语称为"查干苏鲁克"，意为洁白如玉的畜群。它是四季祭祀大会中规模最大的祭祀活动，在农历每年三月十七至二十四举行，三月二十一为主祭日。其祭祀礼仪之盛，持续时间之长，是其他祭祀活动所不能比拟的。

　　元朝之前，春季大祭被称作"马奶宴"，是成吉思汗离世之后，元世祖忽必烈确定的四季大祭奠。

　　在鄂尔多斯达尔扈特人中流传着这样一个古老的传说：成吉思汗在他五十寿辰的正月初一，忽然得了重病，两个月后的农历三月二十一痊愈。因此，他将这化险为夷的农历三月二十一这天定为祭日，当天就拉起万里链绳，拴起万头牲畜，将九九八十一匹白乳马之乳，向苍天泼洒，以祭苍天。并将溜圆白骏涂抹成圣驹，称作上天所赐的神驹等形式来庆祝。这次祭祀就称为"查干苏鲁克节"。

元代史料《十福经典白史》记载：

成吉思汗系母马九十九匹，洒圣乳而祭天。

在拉稀彭斯克撰写的《水晶珠》中，也记载：

彼年五十，居于喀鲁连河畔之时，用宝马之初乳向苍天奉献与祈祷，并将此事定为法令，降旨蒙古全国而行之。

这些记载说明了"查干苏鲁克节"是用泼洒白马之乳的形式来进行祭祀的古老习俗。由于这个原因，春季大典也称为"鲜奶祭"。

永恒之火

马背民族

成吉思汗陵祭台

查干苏鲁克大典中举行的各种祭祀仪式包括：八白宫聚集仪式、嘎日利祭、祭天仪式、金殿大祭、巴图吉勒祭、招福仪式等。这些仪式都分几日进行。

在大典期间，分布在鄂尔多斯各旗的八白宫集聚大伊金霍洛，参加大典。这一庆典式的祭祀活动，具有多种礼仪和仪式，各种礼仪和仪式均按照程序和规定有序进行。

查干苏鲁克大典上，除了要进行大大小小规模不同的传统祭祀活动外，还进行各类文化娱乐活动或举办各类集合，许多来自各地的商人在此做生意，形成相当规模的集市。

据1864年的记载，集市安排在八白宫所在的吉格以南600步的地方。后来又在大典期间举行蒙古族传统的那达慕大会，使查干苏鲁克大典成为鄂尔多斯草原盛大的集会。

夏季大典，又叫"夏季淖尔大祭""淖尔大祭"或"大节"，也可称为"盛奶节"，"淖尔"是蒙古语，意为"湖泊"。淖尔大典有"盛奶大典"之意。大典于每年的农历五月十五举行。

淖尔大典形成于成吉思汗时期。成吉思汗在客鲁伦河畔祭洒马奶的大典上，奖赏为建立大蒙古国做出贡献的有功之臣。

元世祖忽必烈画像

从此，每年举行这一仪式。元世祖忽必烈时期将这一仪式正式钦定为成吉思汗"四时大典"之一。淖尔大典，在清朝之前为"四时大典"中最隆重的集会。

成吉思汗雕像

淖尔大典中的祭祀程序包括念献哈达、献神灯、献全羊、献圣酒，举行祭香火，念诵祭文、祭词。祭奠中要念诵《圣主伊克芒赖图格勒》。《圣主伊克芒赖图格勒》，除了在淖尔大祭中念诵外，其他任何大小祭祀中都不念诵。

按照祭祀的规定，凡是为蒙古王朝做过贡献的英雄大将，都要在大祭中讴歌，并使他们的后代享受淖尔大祭的奖赏。淖尔大典祭品，各时期有所不同。

北元时期在《金册》大义务中规定：

> 在淖尔大典中，鄂尔多斯万户马一匹、酒一百尊，兀良合、察哈尔同样各一匹马、一百尊酒。这三个万户三匹马、三百尊酒；永谢布三匹马、三百尊酒；喀尔喀三匹马、三百尊酒；土默特三匹马、三百尊酒。
>
> 这三个万户牛三头、绵羊九只；科尔沁马一匹、酒一百尊；可汗济农三尊酒，太子二尊酒，台吉们酒若干，太师酒若干，万户长酒一尊。

祭拜 在特定的时候朝拜一些人物神明等的传统活动，具体的祭祀的目的主要是弭灾、求福、报谢。祭祀是华夏礼典的一部分，更是儒教礼仪中最重要的部分，礼有五经，莫重于祭，是以事神致福。祭祀对象分为三类：天神、地祇、人鬼。天神称祀，地祇称祭，宗庙称享。

后来，淖尔大典的祭祀活动演变成这样的模式进行：祭祀活动开始后，来自草原各地的人群陆续进入陵园，在陵宫内、苏勒德祭坛、甘德尔敖包等成吉思汗遗物前以不同方式，表达着自己虔诚的心灵，祈求平安吉祥。

作为世代从事成吉思汗陵守护、管理和祭祀的达尔扈特人，身着蒙古族传统民族服饰，带着酥油、砖茶、羊背子等供品按照传统祭祀程序举行念诵祭文、献神灯、献圣酒等仪式，以此来祭拜祖先，并祈求苍天、圣主保佑大地，使草原六畜兴旺，鲜奶像湖泊一样丰盛，牧人过上幸福安康的日子。

农历五月是草原上畜奶开始像湖泊一般涌流的丰盛季节，因此，夏季淖尔节也是北方游牧民族庆祝丰收的祭祀节日。

每当农历五月十五淖尔大祭来临之时，牧人为了

■ 蒙古族古代墓葬出土的头盔

感谢苍天的恩赐，从四面八方自愿聚到一起，举行隆重的祭祀活动。他们把第一批挤下的洁白乳汁向苍天和圣汗神灵敬献，以此祈求草原更加丰饶、美丽。

秋季大典，蒙古语称为"斯日格大典"，汉语可译为"禁奶节"。于每年农历九月十二举行。"斯日格"为马驹嘴上戴的禁奶叉。斯日格大典即"禁奶大典"。从这天开始，人们不再挤母马的奶，盘收练绳，将马驹从练绳上解放出来，使马驹自由地吃上母马的奶了。《十福经典白史》记载：

永恒之火

马背民族

> 秋末戌月十二，因将马驹的笼嘴盘收起来而笼头斯日格典礼于那天举行。

在斯日格大典中，首先祭洒99匹白母马鲜奶，摘掉马驹嘴上的禁奶叉和头上的笼头，把它们从练绳解放出来，盘收练绳，然后举行圣主祭祀活动。

斯日格祭祀的祭品，各时期实际用量有所不同。1722年，重新修订的《金册》记载：

> 斯日格典礼用一尊白酒，九十五尊奶酒，一只绵羊。

■ 蒙古族古代墓葬出土的尺骨玩具

羊背子 也称乌查，是蒙古族人民的传统佳肴。成吉思汗曾设乌查大宴功臣。民间庆寿、婚嫁、喜庆佳节、贵客到来也常设此宴。制作羊背子要选肥绵羊胴体，从腰窝往前数第四肋骨处割断腰脊椎骨，把后面部分的肋骨分别展开，去腿骨留尾成五叉形，把前面部分按骨节分开，压在五叉下，然后加白水，加盐煮熟而食。

1815年，改为敬献酸奶、白酒80尊。北元时期，左翼察哈尔万户举办斯日格大典时，用马4匹，酒155尊，绵羊若干只。

《成吉思汗祭祀书》中详细记载了北元时期可汗参加斯日格祭祀礼仪程序。在书中，对可汗到达、进宫帐、敬献全羊、敬献香、敬献神灯、祭香火、吟诵祝词、敬献圣酒、唱祭歌、吟诵祭文、喝圣酒，分全羊，祭洒圣酒，可汗离开等整个程序，做了详细记载。

该书真实地记录了蒙古王朝时期斯日格大典中的传统礼仪。同时，也说明了蒙古王朝时期，成吉思汗"四时大典"，都由可汗亲自参加祭祀。

冬季大祭又叫"达斯玛大典"，于每年农历十月初三举行。蒙语"达斯玛"是"皮条"的尊称。达斯玛大典即"皮条大典"之意。文献《十福经典白史》中记载：

冬季中月初三，由于曾向成吉思汗表示祝福，故放置达斯玛之典礼于这天举行。

特色鲜明的地域风情

蒙古族墓葬出土布鲁棒

在《宝贝念珠》中记载：

■ 蒙古族祭天台

> 十月初三，浴圣主成吉思汗神明身体之
> 脐带的祝福之日。

鄂尔多斯人传说：成吉思汗出生的那年冬天，被放在一个新做的暖襁褓里，外面用山羊皮条包扎起来并加以祝福，达斯玛祭就是为了纪念此事。

从此以后，小孩儿出生后，选择吉祥之日，用鲜奶点祭，举行祝福庆典。忽必烈时期，将此庆典列入为"四时大典"，每年按规定程序进行。

达斯玛大典的祭品，《金册》中记载：

> 达斯玛典礼所尽义务为：一尊白酒，一只绵羊，十五尊奶酒，一只羯山羊及附带备用山羊一只。

《宝贝念珠》
蒙古族历史文学作品。写于1841年。作品以编年史的体例，按照佛教理论公式，以叙述天地开辟、印度和西藏王臣起源为开头，接着写蒙古史，直至1841年。其中对喀尔喀史的记述极为详细。以叙述为主，兼用韵文。在叙述历史的过程中加叙了很多传说故事。

按规定，达斯玛大典中所需的祭品，除正常的季祭的全羊外，其他所有祭品等，必须由成吉思汗黄金家族的王爷、台吉们准备。

成吉思汗达斯玛大典，长期以来由郡王旗王府主办。达斯玛大典准备工作，必须提前几天开始。

十月初三，达斯玛大典正式开始，首先将准备好的皮条九根一包，包成两包。然后将前一年放在成吉思汗灵柩中的皮条取出来，再把新包的皮条放进去，取出的旧皮条作为圣物，分割成小块，给朝拜者分发。蒙古族人将皮条带在身上或放在家里，祈祷圣主保佑他们。接着，举行祭祀仪式。

祭礼的程序，吟诵的祝词、祭词、祭文、祭歌等，与其他四季大祭的殿内祭祀相同。冬季，达斯玛大典一结束，成吉思汗一年的"四时大典"也就全部结束。

阅读链接

祭成吉思汗陵，简称祭成陵，是蒙古族最隆重、最庄严的祭祀活动。成吉思汗在13世纪初，统一了蒙古各部，建立了蒙古汗国，成为蒙古族崇敬的英雄，被称为"一代天骄"。

蒙古族祭奠成吉思汗的习俗，最早始于窝阔台时代，到忽必烈时代正式颁发圣旨，规定祭奠成吉思汗先祖的各种祭礼，使之日臻完善，代代相传。

成吉思汗祭礼一般分平日祭、月祭和季祭，每种祭祀都有固定的日期和仪式。祭礼仪式隆重，且供祭各种祭品，包括整羊、圣酒和各种奶制品等。

规模最大、最隆重的祭祀是每年农历三月举行的春祭大典，各盟旗都派代表前往伊金霍洛成吉思汗陵奉祭。

传统民俗文化盛会那达慕

那达慕是蒙古族、鄂温克族、达斡尔族人具有鲜明民族特色的传统娱乐活动，也是蒙古族人民喜爱的一种传统体育活动形式。

"那达慕"是蒙古语的译音，可译为"娱乐、游戏"，表示丰收喜悦之情。那达慕是草原上一年一度的传统盛会。

蒙古族牧民摔跤比赛

蒙文 中国蒙古族通用的一种拼音文字，是在回鹘字母基础上形成的。早期的蒙古文字母读音、拼写规则、行款都跟回鹘文相似，称作回鹘式蒙古文。元世祖忽必烈1269年颁行"蒙古新字"，不久改称"蒙古字"，今通称"八思巴文"。

在蒙古族人民心中，"那达慕"古老而又神圣，有着悠久的历史。最早记载"那达慕"活动的是1225年，用畏兀儿蒙文铭刻在石崖上的《成吉思汗石文》。

那达慕起源于蒙古汗国建立初期，1206年，成吉思汗被推举为蒙古大汗时，他为了检阅自己的部队，维护和分配草场，每年七八月间举行"大忽力革台"大聚会，届时将各个部落的首领召集在一起，为表示团结友谊和祈庆丰收，举行比赛活动。

起初只举行射箭、赛马或摔跤的某一项比赛。到元、明时，射箭、赛马、摔跤比赛结合在一起，成为固定形式。后来蒙古族人简称这三项运动为"那达慕"。

元朝时，那达慕已经成为军事体育项目。元朝规定，蒙古男子必须具备摔跤、骑马、射箭这三项基本技能。

清代，那达慕逐步变成了由官方定期召集的有组织有目的的游艺活动，其规模、形式和内容较以前

■ 那达慕场景

均有发展。当时的蒙
古王公以苏木，即相
当一个乡镇为单位，
半年、一年或三年举
行一次"那达慕"大
会，并对比赛胜利者
分等级给予奖赏和称
号。过去那达慕期间

蒙古族赛马名次牌

要进行大规模祭祀活动，僧人们要焚香点灯，念经诵佛，祈求神灵保
佑。后来，这些祭祀活动渐渐取消。

　　蒙古族人把骑马、射箭、摔跤称之为"草原三艺"，这三艺是那
达慕大会比赛的主要项目。

　　射箭是那达慕最早的活动内容之一。射箭最早是由"打布鲁"演
变而来的。远古时代的蒙古族祖先，在草原上以射猎为生。

　　"布鲁"为问号样弯形木棒，下坠以尖状石块或铁块。在骑马追
逐野兽时，把布鲁打出去，以击中野兽。这种原始的打猎方法，为后
来的弓箭所替代。

　　成吉思汗统一蒙古以后，虽然狩猎经济的部落逐渐转向了游牧经
济，但狩猎时期长年积累下的拉弓射箭的本领却保留了下来，以防外
敌侵略和野兽袭击畜群。没有牲畜的贫苦牧民则仍依赖弓箭捕杀动物
维持生活。

　　射箭比赛分近射、骑射、远射三种，有25步、50步、100步之分。
近射时，射手立地，待裁判发令后，放箭射向箭靶，优者为胜。

　　骑射时，射手骑马上，在马跑动中发箭，优者为胜。比赛不分男
女老少，凡参加者都自备马匹和弓箭，弓箭的样式，弓的拉力以及箭
的长度和重量均不限。比赛的规则是三轮九箭，即每人每轮只许射3支

■ 蒙古族摔跤

箭，以中靶箭数的多少定前三名。

在蒙古族中，摔跤被称为"搏克"，是蒙古族男子体力和智慧的角逐。摔跤手多为身材魁梧的小伙子，称为"博克庆"。

上穿镶有铜钉的昭德格，下着肥大的摔跤裤，足蹬传统的布利阿耳靴，头缠红蓝黄三色头巾。穿上这种摔跤服，无论角力怎么激烈，任凭撕、抓、揪、勾、绊，都不会伤到人或扯坏衣服。

摔跤手穿的坎肩多用香牛皮或鹿皮、驼皮制作，皮坎肩上有镶包，也称"泡钉"，以铜或银制作，便于对方抓紧。坎肩中央部分饰有精美的图案，图案呈龙形、鸟形、花蔓形、怪兽形，给人以古朴庄重之感。

摔跤手的摔跤裤用3米多长的白绸子或各色绸料做成，宽大多褶，裤套前面双膝部位绣有别致的孔雀羽形、火形、吉祥图形，底色鲜艳，图呈五彩。

比赛前，双方高唱挑战歌，以助声势。三遍后，双方跳跃而出，做雄鹰展翅式进入会场。比赛开始，摔跤的双方相互致意和向观众敬礼后，开始较量。

顷刻间，争斗相扑，盘旋相持，腿膝相击。凡胜者，到裁判台双手捧出事先准备好的果子、奶食等，边跑边撒向围观人群，与观众共享胜利果实。

特色鲜明的地域风情

蒙古马 世界较为古老的马种之一，主要产于内蒙古草原，是典型的草原马种。蒙古马体格不大，身躯粗壮，四肢坚实有力，体质粗糙结实，头大额宽，胸廓深长，腿短，关节牢固，肌腱发达。背毛浓密，毛色复杂。它耐劳，不畏寒冷，能适应粗放的饲养管理，生命力极强，能够在艰苦恶劣的条件下生存。

获胜者胸前挂上一条彩条，被称为"色音布和"，意思是勇敢的摔跤手。荣获全旗冠军的摔跤手，被称为"纳钦"，有极高的声誉。

摔跤技巧很多，可以用捉、拉、扯、推、压等13个基本技巧演变出100多个动作。可互捉对方肩膀，也可互相搂腰，还可以钻入对方的腋下进攻，可抓摔跤衣、腰带、裤带等。最后以膝盖以上任何部位着地者为负。《宦海沉浮录》记载：

布裤者，专诸角力，胜败以仆地为定。

蒙古马能跑善战，耐力极强。自古以来，蒙古族人对马就有特殊的感情，从小就在马背上长大，都以自己有一匹善跑的快马感到自豪。驯练烈马，精骑善射是蒙古族牧民的绝技，通常把是否善于驯马、赛马、射箭、摔跤作为鉴别一个优秀牧民的标准。

赛马参加者有时全是少年，有时不分年龄，具有广泛的群众性。少则几十人，多则上百人，一起上阵。

■内蒙古草原那达慕盛会

赛马项目包括：快马赛，主要比马的速度，一般为直线赛跑，赛程一般为20、30、40千米，先达终点为胜。走马赛，主要是比赛马的步伐的稳健与轻快。颠马赛，是蒙古族特有的马上竞技表演项目。

为了减少马的负荷量，不论老少，大都不备马鞍，不穿靴袜，只着华丽彩衣，配上长长彩带，显得格外英武。

那达慕于每年农历六月初四开始举办，为期三天。除传统的技艺比赛外还有热闹的歌舞以及贸易等活动。

节日期间，男女老人骑马乘车，穿着节日的盛装，不顾路途遥远，从四面八方来参加比赛和观赏。会场上，彩旗飘扬，人闹马嘶，平日宁静的草原，顿时变成繁华的彩城。

那达慕是草原文化、经济和信息的盛会。那多姿多彩的民族杂技、服装、蒙古族舞蹈和蒙古族歌剧把蒙古族的风土人情集于一台。既展示了草原人民勤劳勇敢、豪爽热情的性格，又展现出广泛、深刻的文化内涵，反映了蒙古等民族的价值观和审美观。

阅读链接

铭刻在石崖上的"成吉思汗石文"记载：成吉思汗征服了花剌子模，在返回途中，为庆祝胜利，在布哈苏齐海地方，今新疆、甘肃边界举行了一次那达慕大会，会上进行了射箭比赛，比赛中，成吉思汗的侄子叶松海洪霍都尔射中了目标。

13世纪中叶，成书的蒙古族第一部文学历史巨著《蒙古秘史》中，也有几处提到射箭比赛的场面。

小型比赛中的摔跤冠军，一般奖一只羊或几块砖茶，中型比赛的奖一匹全鞍赛马。有512名摔跤手参加的盟级大型比赛，则奖给冠军以鼻带银环、背驮珠宝、绸缎等物的银白色骆驼。授予"像狮子一样勇猛的摔跤手""似大象一样力大无比的摔跤手""如老虎一样勇猛过人的摔跤手"等美誉称号。

富有地方特色的婚礼习俗

传统蒙古族婚礼服装

永恒之火

马背民族

由于地域和传统文化等影响，草原民族形成了富有地方特色的婚姻习俗。

蒙古族有抢婚和聘婚两种婚姻制度。抢婚是奴隶社会的一种婚姻形式。13世纪以后，蒙古族进入封建社会，普遍实行聘婚制。

求亲是聘婚的一项内容，是青年男女在定亲之前，男方向女方询问是否同意这门婚事。如果女方家同意，就可以定亲。

择吉日又称"择喜日"。男女两家定亲后，首先要请高僧占卜，选择吉日，确定结婚日期。吉日择

蒙古族婚礼场景

定以后，由男家派媒人和亲友带上哈达、美酒、糖果等礼品，前往女家，同其父母商谈结婚事宜。

谈妥后，男女两家开始准备婚事。一般是打扫喜房，或新搭蒙古包，宰牛杀羊，准备聘礼、嫁妆及其他结婚用品，通知双方亲朋好友，光临贺喜。

青年男女定亲后由男方家送给女方礼品，这叫彩礼。聘礼的多少根据男方家的经济状况而定。牧区常以牛、马、羊等畜牧为聘礼。

通常，女方也要送出嫁的女儿嫁妆。蒙古族非常讲究陪送嫁妆，男方送多少聘礼，女方就要陪送相应数量的嫁妆。因此，蒙古族有一句俗语："娶得起媳妇，聘不起姑娘。"

过去蒙古族的娶亲非常隆重，并保留着男到女家投宿娶亲的传统婚俗。娶亲一般是在结婚喜日的前一天，新郎在欢乐的气氛中，穿上艳丽的蒙古长袍，腰扎彩带，头戴圆顶红缨帽，脚蹬高筒皮靴，佩带弓箭。伴郎、祝颂人也穿上节日盛装，一同骑上马，携带彩车和礼品，前往女家娶亲。

娶亲者至女家，先绕蒙古包一周，并向女家敬献"碰门羊"一只和其他礼物。然后，新郎和伴郎手捧哈达、美酒，向新娘的父母、长亲逐一敬酒，行跪拜礼。礼毕，娶亲者入席就餐。

晚上，又摆设羊五叉宴席，并举行求名问庚的传统仪式。次日清晨，娶亲者起程时，新娘由叔父或姑夫抱上彩车。新郎要骑马绕新娘乘坐的彩车三遭。然后，娶亲者和送亲者一同起程离去。

蒙古族在娶亲途中，娶亲者和送亲者纵马奔驰，互相追逐，都想争先到家，成为优胜者，为此双方在途中要进行刁帽子竞赛。

通常是送亲者想方设法把娶亲者的帽子抢过来，挑在马鞭上，或者扔到地上，迫使新郎下马去拣，以影响其行速。娶亲者彼此掩护，而不让送亲者抢去帽子。一路上，你追我赶，互相嬉戏。

蒙古长袍 蒙古族的传统服装，俗称蒙古袍，春秋穿夹袍，夏季穿单袍，冬季穿皮袍、棉袍。男袍一般都比较肥大，女袍则比较紧身，以显示出女子身材的苗条和健美。一般蒙古袍的特点是宽大袖长、高领、右衽，多数地区下端不开衩。

■ 古代蒙古族男子婚服

蒙古族婚礼场景

特色鲜明的地域风情

梳头额吉 给新娘梳头的老妇，即梳头妈或分头妈。蒙古语称妈妈为额吉，故称梳头额吉。蒙古族娶媳妇时，男方家要请一位儿女双全、德高望重的老年妇女给新娘梳头。把新娘原来的单辫发式分为两半，梳成媳妇头，标志着由姑娘变为新媳妇。

有些地区，娶亲的日子是由男方杀鸡占卜选定。当天，由女方父母与介绍人一起把姑娘送到新郎家。新郎家准备酒、肉招待。

新娘到新郎家后，与新郎一起握刀杀一只鸡，看鸡肝纹路所示吉凶如何，如不吉利则由新娘新郎各自再杀一只，待杀到鸡肝出现吉祥纹路为止。接着，新娘新郎举行喝酒仪式，每人面前放一碗酒，碗边抹上酥油，自己先喝一口，再喝交杯酒。

当娶亲回到男家后，新郎新娘不下车马，先绕蒙古包三圈。然后新郎、新娘双双穿过两堆旺火，接受火神的洗尘，表示爱情的纯洁，新生活的兴旺。新郎新娘进入蒙古包后，首先拜佛祭灶，然后拜见父母和亲友。礼毕由梳头额吉给新娘梳头。梳洗换装后，等待婚宴的开始。

婚宴通常摆设羊背子或全羊席，各种奶食品、糖果应有尽有。婚宴上，新郎提银壶，新娘捧银碗，向长辈、亲友逐一献哈达、敬喜酒。婚宴往往要延续两三天，亲友才陆续离去。而女方送亲者还要留人陪新娘住1—3日。有时新娘的母亲也送亲，要住10多天。分别时母女拥抱痛哭，表示恋恋不舍。

通常婚礼举行后的第三天，新娘家要来人，看望新娘和拜见新郎家的亲属。来者多为姑姑、嫂嫂等人，她们各带礼品或食品来到新郎家举行认亲仪式。新郎家设宴款待。男女双方彼此相识，相互问安敬酒，充满着热情洋溢的气氛。

阅读链接

草原西部牧区婚礼中，最为热闹而又比较完整保留传统习俗的是鄂尔多斯婚礼。

迎亲那天双方的亲戚朋友身着盛装聚集在双方家中。接亲的队伍由新郎、接亲亲家、伴郎组成，新郎身背弓箭，男方的亲友们在门口以歌声送接亲队伍出发，新郎一行来到女方家要绕蒙古包一圈，才能下马。

伴娘此时用毛毡拦住新郎的队伍，开始对歌，伴娘要考问男方很多问题，男方的接亲亲家要对答如流。经过一番盘问，女方对接亲队伍的回答满意了，新郎才可把礼物献上，伴娘撤去白毡请客人进蒙古包里，蒙古包里隆重的全羊席开始。

新郎在歌声中向新娘父亲献上哈达。新娘此刻在另一座蒙古包里打扮一新与好友们依依惜别。宴席结束，新娘要去夫家了，娘家人唱着"送女歌"送行。

接亲队伍回到新郎家，只见门前燃着两堆火，新娘要拉着新郎从火堆另一端递过来的鞭梢，从火中间走过。进蒙古包后揭去新娘头上的红盖头，新娘一一拜过公婆和亲戚长辈。

新郎手执铜壶，新娘手端放有银碗的酒盘向宾客敬酒。婚礼进入高潮，丰盛的宴席、醇香的美酒、宾客的欢歌起舞，包含了对新人的衷心祝愿。

悠远神秘的"风马"习俗

所谓"风马",是指蒙古族民间盛兴的立杆悬挂或张贴室内,拓印在白布和纸上的骏马图。在草原地区,风马习俗是人们对命运吉祥如意的寄托,是"运气"和"命运"的象征物。

蒙古族风马经幡

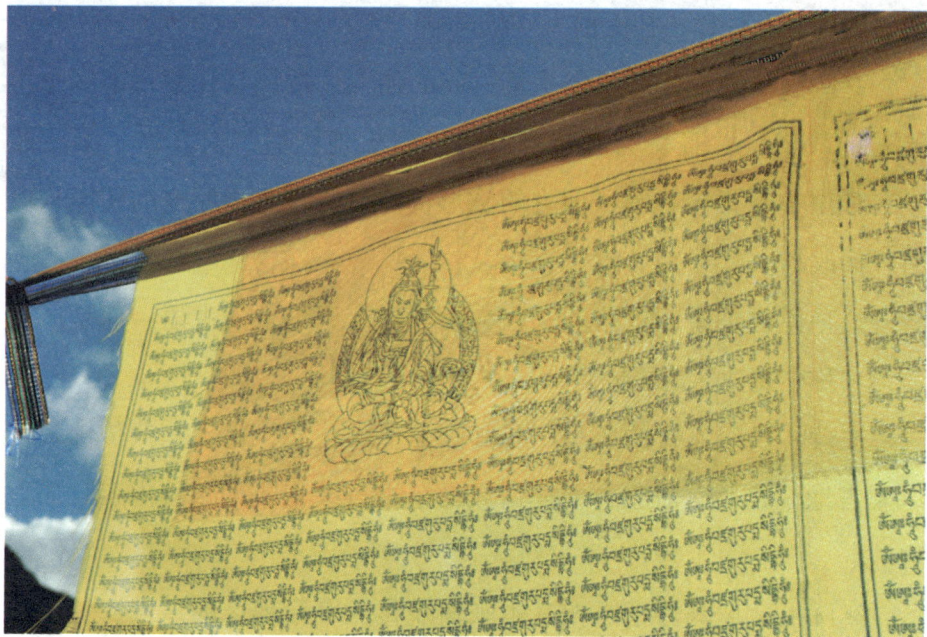

■ 蒙古族风马旗

风马图形有两种：一种是反映蒙古族宗教生活的，一种是反映蒙古族生产活动的，附印在上面的文字都是藏文。

最常见的是反映宗教生活的风马，鄂尔多斯蒙古族人门前旗杆上悬挂的就是这种风马图。它的图案正中是扬尾奋蹄、引颈长嘶的骏马，驮着如意瑰宝飞奔。

骏马上方是展翅翱翔的鲲鹏和腾云驾雾的青龙，骏马下面是张牙舞爪的老虎和威风凛凛的雄狮。这5种动物以不同的姿态和表情表现了它们勇猛威烈的共性。

人们把这个图案拓印在十余厘米见方的白布或白纸上，张贴于墙壁，悬挂在旗杆上，或拿到高山迎风挥洒，让风把它带到远方。不管取何种形式，其意义实质上都是一样的，那就是人们希望自己的生活像乘

青龙 中国传统文化中四象之一，根据五行学说，它是代表东方的灵兽，代表春季；白虎的方位是西，代表秋季；朱雀的方位是南，代表夏季；玄武的方位是北，代表冬季。另外，在中国二十八星宿中，青龙是东方七星的总称。

风飞腾的骏马一样一往无前、一帆风顺。

有些人认为，风马习俗是蒙古族的伟大创造，是在蒙古地区土生土长的故俗，并且认为藏传佛教传入蒙古地区后，对其做了某些改动，如增加藏文内容等，但它的图形仍然是蒙古隆当原来的图案，没有任何改动。

这种说法是缺乏根据的，因为隆当这个词不是蒙古语，而是风马藏语名称"龙达"的不同音译。在藏语中龙即风，达即马。

在蒙古民间盛行的风马图及其画面上的藏文，也不是藏传佛教传入蒙古地区之后，对蒙古"故俗风马"进行改变或增减其内容时加上去的。

实际上，风马习俗是按其本来面貌传入草原地区的雪域文化。传入后，被蒙古族人民吸纳和接受，并用自己的文化方式去改变它，发展它。

最终，在蒙古地区既产生了反映蒙古族经济活动的风马图，也出现了同成吉思汗祭礼融合在一起的风马，即人们所说的"禄马风旗"，并被视为表现民族尊严和祝愿民族兴旺发达的吉祥物。

蒙古族风马旗经幡

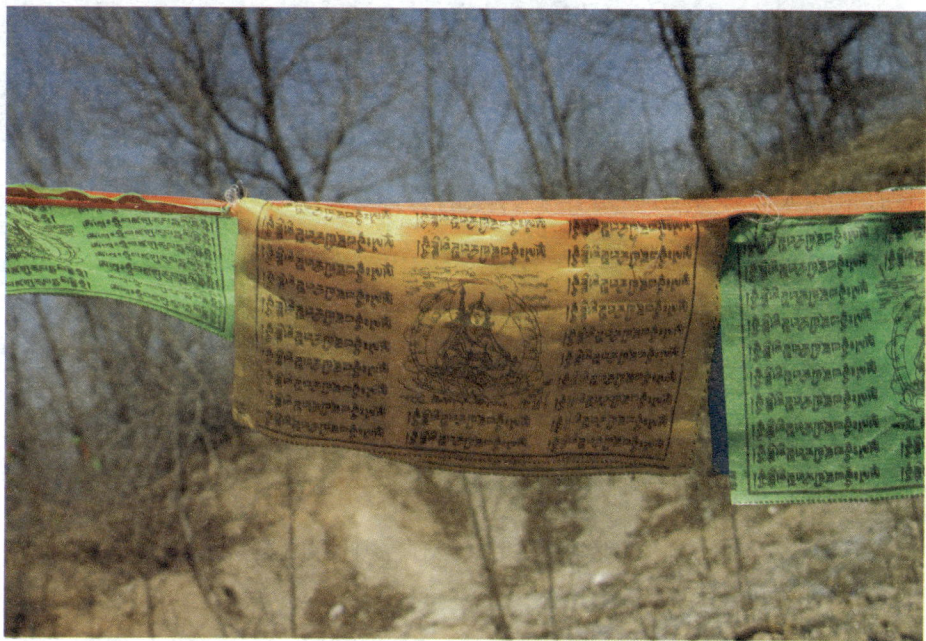

■ 蒙古族风马旗经幡

这是在民族文化相互交流当中，由于两种文化不断磨合、协调、适应，并加入具有蒙古族文化特点的成分后，逐渐形成的有着本民族文化特点的风马文化。

内蒙古草原上的禄马风旗，以鄂尔多斯地区的禄马风旗最有特色。在鄂尔多斯的召庙前或普通牧民的住房前，都竖有蒙古族战旗，它的造型是一柄钢叉，钢叉分三股，上饰马鬃制成的缨穗，插在门前1米多高的泥台上的方槽中。

三叉中间那一股状如利箭，而另外两股则酷似一张拉满了的弓。长柄上系有旗帜，通常为长方形。也有房前竖立两面蒙古族战旗的，它们中间拉一根线绳，上面悬挂红、黄、蓝、白、绿五色旗帜。旗子中间印有1匹或9匹飞奔的奔马，四周装饰着狮、虎、龙、凤四种动物，与奔马一起合称"五雄"，这就是禄马风旗，蒙语称"黑莫勒"，意为"命运之马"。

吉祥物 是人类原始文化的产物，是原始的人类在同大自然的斗争中形成的人类原始的文化。在这种同大自然的斗争中，面对不可预知的未来，我们的祖先创造了许多用以祈求万事顺利的象征物，而这些向往和追求幸福美好的事物，便称为"吉祥物"。

禄马风旗的图案是事先雕刻于木版上的，然后再着色印在布或者绸缎上。旗上图案是用手工刻于木模上，再着色印于布料或丝绸上。

根据藏文古籍记载，藏俗"龙达"的发明者，是一个名叫贡则尺杰加布的人。"贡则"是孔子的藏语音译，"尺杰加布"是藏族学者赠给孔子的谥号，意思是智慧大王。

据此，人们认为，孔子曾担任过从事巫、史、礼、卜等儒职，有可能曾将马牛之类画在纸上，作为牺牲的代用品烧化，以祭祀死者，由此发明了龙达。

据说，龙达刚传到西藏时，也是作为给死者的祭品而火化。后来才不再作为祭品烧它，让它乘风而去在空中自由翱翔，成为祝愿命运吉祥如意的寄托。

随着历史的发展，时代的变化，蒙古族人信奉风马的风气，和以前相比也大不一样了。多数地区几近绝迹，但个别地区依然盛行。在鄂尔多斯地区，那里立杆飞扬风马的风气一直盛行。凡是蒙古族人家门前都有风马杆。

阅读链接

鄂尔多斯有的蒙古族人家门前立有两个风马杆，有的人家门前立一个风马杆。有人认为这是受西藏佛教影响，由原来的一个旗杆变成了两个旗杆。

实际上门前立一个风马杆，还是立两个风马杆，是由每个家庭的传统习俗决定的。

有的人家只供奉成吉思汗的大纛，他们就立一个风马杆；有些人家则按照自己家庭传统习惯，在供奉成吉思汗大纛的同时，又要供奉本家族的族徽，就立两个风马杆。

因此说，这种习俗上的差异与区别，与藏传佛教没有任何关系。

中部之魂

中部文化的特色与形态

华夏之中

中原文化是中华文化的重要源头和核心组成部分，是主流文化和主导文化的发源地，对中国民俗文化有着重大的影响。

中原在夏启时已有优伶出现，洛阳在两汉和隋唐时均是"百戏"活动中心。"诸宫调"创始于开封，北宋杂剧形成于开封。这一切足可说明中国戏曲的主根在中原地区。

中国的五大剧种之一的豫剧，居中国各地方戏曲之首。此外，开封盘鼓、信阳罗山皮影戏、周口的杂技等文艺形式，也是中原文化重要的组成部分。

热烈豪放的开封盘鼓

开封盘鼓，又名"开封大鼓"，是河南开封特有的一种民间鼓乐表演艺术。由众多人组成规模大小不一的鼓队，鼓队成员有的击打挎在身前的大扁鼓，有的敲击大镲、马锣等铜器，在令旗的指挥下，一边演奏着各种复杂的鼓点，一边列队行进在节日的街头、广场。

盘鼓表演

开封盘鼓气势宏大、震撼人心，鼓点激越，复杂多变；表演热烈、粗犷、豪放，无论是在音乐性上还是在舞蹈性上都有极强的艺术表现力和感染力。因此，开封盘鼓深受城乡人民群众的喜爱、久盛不衰。

开封盘鼓是一种纯

■ 开封盘鼓表演

鼓乐形式，鼓队由十几人至几十人组成，所用乐器只有大镲、大鼓、马锣3种打击乐器。这种形式的乐队，起源于古代军队中流行的一种鼓乐：讶鼓，也称"迓鼓"。

北宋熙宁年间，东京开封的迓鼓开始与民间舞蹈相结合。人们装扮着各种历史人物及神话传说中的人物，在迓鼓的伴奏下，踏着鼓的节拍而舞，称作"迓鼓戏"或"舞迓鼓"。由于这种表演形式很受人们的欢迎，很快就在民间广为流传。

北宋《东京梦华录》卷八有关于迓鼓的记载。当时的迓鼓还只是纯器乐演奏的形式，仍保留着早期迓鼓的特征。

到了明代，迓鼓就已成了开封民间舞蹈的总称。明人朱有燉在《黄钟醉花阴》中曾描述了开封城内表演迓鼓的情形：

放烟火，烘烘接太微，舞讶鼓，欢声恰似雷。

明代以后，迓鼓仍在开封民间盛行而不衰，只不过开始被称作了

"开封盘鼓"。

开封盘鼓所用乐器以鼓为主，配以大镲、马锣等铜器。鼓队无固定编制，规模可大可小，一般按"鼓二镲一"的比例组合。最小的鼓队有十几个，大的鼓队可有几十人甚至百余人组成。

鼓队所用的木框扁鼓均为同一种形制，鼓面约45厘米，木框，高约30厘米，呈棋子形。演奏时，将鼓的背带斜挎在左肩，鼓置于腰前，鼓面向上，用双鼓槌击奏。

传统鼓队中常配有4面或8面马锣。演奏中，锣手常将马锣抛向空中，马锣落下后，接在手中继续演奏，称之为"撂马锣"。

各鼓队无论规模大小，均有一人手持一面写有"令"字的三角形小旗担任指挥，称作"令旗"。平时鼓队的训练中，令旗负责向年轻鼓手传授鼓谱，讲

朱有燉（1379—1439）安徽凤阳人。号诚斋、锦窠道人、老狂生、全阳翁等。明太祖朱元璋之孙，周定王朱橚嫡长子。明宣德年间袭封周。史称其"博学善书"。他善工词曲，为明代著名戏曲作家。其杂剧音律优美，创造了合唱、对唱等形式。存杂剧31种，总称《诚斋乐府》《诚斋录》《诚斋新录》。

■ 表演用的盘鼓

解各种技巧。

正式表演时，则通过手中的小旗指挥鼓队的起、止、强弱、速度等，同时还要指示鼓谱的节奏特征，以保证鼓队鼓点清晰、整齐。因此，令旗在鼓队中的作用十分重要。

■ 开封盘鼓

开封盘鼓有"原地演奏"与"行进演奏"两种表演方式。

原地演奏时，鼓队常围成一个圆圈，令旗位于圆心，鼓手们面向令旗而背对观众。当鼓队为民间舞蹈伴奏时，鼓队位于表演场地的一侧，面向表演场地。令旗位于鼓队与舞蹈演员之间。

行进演奏时，小的鼓队常走成四横排，第一四排是镲，中间两排是鼓，令旗位于一、二排之间。为了能看到令旗，第一排镲手常面向令旗，退着步子行进。较大的鼓队常排成四路纵队，中间是鼓，两边是镲，令旗在最前面，面向鼓队，退步行进。

由于开封盘鼓的节奏并不是规整的进行曲双拍子节奏，鼓手们无法用齐步走的统一步法前进。因此，在鼓队长距离的行进演奏中，只要求鼓点整齐，不要求步伐一致。

当鼓队行进至观众较多的地方或接近预定的表演场地时，鼓队会按照令旗的提示，进入表演性的演奏状态。这时，全体鼓手的步法按鼓点的节奏统一起

进行曲 它是一种富有节奏步伐的乐曲。最初，主要是军队中用来统一行进步伐一致的要求，以偶数拍做周期性反复。后来，人们在社会生活中也常采用这种体裁来表达集体的力量和共同的决心，雄劲刚健的旋律和坚定有力的节奏是进行曲的基本特点。

原地演奏盘鼓

来，该迈步时同时迈步。

鼓队行进的速度明显放慢，而击鼓的动作幅度加大，整个鼓队时走时停，时起时伏，动作整齐、豪放，极富舞蹈性。全体鼓手既是乐器的演奏者，又是挎着鼓的舞蹈表演者。

这种舞蹈性的器乐演奏，具有十分热烈的气氛和极强的艺术感染力，常能赢得观众的阵阵喝彩。

开封盘鼓的演奏属齐奏方式，但鼓与镲的节奏不是完全相同的。鼓的节奏急促而稠密，镲的节奏稀疏而简洁，两者融合在一起便形成强与弱、全奏与分奏等不同的音响色彩。加之鼓有多种击奏方法，因此形成各种不同的演奏方法及与之相对应的鼓谱用字。

吨：鼓镲齐奏、连击时记作"轮吨"。个：鼓齐奏，连击时记作"那个"。夸：右鼓槌击打鼓框，由于所发出的声音要比"吨""个"小得多，因此，在鼓谱中"夸"即代表休止符。

开封盘鼓中的基本节奏型，民间称为"鼓串"。常用的鼓串有"哗啦啦"鼓串、"挎边"鼓串、"单吨"鼓串。

完整的"鼓点"曲牌由若干句长短不一的"鼓串"组合而成。不同的鼓点，所含的乐句也多少不

镲 互击体鸣乐器。又称水镲、小水镲、镲锅。流行于全国各地。响铜制，钵形，外观与钹十分相像，一般镲体较小，故民间称小钹为镲。镲是由钹派生而来的一种乐器。相传在宋人所绘《番王按乐图》中，有其为胡人舞蹈伴奏形象，可知年代已久。

一。最少的只有一句，最长的则有几十句，一般多为十几句。

鼓点中的鼓串常以完全重复或变化重复的形式出现，具有典型的"句句双"的结构特征。但在这些"重句"式的鼓串之间又常插入各种不反复的鼓串，从而形成"双句"与"单句"交替出现的结构特征，使鼓点的节奏不断地在平衡与不平衡之间频繁转换，产生一种"环环相扣、层层递进、无始无终"的艺术效果，使人百听不厌。

每个鼓点在结构上常由"曲头""曲腹""曲尾"三部分组成。曲头多为一两个重复的鼓串；曲腹则多用若干句稍长的不重复的鼓串；曲尾常为一个很长的、连绵不断的长鼓串，民间称之为"半拉山"，意思是说这句长鼓串在一个鼓点中占有半段的分量。

就"句法"而言，各鼓点中均有大量"双句子"，但同时又有大量的"单句子"夹杂其间。此外，各句之间长短不一，各鼓点之间句数多少不一，就使得所有的鼓谱都具有自由诗一样的结构特征。

阅读链接

开封盘鼓所用的大扁鼓属低音鼓，所用的镲也多为大镲。当几十面鼓、几十副镲在一起敲响时，气势十分宏大，远听像惊雷，近听如万炮轰鸣，颇有排山倒海之势，惊天动地之威。加之鼓点复杂多变、节奏强烈，表演热烈、粗犷豪放，具有一种近于原始、粗放、拙朴的艺术风格。

同时，变幻莫测的鼓点和整齐而清晰的演奏，又使之带有一种细腻、成熟的韵味。开封盘鼓这种独特的艺术风格，使得它无论是在听觉上还是在视觉上都给人以极强烈的、震撼人心的感染力。这正是开封盘鼓深深地扎根在开封民间、久盛不衰的原因。

百花争艳的中原乐舞

中原文化是5000年中华文明的缩影，反映了中华文明发展的轨迹，折射着中国历史发展的脉络。中原地区的民俗，也多表现在种类繁多的舞蹈与音乐中，在这块土地上活跃着的民间舞蹈有数百种之

■ 古荥镇的龙舞表演

■ 舞龙表演

多，表演的内容涉及人民生活的各个方面。

郑州邙山古荥镇的龙舞，已有近千年的历史。每逢农历正月十五，方圆几百里的百姓都涌向古荥观看，据说清代乾隆、光绪二帝都曾亲临古荥观看龙舞。

之后，古荥龙舞得以创新发展，演技日益精湛。它汲取了各种龙舞的特点，又不同于其他龙舞，故事完整生动，情节曲折感人，表演场面宏大，艺术风格独特。整场表演分为鱼跃龙门、金龙出南门、龙蜗玉柱、二龙相戏、解救青龙、二龙戏珠、胜利对舞等十个场面。

古荥龙舞流传至今，其影响之大，历史之悠久，在中原地区是不多见的。

"笑伞"是流传于荥阳一带的民间艺术。传说隋大业年间，瓦岗军起义，翟让用李密计，破金韩关，进取荥阳。隋炀帝派大将张须陀为荥阳通守，协同荥

程咬金 山东东平斑鸠店人，唐朝开国名将，原名咬金，后更名知节，字义贞，封卢国公，凌烟阁二十四功臣之一。程咬金还是小说中的人物，小说中程咬金是一员福将，其三板斧相当厉害。

介子推 （？—前636）晋国的贤臣，后人尊为介子，春秋时期周朝晋国人，因"割股奉君"，隐居"不言禄"之壮举，深得世人怀念。死后葬于介休绵山。晋文公重耳深为愧疚，遂改绵山为介山，并立庙祭祀，由此而产生了"寒食节"，历代诗家文人留有大量吟咏缅怀诗篇。

阳太守郇王庆合兵讨伐。

瓦岗军初战不利，于是乘正月十五玩花灯之机，巧扮民间歌舞艺人，随民间社火一起混进城内，里应外合，一举攻克荥阳。"笑伞"就是义军当时扮演的节目之一。后世歌舞队中执伞的滑稽老人，即是赫赫有名的程咬金，其他男女演员各两人也是义军勇士。

"律棒鞭"是流行于荥阳一带的民间歌舞，起源年代不详。演员只有三人，一男两女。细乐器伴奏，由8～10人组成，其节奏轻松、流畅。

表演时，男演员饰相公，女演员饰小姐，手持竹眼钱。舞蹈动作从曲调"过门儿"开始，男演员即右手持扇，载歌载舞；而女演员则手持竹鞭，随节拍上下击鞭。舞蹈反映了青年男女踏青相恋的故事。

"独角兽"是流传于新郑一带的独特民间舞蹈。是古代劳动人民根据刑天舞戚的故事创造的，反映出对不畏强暴的断头英雄的崇拜。

在伴奏中，舞者绕场蹦跳翻滚、蹿桌子，并以

■ 高跷表演

腰部的夸张表演，表现独角兽暴躁怒吼或温顺平静的表情。后在急迫的"闹台"乐曲伴奏中，斗兽者执鞭出场，与独角兽打斗拼搏。其动作粗犷诙谐，生动有趣，具有独特的艺术风格。

"跳经担"是流行于新密一带的民间舞蹈。在庙会期间，妇女们挑着自制的花篮"经担"到庙会神前进香，然后在神前空地上边哼经曲，边跳经担，以示对

高跷拉犟驴

神灵的虔诚。"跳经担"的音乐与伴奏主要是经曲，使用的乐器是木鱼和碰铃，伴唱的是经曲。

"张公背介母"是流传于新密一带的民间舞蹈。参加演出的只有两人，服装道具简单，人物造型幽默风趣。表演时，舞曲采用地方戏曲中的流水板、阳调、银扭丝、汉江等曲调。

据传张公是晋国贵族介子推的家仆，介子推躲在绵山，不愿出仕，晋文公为逼他出山而焚绵山，介子推被烧死。张公将介母背出火海，并认作义母。张公为人忠厚，外出时唯恐介母在家寂寞或遭野兽伤害，因此无论耕地还是赶集都要背着介母，直至介母寿终。后人为纪念张公的仗义行为，编排此舞，以表敬仰之心。

"独脚舞"是流传登封一带的民间舞蹈。据传兴起于清末，是以高跷打底、杂技镶边的融杂技、高跷舞蹈为一体的独特艺术形式。

表演者通常扮演一个老汉，身穿马褂，头戴尖顶毡帽，腰系板带，足蹬抓地虎鞋，身背操子铃，手中拿一根用普通木棍做成的长1米、直径约10厘米的高跷，以迅速动作跃上场，两腿紧紧地夹住高

社火 中华民族传统文化的一部分，起源于上古祭祀活动。"社"，古指土地神，社火有祭祀、祝福之意。后成为中国民间一种庆祝春节的传统庆典狂欢活动。亦称"射虎"，指在祭祀或节日里迎神赛会上的各种杂戏、杂耍的表演。火具有红火、热闹之意。

跷，进行各种舞蹈动作的表演。

"鹬蚌舞"也是流传于新密一带的民间舞蹈。此舞以夸张手法，将鹬蚌拟人化，表现鹬蚌河边争斗，互不相让，结果双双被渔人所获。舞蹈幽默，妙趣横生，富有民间色彩。其乐曲采用打击乐谱配合演出。鹬蚌舞的故事情节，是根据"鹬蚌相争、渔人得利"的寓言演变而来。

"高跷拉犟驴"是流传于登封一带的民间舞蹈。兴起于清代乾隆年间。据传由于登封多山，交通不便，人们多以小毛驴为交通工具，由此便形成这种具有浓郁地方特色的民间舞蹈。

高跷拉犟驴的传统演出形式主要是跑圆场、过河、上坡、下坡、卧驴等。音乐采用锣、鼓、镲伴奏。三人参加表演，一个扮老汉拉驴，一个扮老婆送闺女，一个扮闺女手拿芭蕉扇紧跟后边，以各种舞蹈动作配合表演出一个完整的故事情节。

"猩猩怪"也是流行于登封一带的民间舞蹈。据说源于原始社会。道具有大猩猩皮。表演时，舞者钻入猩猩皮内，伴随着锣鼓声进行表

■ 儿童社火表演

演。猩猩怪动作单调、古朴，主要是摇头、摆尾、翻滚、腾跃，乐曲节奏极强，随着大猩猩的动作即兴演奏出一连串热烈、欢快、强劲的音符，主要起烘托气氛的作用。

■ 民间社火表演

八方村的猩猩怪社在登封很有名，一出社就是100多人，几十根梢子棍护社，彩旗招展，锣鼓喧天，气势威武。猩猩怪社表演时，既可表演拳术，也可表演单兵器；既可表演拳术对打，也可表演器械对练；既可地摊表演，又可上高台表演，花样繁多，惊险刺激，表现了拳师们高超的技艺。

一般来说，只要各村逢会，八方村的猩猩怪社都会受邀前去助兴。从某种程度说，正是因为有武社火的存在，八方村传统少林武术才得以不断传承。

社火表演在中国很常见，不过，大多都是文社

大禹治水 中国著名的上古大洪水传说。三皇五帝时期，黄河泛滥，鲧、禹父子负责治水。面对滔滔洪水，大禹从鲧治水的失败中汲取教训，改变了"堵"的办法，对洪水进行疏导，体现出他具有带领人民战胜困难的聪明才智。大禹治水13年，耗尽心血与体力，终于完成了治水的大业。

火，武社火则是河南登封特有的，登封人把传统社火和登封特有的武术结合在一起，创造出了独具特色的社火，其中最具特色的就是"猩猩怪"和"独脚舞"。

"吹歌"是流行于新密一带的古典民族器乐艺术。据说源于北魏，唐宋时期达到鼎盛，是服务于宫廷贵族阶层的音乐。

传说，明朝景泰年间，一位祖籍密县的翰林告老还乡后，前往超化寺参拜，将"吹歌"传授给僧人。清朝初年，又由超化寺中僧人传给当地百姓，从此流传民间。

"吹歌"所用乐器管子、十八笛笙均系祖传，特别是十八笛笙，音色优美、清脆、洪亮，在同类乐器中实属罕见。演奏风格质朴、明快、高雅，常用于节庆、娱乐，不参与婚丧嫁娶。

超化吹歌的曲牌有30余首，其中以"传令""五六上""清河令""撞倒墙""神童子""爬天桥""观灯""小虫闹""双叠翠""剪剪花""凤凰三点头"等演出较多。在演奏过程中以组曲形式任意反复，形成一种独特的演奏风格。

阅读链接

河南这块土地上的民间舞蹈还有大型舞蹈，是先人们智慧的结晶。《跑帷子》和《跑阵舞》是由古代战争中的陈兵布阵演变而来的，反映了变幻莫测的古代阵法。

《打独角兽》和《扛箱舞》反映了人与怪兽搏斗，最后战胜怪兽取得胜利的情节。《狮子舞》《麒麟舞》和《猫蝶舞》是典型的模似舞蹈，通过舞蹈造型，模仿动物的各种姿态，惟肖惟妙，生动传神。

《打春牛》和《打铁舞》模仿的是人们生产劳动时的情景。《八美图》《荷花灯》《菊花灯》《旱船舞》《竹马舞》《高跷舞》等舞蹈生活气息浓厚，富有情趣，表现了劳动人民对美好生活的向往。

禅武合一的少林武术

少林寺，位于中国河南省登封市的嵩山，是少林武术的发源地，坐落嵩山的腹地少室山下的茂密丛林中，所以取名"少林寺"。

少林寺落成30多年后，即527年，菩提达摩遵西天第二十七代祖般若多罗之嘱，为将佛陀正法血脉传到中国，不辞艰辛，从南天竺国渡海来到东土，开始了禅宗在中华大地上的传播。

菩提达摩采用壁观的方法参禅，长期静坐，困倦是

■ 少林寺武僧塑像

■ 少林寺习武版画

难免的，要时常起来活动筋骨。被誉为少林功夫之源的《易筋经》，记载的就是一种疏通人体经脉从而强筋壮骨的功夫。

相传达摩走后，少林僧人在洞中发现了一个铁盒，盒上没有锁，却打不开。

聪明的僧人用火一烤，铁盒便开了，原来铁盒被蜡封住。铁盒中有两部书，一本是《易筋经》，另一本叫《洗髓经》，都是用梵文写的。

后来，有位僧人带着《易筋经》去峨眉山，见到了天竺僧人般刺密谛。在般刺密谛的帮助下，《易筋经》才有了中文版。

中华禅宗二祖慧可云游归来，带回了他自己翻译的《洗髓经》。大家两相比较，才发现《易筋经》和《洗髓经》原来是一体的。

自《易筋经》问世，少林僧人坐禅与习武已是密

太祖长拳 相传，宋太祖赵匡胤靠少林武功打下宋朝天下，其拳法传于后世，立太祖门，称"太祖拳"。广泛流传于中国北方，整套拳路演练起来，充分表现出北方的豪迈特性，优美中又不失其威猛的澎湃气势，为中国武术界"六大名拳之一"。

不可分了。同时，寺中也有一些对梵文一知半解的僧人，你翻他译，依法修炼，以致后来少林功夫多如牛毛。

唐代初年，少林寺十三僧人因助秦王李世民讨伐王世充有功，受到唐代朝廷封赏，而被特别认可设立常备僧兵，从而大大促进了少林武术的发展。

进入宋代，少林寺禅宗祖庭的地位确立，"禅武合一"开始成为少林功夫的主流思想。宋太祖赵匡胤据说也是少林俗家弟子，并创下太祖长拳。从宋代至元代，少林功夫有了一个较大的发展。

与宋代同期，由于金元两代对汉地民间武装力量极力抑压，少林寺也不例外。然而，少林寺作为禅宗教派祖庭，地位依然显赫，禅学隆盛。在此期间，少林寺创立了寺院宗法门头制度，成为少林功夫体系、门派形成的重要基础。少林功夫体系中的医宗，最迟在金代已经形成。

明代时期，民间习武风气盛行。这是少林功夫水平大发展时期。

嵩山少林寺武僧塑像

■ 少林寺武僧塑像

抗倭英雄俞大猷回传少林棍，就成为当时武林中的佳话。

明代近300年间，少林寺僧人至少有6次受朝廷征调，建立功勋，多次受到朝廷的嘉奖。少林功夫在实战中经受了检验，确立了少林功夫在全国武术界的权威地位。

少林武艺高超，享誉海内外，"少林"一词成为汉族传统武术的象征，如历代相传的"七大门派"即为"少林、武当、昆仑、峨眉、点苍、华山、海南"，其中少林即位居第一门派。

少林功夫是汉族武术中体系最庞大的门派，武功套路高达700种以上，又因以禅入武，习武修禅，又有"武术禅"之称。

少林功夫的要旨是禅武合一。少林寺是佛教禅宗的祖庭，禅宗以明心见性、顿悟成佛为要旨。

禅与武的优越之处，就是少林功夫已经形成人人可以演练的很具体的参禅程式。提倡武术禅的真正价值，就是为人们提供了一个有效的参禅程式。

少林武术中，最著名的是"七十二绝技"，如铁臂功、排打功、铁扫帚功、足射功、一指禅功、一指金刚法等。

拳术为武艺之源，少林派拳术有罗汉拳、大洪

俞大猷（1503—1579）晋江（今福建泉州）人，明代著名民族英雄、抗倭名将、儒将、武术家、诗人、兵器发明家，他最主要的功绩是领导抗倭斗争。"俞家军"威名赫赫，与当时另一位抗倭名将戚继光并称"俞龙戚虎"。

拳、少林五拳、心意拳、长锤拳、五虎拳等百余种。

另外，对练拳术有三合拳、咬手六合拳、开手六合拳、耳把六合拳、接潭腿等。

少林派拳术刚健有力、刚中有柔、朴实无华、利于实战，招招势势非打即防，没有花架子。在练习少林拳时，不受场地限制，有"拳打卧牛之地"之说，其风格主要体现一个"硬"字，攻防兼备，以攻击为主。拳势不强调外形的美观，只求技击的实用。

少林拳法步法进退灵活、敏捷，有"冲拳一条线"之说。在身段与出拳上，要求手法曲而不曲，直而不直，进退出入，一切自如。步法要求稳固而灵活，眼法讲究以目视目，运气要气沉丹田。其动作迅如闪电，转似轮旋，站如钉立，跳似轻飞。

少林拳分南北两派，南派重拳，北派重腿，每派还分许多小派。

少林派棍术有猿猴棍、风火棍、齐眉棍、云阳棍、劈山棍、阴手棍、五虎擒羊棍等。

对练棍术有排棍、穿梭棍、六合杆、破棍十二路等。

棍扫一大片，一扫一劈全身着力。棍练起来呼呼生风，节奏生动，棍法密集，快速勇猛。它既能强身健体，又能克敌制胜，在历代抗敌御倭中，

潭腿 武术拳种，中国武术有"南拳北腿"之称，"北腿"则以潭腿等为代表。其名称来源有几种说法，一种说法，此拳法注重腿法，发腿疾速，以大腿带小腿，集力于足，突发迅击，快速伸屈，弹如弹丸，故名弹腿。另一种说法，此拳起源于河南潭家沟或山东龙潭寺，两地均有"潭"字，故名。

■ 少林寺武僧塑像

特色鲜明的地域风情

■ 少林寺武僧枪术
表演

六合枪 其来源
有两种说法：第
一种说法，就是
六家的枪法合到
一块儿。即楚霸
王项羽的项家
枪、三国赵云赵
子龙的赵家枪、
隋代赵成的罗家
枪、宋代六郎杨
景的杨家枪、白
马银枪高思继
的高家枪、岳
飞的岳家枪。
另一种说法，
内三合"心、
气、胆"，外三
合"手、脚、
眼"，眼与心
合、气与力合、
步与招合。

少林棍发挥过重要作用。

少林派枪术有少林枪、五虎枪、夜战枪、提炉枪、拦门枪、豹花枪等。对练枪术有枪对枪、对手枪、战枪、双刀对枪、六合枪、三十六枪破法对练、二十一名枪对刺等。

少林枪术有一条歌诀是："身法秀如猫、扎枪如斗虎，枪扎一条线、枪出如射箭，收枪如捺虎、跳步如登山，压枪如按虎、挑枪如挑龙，两眼要高看、身法要自然，拦、崩、挑、拨，各种用法奥妙全。"

刀是历代重要兵器之一，其中大刀被誉为"百兵之帅"。"刀如猛虎、枪似蛟龙"，刀术的演练一招一式都要有威武气概。

少林的刀有春秋大刀、梅花刀、少林单刀、少林双刀、燕尾单刀、五虎少林追风刀等。对练刀术有刀对刀、二合双刀、对劈大刀、单刀进双刀等。

刀的使用特点是缠头裹脑、翻转劈扫、撩挂云刺、托架抹挑等，并有单刀看手，双刀看走，大刀看顶手，劈、斩、刺似猛虎之说。

剑术矫健、优美、豪放，自古至今流传深远。少林派剑术有达摩剑、乾坤剑、连环剑、太乙剑、二堂剑、五堂剑等。对练剑术有二堂剑、五堂剑对刺、少林剑对刺等。

少林剑诀：

剑是青龙剑，走剑要平善，

气要随剑行，两眼顾剑尖，

气沉两足稳，身法须自然，

剑行如飞燕，剑落如停风，

剑收如花絮，剑刺如钢钉。

少林武术器械有长的、短的、硬的、软的、带尖、带刺、带钩、带刃的，多种多样，古有十八般兵器之说，今计不计其数。

少林寺武僧刀剑表演

■ 少林武术表演

　　除上述刀、枪、剑、棍以外，还有三股叉、方便铲、套三环、峨眉刺、月牙铲、和戟镰、双锤、大斧、双斧、三节棍、梢子棍、七节鞭、九节鞭、双鞭、虎头双钩、草镰、风魔杖等。

　　少林武术套路主要有空手夺刀、空手夺枪、单刀对枪、空手夺匕首、棍穿枪、三节棍破双枪、峨眉刺进枪等。

　　少林派技击散打有闪战移身把、心意把、虎扑把、游龙飞步、丹凤朝阳、十字乱把、老君抱葫芦、老猴搬枝、金丝缠法、拨步炮等。

古雅的朱仙镇木版年画

年画不仅是中国独有的一朵艺术奇葩，而且也是中国古老的民间艺术精华。

河南朱仙镇的木版年画，不但具有极高的艺术收藏价值，而且极具观赏价值，它与天津杨柳青、山东潍坊、江苏桃花坞年画并称"中

木版年画——门神

■ 木版年画——莲生贵子

特色鲜明的地域风情

朱仙镇 河南开封朱仙镇，自古就是中国的四大商埠重镇之一。战国时期的勇士朱亥勇武过人，深受信陵君的信任。相传，朱亥原来住在镇北一个名叫仙人庄的村子里，故称朱亥为朱仙，并把朱亥的故里称为"朱仙镇"。

国的四大年画"。

朱仙镇木版年画已有800多年的历史，起源于唐代，兴于宋代，鼎盛于明代，历史悠久，源远流长，被誉为"中国木版年画之鼻祖"。

据说，唐太宗命画工绘大将秦琼、尉迟恭画像悬挂宫门，以避邪，成为门神之始。由于它的使用量大，单一的手绘年画很难满足需求，于是民间艺人用木版刻印来大量生产，从而得到发展，进而形成年俗。

北宋初年，宋太祖总结前朝经验，提倡以文治天下，结束了长年的动荡。为教化臣民，成立画院，命画院待诏绘刻图画，张贴于市井茶楼，从而开创了木版年画的鼎盛局面。

宋都开封是全国政治、经济、文化的中心，各地的商人大量涌向京城，各地艺术家画家也云集与此。据宋代《图绘宝鉴》记载，宋仁宗时命画院待诏高克明、于氏等绘刻《三朝训鉴图》颁与宗室和大臣。

正所谓"上有所好下必效焉"，庞大的市民阶层促进了世俗文艺的发展，活跃的世俗文艺又给年画的创作提供了丰厚的土壤。加之活字印刷术的发明，使宋代在雕版刻工几近失业，这些雕版工人为寻求出路，大量参与雕印木版年画，使宋代木版年画业推向繁荣。

于是，他们制作采用木版与镂版相结合，水印套色。种类繁多的年画主要有各种神像、钟馗、门神、鞍马人物、娃娃仕女、福禄寿禧等，所用颜料为矿物植物经加工漂出，色序有丹红、铜绿、水红、槐黄、葵紫、大红。

古时用纸以白麻纸为主，麻纸着色好，上色均匀，色彩艳丽，庄重深厚，题材和内容大多取材于历史戏剧、演义小说、神话故事和民间传说。

这种年画由于乡土气息浓郁，民间情趣强烈，具有独特的地方色彩和淳朴古老的民族风格，于是成为民间工艺美术中的一朵奇葩。

到北宋晚期，木版年画已成为朱仙镇的优势产业，据《东京梦

木版年画——麒麟送子

桃符 古人在辞旧迎新之际，用桃木板分别写上"神荼""郁垒"二神的名字，或者用纸画上二神的图像，悬挂、嵌缀或者张贴于门首，意在祈福灭灾。传说桃木有压邪驱鬼的作用。这就是最早的桃符。

华录》记载，当时的开封"近岁节，市井皆印卖门神、钟馗桃版、桃符及财门钝驴、回头鹿马、天行贴子"。由此可见，当时开封及周边地区朱仙镇等地木版年画的印刷及销售情况盛况空前。

不仅民间作坊遍布，京城也有官坊印刷，就连宋室宫廷也主持开办年画作坊。官办与民办作坊的融合，使木版年画的发展成为必然。

北宋末期，由于金兵入侵，大量年画艺人流落江南，开封的年画艺人或被金人掳去，或逃散他方，只有朱仙镇艺人世代传承木版年画艺术。

经过元代，直到明太祖统一全国后，国内经济得到发展，明中期手工业的发展促进了作坊的发展。明代朱仙镇较有名的作坊是山西人开设的晋泰永商号，招收工人过千，雕版几千套；豫盛荣商号年画远销全国各地，远粮河的复通，使朱仙镇河道四通八达，随即成为中原的商业重镇。

■ 木版年画——状元拜塔

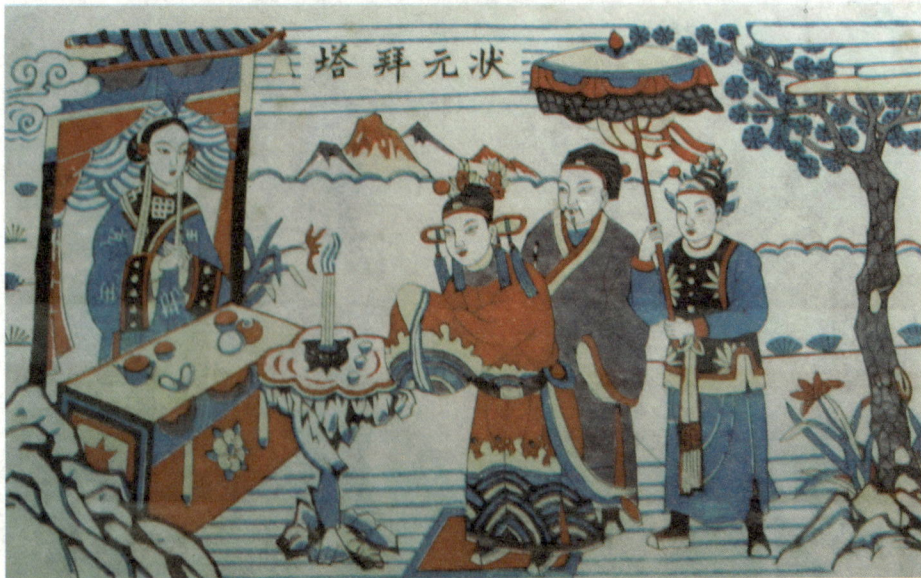

朱仙镇年画之门神

木版年画在繁荣的商埠迅速恢复，并且买卖兴隆，声名大震。据载，当时朱仙镇从事这一行业的有300余家。

发展到清代中期，朱仙镇上有40多家生产作坊，2000多人从事年画生产，山东、安徽、河北、江苏等地的客户纷至沓来，生意兴隆的画店有豫盛荣、晋泰永、振源永、德源、天义德、万同、万通等。

而民间年画则多以朱仙镇老店为字号刻印，一些商号迁入开封发展，当时开封的年画作坊有10多家，主要集中在东大街、西大街、中山路和书店街，并且来自山东、江苏和本省的客户车装船载，煞是热闹。

朱仙镇木版年画之所以与天津的杨柳青、江苏的桃花坞、山东的潍坊、四川的绵竹并称为"全国著名年画"，是由它独特的风格决定的。

朱仙镇年画构图饱满，线条粗犷简练，造型古朴夸张，色彩新鲜艳丽。人物头大身子小，既有喜剧效果又觉得匀称舒适。有些地方的年画人物脸部多打红脸蛋来妆饰，而朱仙镇的年画不打红脸蛋，看起来很自然和谐。

在中国传统民间工艺中，人们多把老虎做成或画成黄老虎或红老虎，而朱仙镇的年画是紫老虎。这种不拘泥于传统的创作手法，受到了专业人士的重视和赞誉。

朱仙镇木版年画十分讲究用色，以矿物、植物做原料，自行手工磨制颜料，磨出的颜料加水煮沸，过滤，使用水色印刷，色彩十分纯净，印制的年画明快鲜艳，久不褪色，构图饱满匀称，线条简练粗犷，造型古朴夸张，艺术风格独特。

朱仙镇年画可分为三大类：一类是神祇画，如灶君神、天地神、门神。朱仙镇木版年画中最多的就是门神，门神中以秦琼、尉迟恭两位武将为主；另一类是民间故事画，以民间传说、演义小说、戏曲故事为刻画对象，构图饱满，不用背景，以人物表情动作展现故事情节，单纯而富有感染力；第三类是吉祥年画，多为娃娃、仕女。

朱仙镇年画版面的图案，线条雕刻的有阴、有阳、阳粗、豪放，粗细对比性强，采用古代人物画的铁线描技法，尤其在衣纹等方面表现最为突出，线条粗实纯厚，宁折不弯，具有北方民族地方独有的纯朴、厚实、健壮风度。

特色鲜明的地域风情

阅读链接

朱仙镇的木版年画，不但具有极高的艺术收藏价值，而且极具观赏性，许多名人都曾收藏过朱仙镇的木版年画。

鲁迅先生曾给予其很高的评价："朱仙镇的木版年画很好，雕刻的线条粗健有力，和其他地方的不同，不是细巧雕琢。这些木刻很朴实，不涂脂粉，人物也没有媚态，颜色很浓重，有乡土味，具有北方木版年画的独有特色。"

这是对朱仙镇木版年画艺术特色的很好概括。

玲珑剔透的南阳玉雕

南阳玉，又称"独山玉"或"南玉"，产于河南南阳北边的独山，为中国四大名玉之一。独山玉质坚韧微密，细腻柔润，光泽透明，色泽斑驳陆离，有绿、白、黄、紫、红、白6种色素70多个色彩类型，是玉雕的一等原料。

南阳独山玉生产历史悠久。从南阳市黄山、新野凤凰山、镇平及社旗等新石器时代遗址中发现的独玉铲、独玉璜等说明，6000年前的新石器时代，这里勤劳智慧的古人就开始利用和雕琢独玉了，玉文化开始萌芽并初步繁荣起来。

到了汉代，南阳玉已被大量开采并雕琢，盛况可观，有了加

汉代河南南阳玉雕

■ 南阳大型玉雕
《九龙晷》

特色鲜明的地域风情

晷 即晷仪，是观测日影计时的仪器，一般通称太阳钟，也称日晷。天文学和计时学是相伴发展的，计时仪器和天文仪器一样，是经过漫长的发展历程逐渐精确化的。最古老的计时仪器是土圭、圭表和日晷，其原理是通过太阳的投影和方位计时。

工、雕刻玉器的聚居区，一街两行，作坊林立，琢玉之声，不绝于耳。

至少在西汉时，南阳玉雕就已经达到了相当的规模，独山脚下的沙岗店，有汉代玉街寺，即为汉代雕刻玉器的地方。

唐宋以后，南阳玉雕逐步由原来单纯作为贡品供达官贵人观赏享用，发展成为现代既有装饰品，又有生活用途的使用器皿。

明清时期，南阳玉雕品种已十分丰富。清代以后，南阳玉雕已形成一大行业。

南阳玉雕的雕刻按技法不同，分花活、素活两类。花活如花熏、转炉、飞禽、走兽、仕女人物等。雕技精湛，刀法复杂，寓意深刻；素活如戒指、手镯、耳环等。

南阳的玉雕艺术大师们在继承传统工艺的同时，不断引进、吸收、创新艺术设计雕刻手法。正是悠久的历史、深厚的文化底蕴和得天独厚的美玉资源相结合，才使得南阳玉雕这一艺术瑰宝得以代代相传，发扬光大，惊世之作也不断问世。

由于独玉色彩丰富，浓淡兼备，一块石料上面往往各色杂陈。这就要求雕刻者要全盘考虑，既要有精彩的布局构思，又要巧用各种颜色，使得整个作品妙趣天成，让欣赏者禁不住拍案叫绝。

如南阳玉雕"卧龙出山"，利用独玉色彩丰富、鲜素一体的特点，严谨布局，巧用俏色，雕刻精细，气势雄伟，它重3.8吨，长2.5米，高1.6米，是中国最大的巨型玉雕，是不可多得的艺术瑰宝。

南阳玉雕"九龙晷"，长1.99米，宽1.1米，高0.8米，重500千克，该作品设计风格新颖独特，巧妙构思，匠心独运，把南阳独山玉特有的各种色彩巧妙利用，采用浮雕、透雕、镂空、线刻等多种雕刻手法，使这件产品线条流畅，形神具备，气势雄伟。

9条盘龙环绕日晷，表明九州华夏儿女紧密团结，和睦相处，同时表达了九九归一之意。整幅作品寓意民族团结、祖国统一。

尤其是被誉为"国之瑰宝"、重3500千克的玉器"渎山大玉海"，是元代忽必烈犒赏三军时盛酒的器物，是中国历史上出现最早最大的巨型玉雕，为中国划时代的艺术珍品，也是世界宝玉石发展史

渎山大玉海

上罕见的杰作。

据说，当年元世祖忽必烈为犒赏三军，而将一块稀有的特大南阳独山玉制成渎山大玉海，于1265年完工，器体呈椭圆形，是一件巨型贮酒器，忽必烈意在反映元初版图之辽阔，国力之强盛，是中国玉器史上划时代的里程碑式作品。

渎山大玉海又名"玉瓮""玉钵"，高约0.7米，口径1.35—1.82米，最大周围4.93米，腔深为0.55米，可贮酒30余石，周身碾琢隐起的海龙、海马、海羊、海猪、海犀、海螺、海鱼、海鹿等13种瑞兽，神态生动，气势雄伟，是元代玉器的代表作。

玉海完工后，奉元世祖忽必烈之命，置元大都太液中的琼华岛广寒殿，明末移至紫禁城西华门外真武庙。至1749年，乾隆皇帝命迁于北京北海公园团城上的承光殿前，再配以汉白玉雕花石座做衬托，又命40名翰林学士各赋诗一首，刻于亭柱之上。

南阳玉雕花色品种繁多，色泽鲜艳，硬度高，光泽好，透明度高，可同翡翠媲美。

阅读链接

南阳盆地玉石资源丰富，质地优良，开采、雕刻、经营历史悠久，举国著称，被誉为"中国玉雕之乡"，在中国玉文化发展史上占有极其重要的地位。

南阳市的卧龙区有一座山叫作"独山"，它是卧龙胜景之一。独山腹蕴珍奇，盛产美玉，又称卧龙独玉。独玉是中国的四大名玉之一、独玉色泽鲜艳，硬度高，光泽好，又被誉为"南阳翡翠"。

东汉著名科学家张衡在《南都赋》中这样形容独玉："其宝利珍怪，金彩玉璞，随珠夜光……"有一种说法，"完璧归赵"的和氏璧就属于独玉类。史书上记载，和氏璧为白玉，而独玉有一种叫"透水白"，该品种极为珍贵。

徽州拾英

徽州文化属于移民文化，具有文化融汇的价值。中原地区的南迁活动客观上导致和促进了中原文化为徽州文化所吸纳，所融合。

徽州地处皖南，北依长江，南联赣粤，下通苏杭，与长江三角洲地区遥相呼应。优越的地理位置对于徽州的经济文化发展来说是一种有利条件。大规模移民活动促成的文化融合及独特的地理环境，孕育了具有特色的徽州文化。

其中，徽州文化中的绘画艺术、版画工艺、四雕和篆刻工艺、建筑和菜系文化等，不仅在当时独领风骚，而且还深深影响了后世。

精美绝伦的徽州四雕

　　"徽州四雕"是具有徽派风格的砖雕、石雕、木雕、竹雕四种民间雕刻工艺的简称，为古徽州地区明清时期建筑的装饰性雕刻，具有浓厚的地方文化色彩。

徽州石雕

徽州四雕主要用于民居、祠堂、庙宇、园林等建筑的装饰，以及古式家具、屏联、笔筒、果盘等工艺雕刻。徽州四雕是在发达的徽州文化大背景下逐渐形成和发展的产物，是徽州能工巧匠的佳作。

致富了的徽商回到家乡，花巨资修建了很多祠堂、牌坊、宅第等，这使徽州雕刻有了用武之地，客观上促进了徽州雕刻艺术的发展。

另外，徽州自古多能工巧匠，多才多艺的能工巧匠在雕刻上肯花费时间，加上匠心独运，使得徽州四雕艺术特色独具，精湛隽永，日臻完美，登峰造极。

徽州四雕的历史源于宋代，至明清时达到极盛，尤其是其刀工、技艺已到了"天工人可代，人工天不如"的艺术意境。雕者执刀有力，运刀自如，刀随意动，意指刀达，刀中有笔，相得益彰，体现了刀法与艺术一致，内容与风格统一的手法。

四雕艺术有别于绘画艺术，其表现形式要求以刀代笔，立足于一个"雕"字。因此工匠在立意构思上，要对造型构图方法、技巧以及视觉效果等做全盘考虑。

徽雕艺人不但具有浓厚的传统技艺功底,而且具有一定的模式化造型,一般先审材度势,大处着眼,即确定好雕刻对象的位置、比例、上下关系,同时还要考虑好某处应用某种技法,如对称、呼应、疏密、虚实、明暗,刚柔以及立体感、空间感、节奏感、韵律感等技巧和形式美的规律,都要有所权衡,做到胸有成竹。

然后再分层次运刀,遂将整体的构图化为简略而又不失局部细致入微的刻画。

采用的主要表现手法是浅浮雕、高浮雕、透雕、圆雕、镂空雕和线刻等。雕刻精巧高超,或纤细,或粗犷,或严谨,或奔放。

徽州木雕装饰主要体现在内部建筑的重点部位上,如主梁、构架、斗拱、雀替、门、窗、扇板、栏板,以及家具装饰上。

明代的木雕装饰整洁明快,线条古拙奔放,图案多呈菱形、方格形、回文形等几何形状。而清代的木雕雕工精细、考究,雕镂的层次更多。

始建于宋代,在明代嘉靖年间大修过的绩溪县龙川胡氏宗祠的木刻花雕采用浮雕、镂空雕和线刻相结合的手法,除了梁勾、梁托和门楼的雕龙

■ 徽州木雕

画凤、历史戏文之外，整个落地门窗的木雕布局有"荷花、花瓶、百鹿"3种图案。

千姿百态、亭亭玉立的各种荷花随风招展；悠悠漫步、回眸引侣、幼鹿吮乳、母鹿抚舔等各种形态的梅花鹿在自如生活；各种形状、千刀细刻、精致美观的花瓶，犹如仙境般的雕版令人陶醉。

荷花图意味着"和为贵"，教育后人清清白白做人做事；百鹿图意在祝愿祖祖辈辈延年益寿；花瓶图象征着世世代代平安的生活憧憬。

黟县宏村承志堂的木雕饰件是中晚清时期作品的代表，特别是厅堂梁枋上的木雕极为精细，枋中心有一组群雕，梁两头有弯月曲线。主枋上一幅"百子图"，形象生动，形态逼真。

构图之精巧，造型之优美，表意之深刻，堪称木雕中的珍品。西厢房的"八骏图"、东厢房的"十鹿图"，均采用突起式浮雕，人物众多，或弈棋，或吟诗，或踏青，或细语，神态各一，细腻逼真。

许多图案都是在三四厘米厚的木板上雕刻出六七个层次，其技艺令人惊叹。

徽州石雕主要用在外部门罩、大门口装饰上，以及漏窗、天井、庭院的石桌、石凳、梁柱的柱石等，

■ 徽州木雕

斗拱 中国古代建筑上特有的构件，是由方形的斗、升、拱、翘、昂组成。位于柱子顶部、额枋和屋顶之间的立柱与梁架的接合处。斗拱除造型变化的装饰作用外，其各个部位的龙、凤、象首形砖雕非常有特色。

漏窗 俗称"花墙头""花墙洞""漏花窗""花窗"，是一种满格的装饰性透空窗，外观为不封闭的空窗。漏窗是中国园林中独特的建筑形式，也是构成园林景观的一种建筑艺术处理工艺，通常作为园林墙上的装饰小品，多在走廊上成排出现。

■ 徽州石雕

如抱鼓石、石狮以及石窗、石栏杆、门额等。

由于黟县西递产的"黟县青"大理石，质地坚韧，纹理细腻，富有光泽，成为雕琢石雕作品的优良材料。

石雕题材造型丰富多样，果木、动物、云彩、花叶，不一而足。石雕图案多有"喜鹊登梅""岁寒三友"等。

徽州石雕在雕刻风格上，浮雕以浅层透雕与平面雕为主，圆雕整合趋势明显，刀法融精致于古朴大方，没有清代木雕与砖雕那样细腻烦琐。

有一对保存完好的黟县青大理石石雕宝瓶，其瓶身所饰山水云雾的花纹图案，采用了浮雕与镂空雕刻相结合的手法，令人叹为鬼斧神工。

西递村西园中有一对漏窗，左为松石图案，奇松从嶙峋怪石上斜向伸出，造型刚劲凝重；右为竹梅图

案，弯竹顶劲风，古梅枝婆娑，造型婀娜多姿，刀工精美至极，堪称石雕艺术精品。

徽州砖雕多用于装饰门罩，贴墙牌坊、屋脊上的"人"字封檐、庭院漏明窗以及隐壁、照壁上。在宽不盈尺、厚不及寸的幅面上，或奇花瑞兽，或人物山水，或楼台亭阁，各臻其妙。

明代的砖雕图案简洁，以平雕、浮雕为主，风格粗犷朴素。清代砖雕风格渐趋细腻繁复，注重情节和构图，透雕层次加深。在见方尺余、厚不及寸的砖坯上雕出情节复杂、多层镂空的画面，从近景至远景，前后透视，层次分明，令人产生精妙无比的美感。

徽州古建筑十分看重门楼门罩的装饰，素有"千斤门楼四两屋"之称，门楼上的主要构件就是砖雕和石雕，尤以砖雕为多。

徽州砖雕的用料与制作极为考究。一般采用经特殊技艺烧制、掷地有声、色泽纯青的青砖为材料，先细磨成坯，在上面勾勒出画面的部位，凿出物象的深浅，确定画面的远近层次，然后再根据各个部位的轮廓进行精心刻画，局部"出细"，使事先设计好的图案一一凸显出来。

砖雕在歙县、黟县、婺源、休宁、屯溪诸地随处可见。古老民居、祠堂、庙宇等建筑物上镶嵌的砖雕，虽经岁月的磨砺，风雨的剥蚀，依然是玲珑剔透，耐人寻味。

砖雕取材则多选自民间传说、戏文故事，如"八仙过海""刘海戏金蟾""郭子仪拜寿"等，简单的则是八宝、双钱、瑞兽、香草等图案，体现了房屋主人祈求吉祥、丰收、富贵、长寿等美好寄托。

由于徽州建筑多为砖木石结构，竹楼极少，因此竹雕用于建筑物的装饰较为少见。竹雕主要用于摆设装饰，如常见的工艺品，包括屏风、告屏、挂屏、插花瓶、文具盒、牙签盒、烟灰盒、茶叶筒、帽筒、笔筒、筷筒、楹联、腕枕、餐具等，都饰以竹雕。

徽州竹雕一般以徽州盛产的毛竹为原料，以刀代笔，因材施艺，运用线刻、浅浮雕、深浮雕等工艺，雕出各种书画。这些作品，有名人的书法墨迹，有名胜古迹的山川风貌，有民间传说的神话故事，有珍禽异兽的千姿百态，题材极其广泛。

清代时，徽州竹雕无论在内容、形式、技术各方面都日趋丰富和完善，由于拼接工艺的发展，竹雕突破了大小的限制，使较大面积的竹雕成为可能，使竹雕器具的制作更加方便灵活。

有一把竹制茶壶为徽州竹雕的杰作。

此壶通身竹质，自底至盖，以及盖上的纽，均为竹子做成。壶上雕刻精细，显身为八面柱体形，面面有雕刻。其中四面为画，皆各类花草。三面为字，一写道"客到相待时"，二写道"茶来渴者多"，三写道"竹壶世间少"。

无论是字还是画，用刀均细腻，线条流畅。

此壶高11厘米，直径8.8厘米，口径4.5厘米。一壶配四杯，壶带杯，杯拥壶烘月托云，相得益彰，浑然一体。

徽州四雕的制作程序因材料、工具和技法的不同而有差异。

如砖雕的制作程序包括修砖、放样、打坯、出细、打磨、修补等，传统工具主要有木炭棒、凿、砖刨、撬、木槌、磨石、砂布、弓锯、棕刷、手钻等。

木雕的制作程序包括取料、放样、打粗坯、打中坯、打细坯、打磨、揩油上漆等环节，传统工具主要有小斧头、硬木锤、凿、雕刀、钢丝锯、磨石、砂布等。

石雕的制作程序包括石料加工、起稿、打荒、打糙、掏挖空当、打细等环节，传统工具主要有錾子、楔、扁錾、刻刀、锤、斧、剁斧、哈子、剁子、磨头等。

竹雕是将竹子从中剖开，形成两块半弧形竹片可以用来制作包柱

■ 徽州木雕

子的雕刻楹联，一般将字雕成阴文，填以石绿色料，悬于厅内，古色古香。有的还在半弧形竹片上雕成画面，用作建筑物的装饰部件，但多数是独立成画，雕刻较为精细。

竹雕有的用漆，有的保持竹质本色；即使用漆，一般也都用浅色，或用桐油涂于表面，既有光泽，又能透出竹质纤维的脉理，以达到清新淡雅的审美效果。

徽州木雕代表作为黟县的承志堂和木雕楼，尤其是承志堂里的雕梁木雕"百子闹元宵"。

石雕代表作为歙县的棠樾牌坊群和黟县西递的"松石""竹梅"姐妹石雕漏窗，尤其是姐妹石雕漏窗，左右各一，达到了"无字诗、画意对"艺术佳境。

砖雕代表作则为屯溪滨江长廊里的"五百里黄山图"大型砖雕，无论从入画景点之多、画幅面积之

抱鼓石 指位于宅门入口，形似圆鼓的两块人工雕琢的石制构件。因为它有一个犹如抱鼓的形态承托于石座之上，故此得名。抱鼓石民间称谓较多，如石鼓、门鼓、圆鼓子、石镖鼓、石镜等。是能标志屋主等级差别和身份地位的装饰艺术品。

大、透视层次之众和雕刻手法之全来看，都是登峰造极的绝世佳作。

徽州四雕的内容，主要为民间传说、戏文故事、花鸟瑞兽、龙狮马鹿、名胜风光、民情风俗、渔樵耕读、明暗八仙等。

其雕刻技法，一般多为浮雕、圆雕、透雕、镂空雕、正反雕等，或单一运用，或组合使用。取材构思上敢于突破创新，新颖别致。布局上则常用夸张手法，如"人大于山，马大于楼"，主题突出，形象饱满，可谓动静皆具逸韵，人物无不传神。

徽州四雕是古徽州人民聪明才智的艺术结晶，是博大精深的徽州文化的组成部分，是中国雕刻史上的奇迹，极具历史和文化价值。

特色鲜明的地域风情

阅读链接

黟县宏村承志堂位于宏村上水圳中段，建于1855年，是清代末期大盐商汪定贵的住宅。

整栋建筑为木结构，内部砖、石、木雕装饰富丽堂皇，总占地面积约2100平方米，建筑面积3000余平方米，是一幢保存完整的大型民居建筑。全宅有9个天井，大小房间60间，136根木柱，大小门窗60个。全屋分内院、外院、前堂、后堂、东厢、西厢、书房厅、鱼塘厅、厨房、马厩等。

承志堂气势恢宏，不同凡响，堪称建筑中的佳作，尤其是其中的木雕，大多层次繁复，人物众多，并且木雕表面均涂有金粉，使其看上去富丽堂皇，所以，宏村承志堂被誉为"民间故宫"。

贾而好儒的徽商文化

　　徽商文化是徽州文化最重要的组成部分，徽商文化历史悠久，徽州人在长期的经商过程中，形成了优良的文化传统，他们身上所体现出的儒家色彩，凝固成商界的特色形象，一直为人们所铭记。

徽商馆建筑

■徽商大宅院

　　徽商又称"新安商人""徽州商人""徽帮"。徽人经商，源远流长。早在东晋时就有新安商人活动的记载，以后代代有发展，在明代时形成商帮集团，在清代达到鼎盛。

　　徽州自古以来，山多田少，土地瘠薄，农业上的收入不足以自给，这种生存条件的不足使徽州人想到了经商。另外，徽州地区有丰富的山货、茶叶等土特产资源，一定程度上也刺激了他们出去经商的想法。还有一点十分重要，那就是徽州人敢于冲破世俗偏见，才使许多徽民变为徽商。

　　徽商经商以盐、典当、茶木最为著名，其次为米、谷、棉布、丝绸、纸、墨、瓷器等。其中婺源人多茶商、木商，歙县人多盐商，绩溪人多菜馆业，休宁人多典当商，祁门、黟县人以经营布匹、杂货为多。

　　徽商经营多取批发和长途贩运。他们把货物贩运到大江南北、黄河两岸，以至日本、东南亚各国和葡萄牙，可以说行贾四方。

明代，盐的产量不高，盐成为最紧俏的商品。徽商中经营盐业的人很多，逐渐形成较大的规模。当时在扬州的徽州盐商，或为场商，专向灶户收购食盐，或为运商，专门向外销售，可以说各有其生财之道。休宁人汪福光在江淮之间从事贩盐，拥有船只千艘。湖广是淮盐畅销口岸，所销之盐占淮盐的一半以上。

清代乾隆年间，徽州盐商的总资本可抵得上全国一年财政的总收入，扬州从事盐业的徽商资本有四五千万两银子，而清代最鼎盛时的国库存银不过约7000万两。

徽商通过盐业生意，完成了资本的原始积累，其活动范围东抵淮南，西达滇、黔、关、陇，北至幽燕、辽东，南至闽、粤。

典当业古来有之，与其他行业相比风险小，获利稳，因此徽商继盐业后大举进入典当业。

史书记载说：金陵当铺有500多家，大部分为徽商所有。后来徽商把典当行设到乡村小镇，至此社会上又流传起"无典不徽"的说法。

就连典当行的掌柜称为"朝奉"，也源自徽商俗语。徽州方言成了当铺的通用行话。《古今小说》《拍案惊奇》等明清时期小说所反映的相关内容也多取材于徽籍典商。

棉布也是徽商做生意的范围。徽州布商的足迹遍及苏浙盛

徽商文化雕塑

■ 徽州花布

字号 是指过去的
人除了名以外的
另外称呼或一家
商铺的名称。中
国古代人在名字
之外的自称，简
称号。别号多为
自己所起，也有
他人所起。在古
人称谓中，别号
亦常作为称呼之
用。商业店铺都
有自己的字号，
如同每个人都有
一个名字一样。
店铺字号不仅起
着标识作用，也
体现着店铺主人
的文化素质和经
营素质。

产棉布的大小城镇。明代末期嘉定县钱门塘丁娘子织的布匹质地特别精良，有个徽商在她住的胡同中租赁屋子居住，专门收购这种布行销各地。

钱门塘附近的外冈等镇都纷纷仿效丁娘子的织法，所织之布都被称为"钱门塘布"，钱门塘布成了徽商手中的畅销货。

清代时，徽商一般都集中苏州市镇附近开设布庄。在那些并不产棉而棉织业又很发达的地方，徽商还设立以棉花换取棉布的行当，叫作"花布行"。

为了营造自己的品牌，徽商都在自己加工的色布布头上标明本字号的专用图记。清代康熙年间，徽商汪某在苏州开设"益美"字号声誉大起，一年中售布达百万匹。自此以后的200多年间，各地都把益美的色布奉为名牌。

徽商还是最活跃的棉布贩运商，清代康熙时，徽商在北京前门外开的"日成祥"布店生意就十分兴隆。

米商也是徽商的重要一支。明代中叶以后，素称"鱼米之乡"的苏浙由于城市发展人口增加，粮食反而不能自给，于是徽人便迅速扩大经营，成为吴楚之间从事粮食贸易的主要商帮。史载，乾隆年间，徽州休宁人吴鹏翔贩运四川米沿江东下，正好碰上湖北汉阳发生灾荒，他一下抛售川米数万石，由此可见贩运的规模。

徽州山区盛产名茶，尤其是休宁、歙县所产的松罗茶最好。于是茶叶贸易逐渐成为徽商经营的主要行业之一。清代乾隆年间，徽州人在北京开设的茶行有7家，茶商字号共160多家，小茶店达数千家。在汉口、九江、苏州、上海等长江流域的城市，几乎到处都有徽州茶商的活动。

徽商除了从事多种商业和贩运行业外，还直接办产业。休宁商人朱云沾在福建开采铁矿，歙县商人阮弼在芜湖开设染纸厂，他们边生产边贩卖，集工商于一身。

徽商在经营中注重市场行情，实行灵活经营。有一业主为兼营他业的，有根据不同行情、季节变换经营项目的。

徽商经商非常注重诚实守信和儒雅风范。据史籍记载，徽商经营之域，"诡而海岛，罕而沙漠，足迹几半禹内"，其地无所不至。徽州六县在宋元明清时期，历代致富商人至少有近千人，其中，拥资金百万的巨贾富商有230人之多。

徽州米铺

徽州古典桥梁

尤其是在明清时期的江浙一带，商品经济较为发达，徽商云集，势力强盛，故有"盖扬之盛，实徽商开之"的说法。

在湖北汉口，徽商不但建有豪华的同乡会馆，而且还在江滨建设有新安码头，专供徽商停泊船只之用。徽商之所以能在天南地北开创出这样繁荣的局面，就是因为他们有着诚实守信的良好商业准则。

徽商在经营活动中，讲究商业道德，主张诚信为本，坚守见利思义，以义取利，"不效世用一切狙诈术"，不以"功利为急"。

明代时，徽商胡仁之在江西南丰做粮食生意，即使在天灾大饥之年"斗米千钱"的情况下，也绝不在粮谷中掺杂兑假坑害百姓。清代时，徽商胡余德发现胡开文墨店有一批墨锭质量上有些瑕疵，他立即指令所属各店铺停止制售此批墨锭，并将流向市场的部分高价收回，倒入池塘予以销毁。

在任用经商人选上，徽商坚持任用那些熟读四书五经的儒雅之士，并且注意培养他们学习思考的习惯、吃苦耐劳的精神和坚韧不拔的意志。"勤苦、诚实、谦和、忍耐、变通、俭朴、有主见、不忘本、知义理"是他们的选人思想和用人标准。

徽商在经营活动中,非常注重和儒家文化结合起来,正所谓"贾而好儒",诚信经营、货真价实、以礼待客、以义取利等都是"贾而好儒"的体现。徽商"贾而好儒"还表现在对教育的大力投入方面,不少徽商毫不吝惜地输金捐银,资助建书院兴私塾办义学,以"振兴文教"。

此外,徽商以"贾者力生,儒者力学"为基点,竭力发挥"贾为厚利,儒为名高"的社会功能,将两者很好地结合,互相为用,张贾以获利,张儒以求名。

徽商在处理内部或者外部的商业问题时,有一个专门的组织叫"徽商会馆"。会馆经费由会馆所在地徽商提供。最早的徽商会馆为北京歙县会馆,建于1560年,由旅京徽商杨忠、鲍恩创建。湖北汉口新安会馆,从置产业到扩充道路、开辟码头,渐渐形成一条新安街。苏州吴江县盛泽镇徽宁会馆建了20多年,有房产、田产和供装卸货物用的驳岸,规模宏大。

■徽州牌坊

在徽商的乡族观念中包含着约定俗成的道德观念和带有强制性的宗族族规，这些使徽商彼此之间有着很强烈的患难与共意识。这种意识客观上成为徽商之间互帮互助、以众帮众、相互提携的基础。

遍布各地的徽州会馆的建立，也突出体现了徽商的这种意识和精神，从而大大地强化了徽州商帮内部的凝聚力，提高了市场竞争力。

徽商经商致富不忘本，很多徽商获利致富后回到家乡，兴办社会公益事业、慈善事业。徽商还非常具有爱国情怀，在明代中叶的抗倭斗争中，他们或者捐资筑城，募勇抗倭，或者出谋划策，领导抗倭，或者弃商从戎。

徽商在古老的徽州大地上，上演了一幕幕艰苦创业、生生不息、相互依存、相互促进、共同繁荣的历史剧，给世人留下了宝贵的物质和精神财富。徽州文化也由此成为中国乃至世界的骄傲。

特色鲜明的地域风情

阅读链接

谢裕大茶行创于1875年，是古徽州六大茶庄之首。谢裕大茶行的创始人叫谢正安。

当年，为了进军上海，他亲自带领家人到充头源茶园选采肥壮芽茶原料，经过精心的制作，形成别具风格的新茶。

由于"白毫披身，芽尖似峰"，又因产自黄山，故命名为"黄山毛峰"。因数量极少，质量好，运到上海新挂牌的谢裕大茶行，便轰动了整个上海滩，成为各界名流竞相追逐的珍品，上海漕溪路，就是因谢裕大茶行的原址在此而命名的。

之后，谢裕大茶行迅速走向全国，"黄山毛峰"也开始成为极品好茶的代表之一。谢裕大茶行也因此被世人称为"黄山毛峰第一家"。

湘西历史悠久，土家、苗、汉各族儿女在大山的怀抱里叩石垦壤，艰辛生存。他们用汗水、热血浇灌着崇山峻岭，书写着传奇历史，酿造着奇异的民俗风情。

在漫长的岁月里，各个民族由于历史沿革、居住地域、生产方式和宗教信仰等不同，孕育了丰富多彩的民族风情。土家族的摆手舞、刺绣、苗家蜡染堪称一绝。

百花齐放

淳朴湖湘

原始古朴的凤凰蜡染

湘西凤凰县居住着苗族与土家族人民，这里的蜡染有着悠久的历史，其时间甚至可追溯到上古时代，艺术成品自古以来都享有盛名。

蜡染，古称"蜡缬"，与绞缬即扎染、夹缬即镂空印花并称为中国古代"三大印花技艺"。蜡缬，简单地说就是用蜡把花纹点绘在麻、丝、棉、毛等织物上，然后放入染料缸中浸染，有蜡的地方染不上颜色，除去蜡即现出美丽的花纹，这就是蜡染。

■苗族蜡染

中国的染织工艺早在西周时期就得到较大的发展。根据《礼记》等文献记载，织物的染色当时设有一种叫"染人"的专官主管，湘西古属楚国，还设有专门主持生产靛蓝

■ 苗族蜡染

的"蓝尹"工官，足见当时的丝织、染色工艺已颇具规模。

凤凰蜡染原始古朴，分为两大流派：一为土家族蜡染印花布；一为苗族蜡染土布。

土家族蜡染印花注重配色纯净，讲究立意构图，成形的布料呈花异彩流布，幅面艺术风格特异纯美，突出的工艺特点为热色。

凤凰土家族蜡染印花布的制成，是把镂雕成各种空白花孔图形的软木板或硬纸板模具铺放在白布上，把蜡汁溶液灌入花模空白处，待干后，采用当地自然生长的一种染汁液含量较高的植物制成染液进行浸染，除去染蜡后，即可显现出蓝白相间的花纹图案。

苗族蜡染土布注重染色纯，不讲究华美雕饰，给人一种自然纯净的艺术感，突出的工艺特点为冷色。

蜡染土布的做法是直接用蜡汁溶液在土布上画出所需图案或写出字体，然后放入染液缸冷浸染色、氧

《礼记》又名"小戴礼记"主要记载了先秦的礼制，体现了先秦儒家的哲学思想（如天道观、宇宙观、人生观）、教育思想（如个人修身、教育制度、教学方法、学校管理）、政治思想（如以教化政、大同社会、礼制与刑律）、美学思想（如物动心感说、礼乐中和说），是研究先秦社会的重要资料，是一部儒家思想的资料汇编。

■ 苗族蜡染

化、高温脱蜡、晾干即成。

凤凰蜡染自然形成的两大流派工艺色彩各异，但共同的特点是纯朴典雅，立意清晰，其成因主要在于表现地域习俗的差异和人民群众生活意愿的取向。

苗族的蜡染有着悠久的历史。早在秦汉时代，苗族的先民就已经掌握了蜡染技术，"用蜡绘花于布而染之，既去蜡，则花纹如绘"，这种蜡染布曾被称为"阑干斑布"。

宋代时，凤凰的蜡染"点蜡幔"已很盛行。明清时代，大多将蜡染成品用作衣饰或用作床单、枕巾等。

在湘西很多地方，都流行有《蜡染歌》，叙述蜡染的起源：

古时候，有一个聪明美丽的苗族姑娘，她并不满足于衣服的单一色彩，总希望能在裙子上染出各种各样的花卉图案来，可是一件一件的手工绘制实在太麻烦，但她又想不出好办法来，终日为此闷闷不乐。

阑干 方言，指镶在衣服上的花边。在清代光绪中叶，川湘女人服装是上衣下裙。上衣除青缎驼肩、绣花颜色缎挽袖外，还要通身缘一道缎锦辫子，这辫子便叫阑干。另外，阑干也有"纵横散乱貌"之意。

一天，姑娘又看着一簇簇一丛丛的鲜花久久发愣，办法没想出来却在沉思中昏昏入睡。

蒙眬中有一个衣着漂亮的百花仙子把她带到了一个百花园中，园里有无数的奇花异草，鸟语花香、蝶舞蜂忙。姑娘在花园中看呀看呀，看得入了迷，连蜜蜂爬满了她的衣裙也浑然不知。

等她醒来一看，才知道刚才睡着了，可是低头再看：花丛中的蜜蜂真的刚刚飞走，而且在她的衣裙上留下了斑斑点点的蜜汁和蜂蜡，很不好看。她只好把衣裙拿到存放着靛蓝的染桶中，想重新把衣裙染一次，试图覆盖掉蜡迹。染完之后，又拿到沸水中去漂清浮色。

当姑娘从沸水中取出衣裙的时候，奇迹出现了：深蓝色的衣裙上被蜂蜡沾过的地方出现了美丽的白花。

姑娘心头一动，立即找来蜂蜡，加热熬化后用树枝在白布上画出了蜡花图案，然后放到靛蓝染液中去染色，最后用沸水熔掉蜂蜡，布面上就现出了各种各样的白花，染缸中居然染出了印花布，姑娘高兴得唱起了山歌。

人们听到了姑娘的歌声，纷纷来到她家，听她讲百花园里的梦境、观看她染出的花裙、学习她描花绘图的技艺，大家回到自己家里之后，照着姑娘教给的方法，也都染出了花样繁多的花布。从此，蜡染技术就在苗族村寨之

精美生动的苗族蜡染

间流传开来了。

凤凰苗族蜡染成品大部分都是深蓝底色现白花，纹样光洁清晰，古朴而典雅，展现着苗族人丰富多彩的民族文化和民间美术技艺。

凤凰蜡染种类有凸染和手染两种。凸染是将图案投影在木板上，按照投影雕刻正反两块模板，把布置于两个模板之间，向模板中灌入特制的染料，染好后晾干即可；手染是把刻好的模板压在铺平的布面上，然后用特制的刷子浸染料刷，待干后揭开即可。

蜡染花布可用来做壁挂、被面、桌罩、服装等。一幅完美的蜡染，从用蜡水画图，到反复上蜡染出不同的颜色，再到最后晾干做成成品，工序复杂，花色独特，具有浓郁的民族风格。

凤凰人喜欢用这种蜡染印花布，蜡染的灵魂是"冰纹"，这是一种因蜡块折叠进裂而导致染料不均匀渗透所造成的染纹，是一种带有抽象色彩的图案纹理。凤凰蜡染有点蜡和画蜡两种技艺。蜡染的制作工具主要有铜刀蜡笔、瓷碗、水盆、大针、骨针、谷草、染缸等。

苗族麻质蜡染长衣

制作时，先用草木灰滤水浸泡土布，脱去纤维中的脂质，使之易于点蜡和上色。然后把适量的黄蜡放在小瓷碗里，将瓷碗置于热木灰上，黄蜡受热熔化成液体后，即可用蜡刀蘸蜡汁点画于布上。

凤凰蜡染不打样，只凭构思绘画，也不用直尺和圆规，所画的中行线和方圆图形，折叠起来能吻合不差；所绘花鸟虫鱼，惟妙惟肖。

点好蜡花的布再用温水浸湿，放入已发好的蓝靛染缸，反复浸泡多次，确认布料已经染好，可到河边漂洗，让清水冲去浮色，再放锅里清水煮沸，使蜡熔化浮在水面上。蜡熔化后即现出白色花纹。之后，再将蜡染反复漂洗，使残留的蜡脱净，即算完工。

苗族用流传几千年的密法手工扎染、蜡染制成，有立领、圆领、盘扣领等蜡染服装与各种款式相结合，具有时尚风格。它是纯天然染料染制，无副作用，并对皮肤具有消炎保健作用，是最好的环保健康产品。

凤凰蜡染品种主要有壁挂系列、蜡染字画、蜡染台布、蜡染信插、蜡染服装、蜡染围巾、蜡染工艺包等民族蜡染和民族娃娃系列。

苗族彩色蜡染围腰

阅读链接

凤凰县土家族、苗族妇女以蜡染为衣裙装饰的极为普遍。其中大多数同时以蜡染、挑花、刺绣为饰，在每套衣裙中，三者常固定于衣裙的某个部位，不能擅自挪动位置。

花纹多是世代相传，变化不大。有的花纹是属于纪念性的，传授多代，不能舍弃或更改。综合各地的花纹式样，常见的有半月、粗勾、长直线、不规则的小方格、太阳光芒、小圆点、粗条大圆圈等，具有古朴、浑厚、单纯、粗犷的风格。

多染作黑或深蓝底，浅蓝或白花，套染彩色的不多。凤凰蜡染历史悠久，源远流长，其独特的民族风格和浓郁的地方色彩充满艺术的魅力，远销日本、香港等地，享誉中外，有很高的收藏价值和艺术欣赏价值。

丰富多彩的湘西苗族锉花

在湘西的武陵山区，苗族妇女用心灵和锉刀创造出具有湘西特色的剪纸品种锉花艺术，从本质上看，也是一种剪纸艺术，但是它和一般的汉族剪纸有着很大的区别。

苗族锉花以独特的制作工艺，从而锉出了具有民族特色的纹样，传承着苗族悠久的历史和丰富多彩的文化。

苗语称剪纸花样为"本"，剪纸称为"锉本"。分别用作衣裤花边、围裙、鞋花、帐檐花、枕头花等处的刺绣底样。

湘西苗族锉花按其实用性可分为服饰类纹样和日常物品类纹样两大类。

服饰类纹样以女服纹样最为丰富，锉花制作精致，图案丰富，因用处不同，有数十种不同的形状和不同的图案。主要有以下几种。

衣花边：包括衣袖边和衣襟边，呈长条状，图案多为花鸟组合和蝴蝶组合连续纹样，图案简洁明快，线条流畅。

围裙花：围裙花样图案最繁富，外形呈倒挂金钟形或呈扇形，制

作精细，图案多为荷花、牡丹、蝴蝶等单独纹样和动物、花鸟组合纹样，构图饱满，线条圆润。

鞋花：鞋花篇幅不大，分鞋头花、鞋帮花和鞋垫花三类，图案多为花草、鸟雀等纹样，图案简洁明快，活泼单纯。

苗族男子大多在外从事体力劳作，服装宽松简单，只是在衣袖裤脚边绣一圈简单的花边，图案简单。一些特殊男服，如苗老司作法穿的法衣，戴的五佛冠，傩戏演出的角色服装就比较复杂。

童服纹样包括帽花、口水围脖、背篼等。帽花外形分狗头、虎头两种，图案有龙、凤等纹样。口水围脖围在儿童下巴，防止幼儿口水弄脏衣物，依势造型呈圆形或半环形，内环为圆形，外环为波浪形。

图案多为花鸟组合。背篼是母亲用来背小孩儿的，花样呈倒三角形，图案多为"龙凤呈祥""二龙戏珠""凤穿牡丹"等吉祥图案。

湘西苗族的日常物品刺绣多在新婚前制成，以表现新娘的聪明才智和手工之巧。最繁杂的是帐檐花，长约2.4米，高约0.6米，下缀流苏。图案对称，排列分层，题材广泛，工艺精湛。图案多为"龙凤呈祥""二龙戏珠""狮子滚绣球"等。

■ 湘西锉花

特色鲜明的地域风情

连生贵子 传统吉祥图案之一，又称"莲笙贵子"，图案由莲花、桂花，也有以莲花、笙和儿童组成。莲与"连"，桂与"贵"、笙与"生"同音。早在唐代铜官窑瓷器的纹饰中，就可以见到"连生贵子"的吉祥图案。莲蓬寓意连生，而桂花则寓意贵子。

其次是枕头花，也是成双成对，图案为"鸳鸯戏水""连生贵子"等，形象生动。

另外还有荷包花、帐檐飘带花等。荷包花小巧别致，图案多为寄托爱情的"蝶恋花"母题。花带纹样以几何样及花草动物变形图案为主，多为连续图案。

另有一种独特的"弥埋"图案，由山峦变形的飞马图案、马蹄图案和山水纹样构成。

由于锉花花样的实用不同和追求的寓意差异，湘西苗族锉花纹样概括起来有六种代表类型。

首先是龙凤纹样。湘西苗族锉花中的龙凤形象及寓意与中原文化中汉族的龙凤象征不尽相同。汉族的龙占据至高无上的特别尊位，成为皇权、天命、专制的象征。汉族的龙，腾云驾雾、张牙舞爪、一股霸气。

而苗语称龙是护家之神。苗族在居室的堂屋正中地上均设"龙穴"。每年春天举行隆重的"接龙""迎龙"仪式，将龙从村中水井请迎回家。

在独特的文化环境和地理环境中，苗族巧手借鉴汉族龙的形象，并与苗族文化相结合，将其本土化，塑造许多变形龙形象，从中可以看出苗族先民原始思维的特征以及纯朴稚拙的乡土艺术风格。

凤凰喻为"神鸟"，是鸟中之王，体态纷繁多姿。苗族锉花中的凤凰主要继承了汉族凤凰的造型并有一定程度的变形，有的与人组合，有的与植物组合，如"凤穿牡丹""仙人骑凤"等。

湘西锉花龙图案多用于帐檐等日常器物图案中，凤图案多用在女子服饰中，如衣袖花边、围裙上。

龙为男性阳刚之象征，而凤为女性阴柔之象征，因此，"龙凤呈祥""翔凤双喜"等这一类吉祥图案多出现在新婚夫妇的帐檐上，寓意白头偕老，永结同心。

苗族认为狮为吉祥之兽，可以辟邪。汉文化中，狮为百兽之王，被借以象征人的权势和富贵。湘西苗族的狮子纹样虽受汉族狮的影响，但造型有其独创性，基本形态大不相同，狮的外观造型古朴别致。

苗族人每年过年后的正月都要举行"玩年抢狮"和"百狮会"的大型活

凤穿牡丹 中国古代传说中，凤为鸟中之王；牡丹为花中之王，寓意富贵。丹、凤结合，象征着美好、光明和幸福。民间常把以凤凰、牡丹为主题的纹样，称为"凤穿牡丹""凤喜牡丹"及"牡丹引凤"等，视为祥瑞、美好、富贵的象征。

■ 湘西锉花

苗族锉花

动，表演狮舞、登高等节目。

苗族锉花"双狮抢绣球"造型生动形象又有变化，改变传统双狮的相向对称特征。前面一头雄狮回首，高昂的头，长而卷的颈毛显出一派霸气；后面一头雌狮，昂首阔步，生气十足。

另外，狮的造型也新颖别致，有的是龙首狮身的合体，有的是狮与花果的组合。狮子纹样除了帐檐花样中使用较多外，也广泛应用于服饰、建筑、家具、器物等装饰中。

蝴蝶是苗族图腾崇拜的物象。蝴蝶妈妈是苗族的始祖，也是苗族的保护神，因而蝴蝶又成为吉祥、幸福的象征。

苗族《绺巾曲》中有"杀猪扫村寨，祭祖祭蝶妈"之句。长期以来，蝴蝶就是苗族群体无意识的始祖意象和图腾纹饰，它具有母题的原型意义。

在湘西苗族锉花纹样中，蝴蝶运用得最为普遍和广泛。有的蝴蝶纹样是蝴蝶与花朵、石榴、桃子的组合。正看是蝴蝶，倒看又变成了花朵和果实。

苗族蝴蝶纹样主要用在帐檐花、裤脚花、衣花边、鞋花、围裙等处，出现频率最高，成为最受欢迎的纹样之一。其中有的蝴蝶纹样甚至多达12处，灵动飞扬，极富神韵。

蝴蝶纹样在苗族服饰中除了具有不可替代的装饰功能外，它还是

特色鲜明的地域风情

苗族文化的重要组成部分，要关注神话传说，要讨论苗族的哲学思想，首先就会遇到家喻户晓的"蝴蝶妈妈"的故事。

苗族信奉"万物有灵"，崇拜自然，崇拜许多动物和植物，苗族人民认为不同物种因灵性的存在可以"互渗"。锉花纹样中，除了独立的花鸟组合外，还有很多"互渗"表现的花鸟组合纹样，常见的有"凤穿牡丹""鸟啄石榴"等。衣袖花边也有花鸟组合，如"白鹤采莲""大雁菊花""喜鹊飞梅"等。

鸟是祖先的象征和化身，还是一种原始的图腾标志，象征生殖崇拜。鸟也是引魂归宗的使者与向导。苗族民间流行的一种观念认为，一个人有72个魂魄，其中之一就是人死后变为鸟，并且生前如没有参加过"游方""射背牌""跳月"，即没有公开地谈过恋爱，就不能变鸟。

而鸟是指路带领人的魂魄通过阴间毛耸山，穿过层层地狱，走到祖宗发祥地的伴侣。鸟既和"游方"相联系，又与能否和祖先在一起相联系，把它绣绘在服饰上，自然就能起到标示自己是鸟的子孙，得到图腾祖先认同的作用。

能够变鸟，是亡者的最高荣誉。既然变鸟

登高节 是四川达州所独有的一个节日，每年的元月初九开始举办。登高节最先是纪念著名诗人元稹的，久而久之演变成为达州人民的地方节日。登高主要是登凤凰山为主，人们借此登高眺远，祭天祈福，期待一扫去岁颓势，迎来新年万事畅达。

223

■ 苗族锉花

的前提是必须谈情说爱，生育是鸟进入妇女体内的结果，那么鸟就具有了生殖的意象，成为生殖崇拜的反映。

动植物组合纹样图案中，动物多占主体地位，而植物大多作衬托。其代表花样有"狗脑帽花"，是童帽花样，表现了苗族盘瓠崇拜的遗留，图案是一只狗头。

复杂的组合纹样篇幅较大，多用于帐檐花。如"双猴摘桃"，意寓白头谐老，福寿与共；猫与兔组合，表明吉祥平安、和睦相处；"双鹊石榴"，象征子孙繁衍；"鸬鹚捕鱼"，既反映渔猎文化，又反映求子心理。因鱼多子，启迪着人们去幻想借助鱼的旺盛生殖功能，来提高和强化人的生殖能力，以期望子孙昌荣。

苗族剪纸图案有的从汉族传统的吉祥图案中传承变异而来，因此又保留着汉族文化的特色，如"龙凤呈祥""鲤鱼跳龙门"等。

动植物组合图案中，还有一个有趣现象，即以家禽、家畜入画，如牛、猪、鸡、狗、羊等，显得亲切、自然、活泼有趣。

阅读链接

除传统特定意义的物象外，苗族剪纸也有不少取材于传说故事或戏曲人物故事的，还有反映世俗生活的剪纸图案。

如"老鼠嫁女"，是根据故事进行造型组合，将众鼠拟人化，敲锣打鼓，场面热闹。根据神话人物创作的"仙女散花"，仙女婀娜多姿，表情生动，曲形的丝带更体现了飘逸的动感。

另有一些世俗生活的描绘，也活泼有趣，如儿童牧牛，悠然吹着牧笛，营造出欢快的气氛。另外还有"太极图"的运用及"八宝图案"的出现。有些花样如裤脚花上的"劳动"二字，是将花纹与汉字组合。

富有文化内涵的湘西吊脚楼

　　湘西吊脚楼，属于古代干栏式建筑的范畴，是山乡少数民族如苗、侗、壮、布依、土家等民族的传统民居样式。

　　这里的自然条件号称"天无三日晴，地无三尺平"，于是山区先民创造出了独特的"湘西吊脚楼"。

湘西吊脚楼

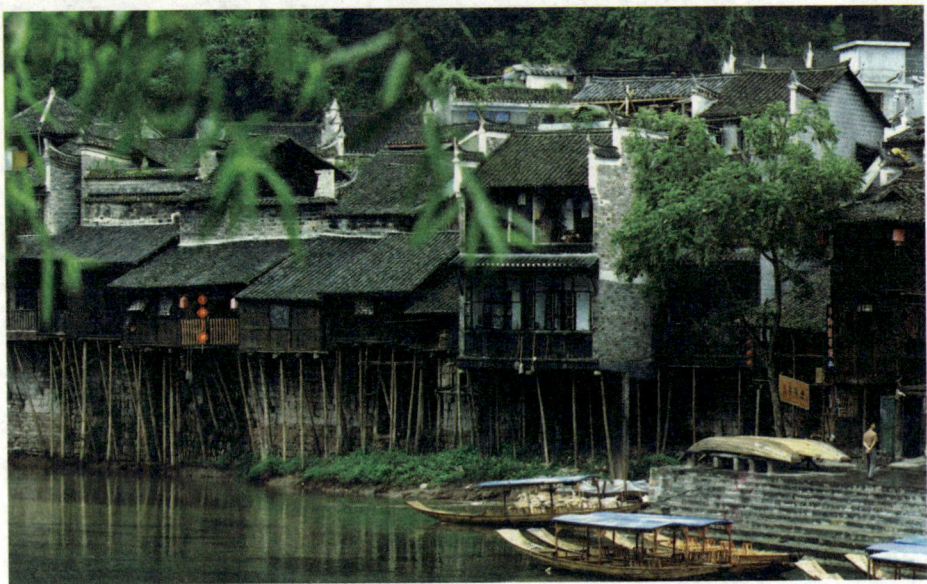

特色鲜明的地域风情

■ 湘西凤凰吊脚楼

干栏式建筑 也就是指"体量较大，下屋架空，上层铺木板做居住用的"一种房屋。这种建筑形式主要分布在南方，特别是长江流域地区以及山区。因这些地域多水多雨，空气和地层湿度大，由于干栏式建筑是底层架空，对防潮和通风极为有利。

关于吊脚楼的来历，在湘西土家族中有一个古老的传说：

很久以前，土家族人的祖先居住在山洞中或大树下，靠狩猎、捕鱼为生。天上张天王看见土家族人世代住在山洞和大树下，生活很苦，他要去东海龙王那里借一座殿宇来送给土家族人。

张天王到了东海龙宫，见到龙王就直说了。龙王心想：我的殿宇又大又重，量你也搬不动。于是就答应了。

张天王来到一座吊脚三柱二骑的殿宇前，用手轻轻一提，就把殿宇提起来了。龙王一见，后悔不该答应，只好勉强地说："用后还回来。"

张天王说："七天以后就会还回来的。"

张天王提着殿宇来到土家族山寨，叫土家族人用三根柱子落地，两根柱子悬空，仿造了一座三柱二骑湘西吊脚楼房。

七天过去了，龙王就来找张天王还殿宇。张天王说："你要，我还你。"提起殿宇顺手一丢，就把殿宇丢在一条河边，横搁在河的两岸。"你自己去搬吧！"龙王自知搬不动，只好气冲冲地回龙宫去了。

从此以后，每逢雨水季节，龙王都要发怒涨洪水，让水将河上的殿宇冲掉。人们在涨水季节也不能从殿宇中过河。于是人们又在桥下安上斩龙刀，龙再也不敢直闯殿宇楼房了，人们不但有房住了，来去过河也方便了。

湘西吊脚楼，既是土家先民长期同大自然斗争的结晶，又是坎坷命运的真实写照。土家吊脚楼的起源和发展大致可分为唐宋以前、唐宋至清末两个阶段。

唐宋以前，土家先民还处于半原始时期。生产靠刀耕火种，相当一部分还处于原始狩猎状态。其"住房"是由树枝树叶搭建的"三稳叉"，又名"窝屎

羁縻 即古代在少数民族地区设立特殊的行政单位，保持或基本保持少数民族原有的社会组织形式和管理机构，承认其酋长、首领在本民族和本地区中的政治统治地位，任用少数民族地方首领为地方官吏，除在政治上隶属于中央王朝、经济上有朝贡的义务外，其余一切事务均由少数民族首领自己管理。

227

百花齐放

淳朴湖湘

■湘西吊脚楼

■依山而建的湘西土家吊脚楼

棚"，遮风避雨功能很差，如遭遇豺狼虎豹的袭击，只能坐以待毙。

当时，他们与自然抗争的能力还很差，尤以野兽蛇蝎对他们构成的威胁最大。为了摆脱它们的威胁，土家先民便在深山老林中，用树的枝叶和藤条在大树腰上扎结为屋，上可以利用树叶遮风避雨，下可以脱离地面，以躲避野兽侵袭。

由于这种"房屋"悬在半空中，下面没有任何支撑，故名吊脚楼。

唐宋至清末，湘西实行羁縻州郡制和土司制度，土家族上层人士有机会与汉族人士接触，吸收了部分汉文化，其居住有所改善。

尤其是历代土司每年要向朝廷进贡，目睹了宫廷建筑艺术，加上当时制陶业的不断发展，生产少量的土砖土瓦已不算难事，于是，便有了斗拱飞檐、鳌翅雕花等房屋建筑。

但是，由于山区地势和低温潮湿的特定环境，干栏式湘西吊脚楼的结构并没有改变。其间，大多数土家族下层百姓也从树上搬到了地面，用油竹或树枝当木板，茅草当瓦片，形成了"千根柱头落地"的茅屋建筑风格。

湘西吊脚楼依山而建，用当地盛产的杉木，搭建成两层楼的木构架，柱子因坡就势长短不一地架立在坡上。房屋的下层不设隔墙，里面作为猪、牛的畜棚或者堆放农具和杂物。

吊脚楼上层住人，分客堂和卧室，四周向外伸出挑廊，可供主人在廊里做活儿和休息。廊柱大多不是落地的，便于廊下面的通行无碍，起支撑作用的主要是楼板层挑出的若干横梁，廊柱辅助支撑，使挑廊稳固地悬吊在半空。

依山的吊脚楼，上层通风、干燥、防潮，是居室。房屋规模一般人家为一栋四排扇三间屋或六排扇五间屋，中等人家五柱二骑、五柱四骑，大户人家则七柱四骑、四合天井大院。

四排扇三间屋结构者，中间为堂屋，左右两边称为饶间，做居住、做饭之用。饶间以中柱为界分为两半，前面做火塘，后面做卧室。

卧室外人一般不得入内。堂屋设有火塘，一家人就围着火塘吃饭，这里宽敞方便。由于有窗，所以明亮，光线充足通风也好，家人多在此做手工活和休息，也是接待客人的地方。

堂屋的另一侧有一道与其相连的宽宽的走廊，廊外设有半人高的栏杆，内有一大排长凳，家人常居于此休息，节日期间妈妈也是在此打扮女儿。

这些廊子的柱子有的不着地，以便人畜在下面通行，廊子重量完全靠挑出的木梁承受。湘西吊脚楼看起来美观，灵巧别致，凌空欲

湘西土家吊脚楼

■ 土家吊脚楼

万字纹 古代传统纹样之一。即"卐"字形纹饰，"卐"字为古代一种符咒，常被认为是太阳或火的象征，意为"吉祥之所集"，佛教认为它是释迦牟尼胸部所现的瑞相，有吉祥、万福和万寿之意，用"卐"字四端向外延伸，又可演化成各种锦纹，这种连锁花纹常用来寓意绵长不断和万福万寿不断头之意，也叫"万寿锦"。

飞；住起来舒适，干爽透气，通风采光；建筑艺术体现了"地不平我身平"的哲学思想。

湘西有的吊脚楼为三层建筑，除了屋顶盖瓦以外，上上下下全部用杉木建造。屋柱用大杉木凿眼，柱与柱之间用大小不一的杉木斜穿直接套连在一起，尽管不用一根铁钉也十分坚固。

房子四周还有吊楼，楼檐翘角上翻如展翅欲飞。房子四壁用杉木板开槽密镶，讲究的里里外外都涂上桐油，又干净又亮堂。第三层透风干燥，十分宽敞，除做居室外，还隔出小间用做储粮和存物。

湘西吊脚楼三面有走廊，悬出的木质栏杆上雕有万字纹、喜字格、亚字格、四方格等象征吉祥如意的图案。悬柱有八棱形、四方形，底端常雕绣球、金爪等各种形体。

湘西吊脚楼上下铺楼板，楼上开有窗户，通风向阳。窗棂刻有双凤朝阳、喜鹊登梅、狮子滚绣球以及牡丹、茶花、菊花等各种花草，古朴雅秀，既美观又实用，很有民族住房的特色。

湘西吊脚楼的形式多种多样，主要有以下几种：

单吊式，是最普遍的一种形式，有人称之为"一头吊"或"钥匙头"。它的特点是，只正屋一边的厢房伸出悬空，下面用木柱相撑。

双吊式，又称为"双头吊"或"撮箕口"，即在正房的两头皆有吊出的厢房。单吊式和双吊式并不以地域的不同而形成，主要看经济条件和家庭需要而定，单吊式和双吊式常常共处一地。

二屋吊式，这种形式是在单吊和双吊的基础上发展起来的，即在一般吊脚楼上再加一层。单吊双吊均适用。

平地起吊式，这种形式的吊脚楼也是在单吊的基础上发展起来的，单吊、双吊皆有。它的主要特征是，建在平坝中，按地形本不需要吊脚，却偏偏将厢房抬起，用木柱支撑。支撑用木柱所落地面和正屋地面平齐，使厢房高于正屋。

阅读链接

湘西吊脚楼有着丰厚的文化内涵，除具有民居建筑注重龙脉，依势而建和人神共处的神化现象外，还有着十分突出的空间宇宙化观念。

湘西吊脚楼不仅单方面处于宇宙自然的怀抱中，宇宙也同时处于宇宙自然的怀抱之中。这种容纳宇宙的空间观念在土家族上梁仪式歌中表现得十分明显："上一步，望宝梁，一轮太极在中央，一元行始呈瑞祥。上两步，喜洋洋，'乾坤'二字在两旁，日月成双永世享……"

这里的"乾坤""日月"代表着宇宙。从某种意义上来说，吊脚楼在其主观上与宇宙变得更接近，更亲密，从而使房屋、人与宇宙浑然一体，密不可分。

源远流长的土家族摆手舞

湘西土家族摆手舞是最具有土家族民族特色及古老风俗的舞蹈。摆手舞又名"舍巴""社巴"，产生在土家族祭祀仪式中，主要流传在湘西的龙山、永顺、保靖、古丈等县。

土家族摆手舞源远流长，据说由白虎舞、巴渝舞演变发展而来。

《华阳国志·巴志》记载：

土家族的摆手舞

巴师勇锐，歌舞以凌殷人。前徒仰戈，故世称之曰武王伐纣，前歌后舞也。

因此，武王伐纣中的歌舞，即巴舍巴渝舞，而白虎舞乃是巴渝舞的前身。摆手舞"甩同边手"的特点是出于对"龙行虎

■ 张家界土家风情园

步"的模拟，其基本动作是表现白虎的。

另外，杜佑《通典》所记载巴渝舞曲中的"矛渝""弩渝"，与摆手舞中的"披甲""列队""拉弓射箭"等军事舞蹈如出一辙，故推断摆手舞与巴渝舞同源异流，当起源于周代。

在民间有多种传说，大体是说彭公爵主率部征战，为振奋军威，激励士气，遂令部下以歌舞诱惑敌人，或以摆手唱歌驱赶思乡之情。战斗凯旋后，这种摆手舞就流传到了民间。

也有人说土家族人生性喜爱唱歌跳舞，摆手舞纯粹是土家人自我娱乐的一种艺术活动。

摆手舞整个活动以祭典舞蹈、唱歌等为表演形式，以讲述人类起源、民族迁徙、英雄事迹为内容。

祭礼仪式毕，由"梯玛"或掌坛师带领众人，进

巴渝舞 是古代巴人在同猛兽、部族斗争中发展起来的一种集体舞。武王伐纣的"牧野之战"，就是由巴人组成的龙贲军，执着梃仗，前歌后舞，"凌殷人倒戈"，从而取得胜利。

摆手堂或摆手坪跳摆手舞，唱摆手歌。

摆手歌在永顺、保靖等地有的称为"舍巴歌"，先由"梯玛"领唱，歌词主要由神话传说和过去的生产生活情景两个部分组成，随后群众和声相应。

古时候，土家族人作战前跳此舞以助长士气。摆手舞分单摆、双摆、大摆手、小摆手数种。跳摆手舞击大鼓、敲大锣，气势恢宏壮阔，动人心魄。舞蹈时，双手呈同边摆动，踢脚摆手，翩跹进退，成双成对，意境生动。

摆手舞不仅是民间一种娱乐和健身性质的体育活动，也是舞台上独树一帜的艺术奇葩，正是："摆手堂前艳会多，携手联袂缓行歌。鼓锣声杂喃喃语，袅袅余音嗬咭嗬。"

摆手舞带有浓烈的祭祀色彩，歌随舞而生，舞随歌而名。每年农历正月初三至十七，一村一寨的男女老幼齐集摆手堂或土王祠。

先由土老司手举扫帚，唱起扫邪歌，然后摆手队伍举着龙凤大

特色鲜明的地域风情

湘西土家摆手舞

■ 湘西歌舞表演

旗，打着镏子、围鼓，吹着牛角、土号、唢呐，燃放三眼炮和鞭炮，身着"西兰卡普"，头包花巾，扛着神棍，在一声"喂嗬"中入场，翩翩起舞，热闹非凡。

摆手舞主要分大摆手、小摆手。大摆手三五年一次，有数县上万人参加，历时达七八天。

舞蹈中有复杂的军事狩猎内容，还摆出套路阵法。小摆手则本村本寨，每年举行，以农耕为内容。舞蹈时人们围成多层圆圈，一个领舞，众人随跳，即兴性很强。

大摆手必须在摆手堂进行，规模大，时间长。一般从正月初九开始至正月十五结束。摆手队伍一般以村寨为单位，参加者众多。

表演的具体内容主要有闯堂进驾、开天辟地、人类起源、迁徙定居、耕作劳动、自卫抗敌、扫堂关

唢呐 是历史悠久、流行广泛、技巧丰富、表现力较强的中国民间吹管乐器。发音开朗豪放，高亢嘹亮，刚中有柔，柔中有刚，深受广大人民喜爱和欢迎的民族乐器之一，广泛应用于民间的婚、丧、嫁、娶、礼、乐、典、祭及秧歌会等仪式伴奏。中国有20多个民族流行唢呐，流行地区不同，其称呼也各不相同。

薅草锣鼓 又名"打闹歌"，俗称"打闹"，土家族人在用锄头给地里的庄稼除草季节，聚集数十乃至数百人在进行集体劳动时，请两名歌手一个击鼓，一个敲锣，面对薅草的众人，随着锣鼓声的起起落落而吼唱，是一种独特的民族民歌艺术形式。

架等八部分。穿插打镏子、唱山歌、吹冬冬喹、打花鼓、唱薅草锣鼓歌，表现土家族先民跋山涉水、迁徙繁衍、农事活动、日常生活、战争场面等。

小摆手规模较小，时间较短，正月初九至十一在各村寨所在的土王祠举行。其内容为祭彭公爵王、打蚊子、牛打架、塞冰口、挖地、下种、插秧、除草、收割，表示劳动丰收的喜悦欢乐之情。

摆手舞有独唱、领唱众和、众人齐唱等形式，曲调随舞的内容而变换。

有的地方在摆手堂前还设有土王庙，庙前的坪场非常空旷，并且场中栽有杉树，树上挂着彩灯，土家人围着杉树跳舞。有的地方则在田边地角跳舞。

土家族把这种摆手舞变为与农事活动相结合的"打闹歌""薅草歌"和"薅草锣鼓"。表演粗犷而风趣，或两人对唱，边唱边跳，活泼洒脱；或几人领唱，众人和声齐舞，热闹非常。

■ 湘西土家族摆手舞

湘西土家风情表演

　　还有一些地方在庙前场坪中央挂上锣鼓，一人敲打，摆手人踩着鼓点或单摆，或双摆，或回旋摆，套数多，内容丰富。

　　有的地方白天晚上都跳，有的则跳三五夜，或十多夜的。这种舞蹈健康优美，生活气息浓厚，有广泛的群众性。

　　摆手场上插着许多幡旗，人们手举用红、蓝、白、黄4种色绸料制成的龙凤旗队，身披"西兰卡普"，捧着贴有"福"字的酒罐；担五谷、担猎物、端粑粑、挑团馓、提豆腐；手持齐眉棍、神刀、朝筒、鸟枪、梭镖等道具，鼓炮喧天，歌声动地，男欢女乐，舞姿翩翩，气氛非常热烈。

　　正如一首土家族《竹枝词》描写的那样：

> 福石城中锦作窝，土王宫畔水生波。
> 红灯万盏人千迭，一片缠绵摆手歌。

　　摆手舞的身体动作主要取材于生产劳动、日常生活和战斗，并且在长期的发展变化中，各地也不完全相同，但其基本特点却是一致的，即顺拐、屈膝、颤动、下沉。

淳朴湖湘

特色鲜明的地域风情

竹枝词 一种诗体，是由古代巴蜀间的民歌演变过来的。大体可分为三种类型：一类是由文人收集整理保存下来的民间歌谣；二类是由文人吸收、融会竹枝词歌谣的精华而创作的有浓郁民歌色彩的诗体；三类是借竹枝词格调而写出的七言绝句，这一类文人气较浓，仍冠以"竹枝词"。

顺拐是摆手舞最主要的特征，即甩同边手，它要求手脚配合默契，动作一致，以身体的律动带动手的甩动，手的摆动幅度一般不超过双肩，摆动线条流畅、自然、大方。

屈膝要求膝盖向下稍稍弯曲一下，上身摆正，脚掌用力，显得敦实、稳健；颤动则是脚部与双臂略带小幅度抖动，给人一种有弹性和韧劲的感觉；下沉则是指在伴奏重拍时身体有一种向下的感觉，动作沉稳而坚实。

这些扭、转、屈、蹲等动作组合需要全身各部位肌肉的紧张、松弛交替转换与协调用力和上下肢密切配合。因此，摆手舞对身体的协调性要求较高。

湘西土家族摆手舞是集歌、舞、乐、剧于一体的庞大载体，摆手舞的音乐分声乐伴唱及器乐伴奏两部分，声乐主要是起腔歌和摆手歌。

■湘西土家风情表演

摆手舞打击乐器有大鼓、大锣各一面。牛皮大鼓一个，鼓槌一对，锣槌一根。鼓的直径为0.6～0.85米不等，高0.65～0.85米。大锣直径为0.65～0.85米不等，凹凸深度为0.04米左右，鼓槌、锣槌视鼓锣大小相应配置。

■ 土家族摆手舞

演奏时，一人或两人在场地中心击鼓击锣，以指挥全场。常用的曲牌有单摆、双摆、磨鹰闪翅、撒种等。节奏平稳，强弱分明，雄浑深沉。

土家族人在摆手活动中，追忆祖先创业的艰辛，缅怀祖先的功绩，展示土家先民的生活场景，整个活动都有着浓厚的祖先崇拜痕迹。

阅读链接

土家族摆手舞形成的历史悠久，对研究土家族历史、战争、宗教、迁徙、生产、生活、爱情、民俗等都有着十分重要的价值。

湘西土家摆手舞以史诗般的结构和炽热的色彩，向人们展现出一幅幅气势磅礴的民族历史画卷和风情浓郁的土家族人生活画卷，土家族摆手舞再现了土家族农耕生活的全过程，反映了土家族人民热爱劳动、不畏艰险、热爱生活、顽强生存的乐观主义精神。

四大名绣之一的湘绣

湘绣《孔雀开屏》

湘绣是以湖南长沙为中心的带有鲜明湖湘文化特色的湖南刺绣产品的总称，是勤劳智慧的湖南人民在漫长的人类文明历史的发展过程中，精心创造的一种具有湖湘文化特色的民间工艺，是中国四大名绣之一。

湘绣起源于民间刺绣，已有2000多年的历史。是从农村妇女用来装饰衣服、荷包、烟袋的制作开始的。后来有一些画家参与湘绣的设计，把中国的一些技法移植到刺绣上，从而逐渐形成了湘绣的独特风格。

长沙楚墓中就发现有一幅龙凤图，绣品图案精美，绣工针法细腻，令人叹为观止。

马王堆汉墓也有40件刺绣衣物和一幅铺绒绣锦。这些绣品图案多达10余种，绣线有18种色相，并运用了多种针法，达到针脚整齐、线条洒脱、绣工纯熟的境界。说明远在2100多年前的西汉，湖南刺绣即湘绣已发展到了较高的水平。

至清代，长沙刺绣遍及城乡。据《长沙县志》中记载：

■ 湘绣作品《水乡出游》

> 省会之区，妇女工刺绣者多，事纺织者少，大家巨族或以锦钿相尚。

长沙县是湘绣生产的传统基地，多数农家妇女均以刺绣为业，曾有"绣乡"之称。城内绣庄众多，到清末有26家，绣工逾万，年产绣品两万多件。绣品以被面、枕套等日用品为主，也有少量高档画屏。

1898年，优秀绣工胡莲仙的儿子吴汉臣，在长沙开设第一家自绣自销的吴彩霞绣坊，作品精良，流传各地，湘绣从而闻名全国。

四大名绣 中国的传统刺绣工艺品当中，常常将产于中部湖南省的湘绣，西部四川省的蜀绣，产于南部广东省的粤绣和产于东部江苏省的苏绣合称为中国"四大名绣"。

■ 湘绣——双面绣

清代光绪年间，宁乡画家杨世焯倡导湖南民间刺绣，长期深入绣坊，绘制绣稿，还创造了多种针法，提高了湘绣艺术水平。

光绪末年，湖南民间刺绣发展成为一种独特的刺绣工艺系统，成为一种具有独立风格和浓厚地方色彩的手工艺商品走进市场。这时，"湘绣"这样一个专门称谓才应运而生。

随着湘绣商品经济的发展，通过众多刺绣艺人不断探索和一大批出色的国画家潜心投入，湘绣吸收了中国古老文化中绘画、刺绣、诗词、书法、金石等诸种艺术精华，从而形成了以中国画为基础、以数十种针法和多种色阶的绣线，在各类底料上充分发挥针法的表现力，精细入微地刻画出物象外形内质的自行特色。

此后，湘绣在技艺上不断提高，并成为蜚声中外的刺绣名品。

湘绣的艺术特色，主要表现为形象生动、逼真，质感强烈，它是以画稿为蓝本，"以针代笔""以线晕色"，在刻意追求画稿原貌的基础上，进行艺术再创作。

湘绣在配色上善于运用深浅灰及黑白色，加上适当的明暗对比，增强了质感和立体感，结构上虚实结合，善于利用空白，突出主题，形成了湘绣水墨画般的素雅品质。

中国刺绣通常是用真丝、硬缎、交织软缎、透明玻璃纱、棉线等

特色鲜明的地域风情

为原料绣制的精细工艺品，而湘绣绣品主要用真丝丝线在真丝织物上绣制图案。

传统湘绣的用线极有特点，线色万千，根据各种不同画稿的题材，运用各种不同的针法，选配各种不同色阶的丝线或绒线，凭借针法的特殊表现力和绣线的光泽作用，使绣制出来的物象，不但保存着画稿原有的笔墨神韵，而且通过刺绣工艺，增添了物象的真实性和立体感，起到了一般绘画所不及的艺术效果。

丝线经过荚仁液蒸发处理后再裹竹纸拭擦，使丝绒光洁平整不易起毛，便于刺绣操作。还有织花线，每根线染色都有深浅变化，绣后出现晕染效果。

绣线的运用，粗细相间，色泽有别，兼以适当夸张。湘绣绣工劈线，是一种特殊技能，湘绣的匀薄细腻与这一技能的日益进步分不开。湘绣的擘丝技术极为精细，细若毫发，从而超越顾绣中的"发绣"。湖南俗称这种极为工细的绣品为"羊毛细绣"。

以手指劈线，可劈至二开、四开、八开、十六开等。线劈开后，千丝万缕，分辨不出差别，但绣上质地，求得对比统一，

晕染 绘画的一种技法，西域佛教壁画中的人物，均以朱红通身晕染，低处深而暗，高处浅而明，鼻梁涂以白粉，以显隆起和明亮。到了敦煌又有所改进，并使之与民族传统的晕染相融合，逐步地创造了既表现人物面部色泽，又富有立体感的新的晕染法，至唐代而达到极盛。

百花齐放
淳朴湖湘

■ 湘绣——单面绣

金枝玉葉
湘绣

突出主题，达到明暗的自然变化，阴阳浑然一体。

湘绣的针法汲取苏绣的套针加以发展，针法多变，以掺针为主，并根据表现不同物象、不同部位自然纹理的不同要求，发展为70多种针法。

掺针俗称"乱插针"，掺针体系又细分为多种，如接掺针、拗掺针和直掺针等，另外还有湘绣特有的旋游针和盖针等多种针法。

湘绣制品中，既有名贵的艺术欣赏品，也有美观适用的日用品。主要品种有条屏、屏风、画片、被面、枕套、床罩、靠垫、桌布、手帕、各种绣衣以及宫廷扇、绣花鞋、手帕、围巾等各种生活日用品。每个品种可绣以风景、花鸟、走兽、人物肖像等。

湘绣的题材广泛，风格多样，传统题材是以狮、虎、松鼠等，特别是以虎最为多见，民间有"苏猫、湘虎"之说，湘绣狮虎毛纹刚健直竖，眼球有神，几可乱真。

湘绣绣品丰富多彩。"以针为笔，以纤素为纸，以丝绒为颜色"，绣工们大大发挥掺针参色的作用，巧妙地以各种原色花线在质地上参互调合。用于同一色彩由深到浅或由浅到深的过渡，表达出逐渐变易又混合均匀的色阶，创造了各种绚烂和谐悦目的色彩。

用第一号深色线刺绣后，接绣第二号深色时，衔接必须参差不齐，互相交错，且不着痕迹，色彩才能和谐。交接搭线不可过长，也不可一线太长、一线太短。这是湘绣与其他绣品针法的基本区别之处，成为湘绣的特点之一。

按针法类别来分，湘绣可分为单面绣和双面绣。

单面绣就是只呈现一张绣面，绣娘用精湛的针法，令人眼花缭乱的两百多种颜色的丝线，再辅以稿工的呕血力作才绣出完美的绣片。

绣片经过平烫后，让丝线的光泽和色彩融合到一起，工匠用画框装裱起来，正面是用玻璃镶好，背面用防潮且坚固的纸板卡好，保存二三十年不成问题。

单面绣的尺寸大小不拘一格，挂在墙上，可以装饰房子的任何地方，餐厅挂水果和花卉让人食欲大增；客厅挂风景和植物让人神清气爽；房间挂动物和花鸟虫鱼让人流连忘返，书房挂字画和人物让人心旷神怡。

■湘绣雄狮

湘绣松鹰图

双面绣正反两面都是相同的绣面，上面绝对找不出半点瑕疵，哪怕是一个不起眼的线头，这是四大名绣中绝无仅有的高超绣法。

双面绣不但绣工精湛，而且有些框架也绝对称得上是一件木雕精品，它采用原木雕刻再上朱漆。充分展现湘绣的高雅与别致的韵味。

双面绣大部分都是圆形的镜框，而且有统一尺寸大小。湘绣不断创新，开发出长方形的方形双面绣，规模都统一，它非常适合摆设在客厅的玄关和壁柜里。

阅读链接

中国是世界上最早生产丝绸的国家之一，创造了辉煌灿烂的服饰文化。因此，丝绸服装在世界服饰文化宝库中占有重要的位置，中国被世人誉为"衣冠王朝"。

古代达官贵族为了显示其富贵和地位，在丝绸上绣有各种精美图案，常常利用刺绣来装饰衣、裙、衾、枕等生活用品，美化生活，创造美的世界奇葩。

比如，皇帝衣袍绣有龙，皇后绣凤，文官绣鹤，武官绣虎等，这就是丝绸刺绣。中国刺绣源远流长，在传统工艺美术行业中颇有影响，是中华民族智慧的结晶。手工湘绣服饰在刺绣行业中是一个很重要的部分，有着重要的影响。

冰雪关东

为了抵御关东地区东胡的侵扰，华北地区的燕国和赵国修筑了长城。为了防御匈奴，后来秦国又将燕国、赵国长城连为一体，修筑了万里长城。秦长城的建成，对关东地区的区域文化产生了极其深远的影响。

以后的历朝历代，包括魏晋南北朝、隋唐时期、宋元时期，都对关东地区采取了不同的管辖方法和手段，这些措施对关东地区多元文化形态的形成起了有力的促进作用，为其奠定了雄厚的多民族文化基础。

丰富多彩的关东绘画

　　绥棱地处黑龙江地区中部，小兴安岭南端西麓，东临伊春，东南与庆安接壤，南部和西南同北林区连界，西部和西北与北安、海伦相接。从形状看，它像一把吉祥的如意柄镶嵌在茫茫的松嫩平原上。

　　绥棱农民画来源于民间，历史悠久，闻名遐迩。绥棱地处半山区，使用木材方便，家家在打制箱柜后，都习惯找来当地的名画匠，在柜上画木纹、四季花，有写福字的，也有写些吉利话的。

　　发展至后来的立柜、炕柜、高低柜、书橱、碗架，都要画上画，又增添了山水、花鸟，这些画就是绥棱农民画的雏形。

农民画

绥棱农民画艺术独立，风格独特，画面不讲究透视法则和三度空间，擅用平面构图、多点观察，追求饱满、协调、变异、和谐的效果，属于原生态的民间艺术。

■ 农民画

另外，绥棱农民画在色彩上具有鲜明性。设色大胆主观，强调色彩的鲜亮、明快艳丽，融合了敦煌壁画、民间花布、木板年画等民间颜色。强调色块间的对比和在对比中求得和谐统一的效果。

善用纯色，以好看和抒情为用色标准，不受自然真实色彩的限制。富有强烈的主观意识，把生活感受和形式语言紧密地融为一体。

随着社会的发展，这种原生态的创作在内容形式上也不断发展、创新，后来的作品大多反映农民的生产与劳动，创作者通过自我抒发，寄托理想，再通过形象达意的创作，来感染人、打动人。

庆安地处黑龙江中部的松嫩平原与小兴安岭余脉的交汇地带，属于呼兰河流域中上游。庆安历史悠久，早在3000年前的新石器时代晚期、青铜时代初期，庆安地区就有了人类活动，从"赵勤遗址"至"石尹"的石人石兽，以及出土的一些石器、铁器、铜钱等，都记载着

石器 是指以岩石为原料制作的工具，它是人类最初的主要生产工具，盛行于人类历史的初期阶段。从人类出现直到青铜器出现前，共经历了二三百万年，属于原始社会时期。根据不同的发展阶段，又可分为旧石器时代和新石器时代，也有人将新旧石器时代之间列出一个过渡的中石器时代。

庆安的悠久文明史。庆安版画便是这文明史中的璀璨一支。

1900年，清朝人吴尽臣从河北乐亭来到庆安，他有一手木板刻画的技术。逢年过节，他就用木板刻印一些灶王爷、财神爷、门神等民俗年画出售。这时期的木板刻画就是庆安版画的雏形。

后来，他的儿子继承了他木板刻画的手艺，并有所发展，成为庆安版画的第二代传人。后来，民俗木板刻画向真正的版画过渡。

版画是版画家在一种特殊的版材上自画、自刻、自印的画种。版画有木版画、铜版画、石版画等。庆安版画属于木版画。庆安版画有着独特的"田园风格、乡土气息"的艺术特色。

清新的田园生活和农家小院的温馨情调，是庆安版画主要赞美表现的主题。不规则构图、不受时间限制、扩大想象空间、扩大色版、烘托主版的艺术处理，形式悦目，富于美感，形成了庆安版画独特的艺术风格。

阅读链接

考古专家在黑龙江省庆安县新胜乡新明村赵勤屯发现并挖出比较完整的陶支座、陶鼎足、陶鬲足、陶纺轮、陶小杯等文物，同时还发现陶器残片及石簇，共计132件。

这些陶制品质地都为细沙陶，是由夹砂砾伴和蚌粉制出雏形，再由土窑烧制而成。

从类型上看有红衣陶、黑褐陶、夹砂陶。从形状上看有轮、足、鼎、杯、座。经过考证，这些文物已有4000余年的历史，这说明4000多年前这片地域不仅有人群居住，而且制作工艺已具有相当水平。

每件陶制品的口沿都有布纹，布纹的印制有指按、壁点、戳刺等手法，而且图案呈现出锯齿、菱形、渔网等多种变化，在图案的排列上也十分讲究，有三角形的，有平行线形的，有放射形的，有菱形的。这也表明那时的古人已有较高的审美情趣和绘画艺术。

赫哲人的鱼皮画艺术

　　赫哲族是中国人口最少的少数民族之一，主要居住在黑龙江、松花江、乌苏里江下游的三江平原上，佳木斯市、同江市、饶河县、依兰县等地。

　　赫哲族有着悠久的历史，其先民很早就生活在黑龙江、松花江、乌苏里江三江流域。在明清时期的史书中，已经留下了有关记录。由于赫哲族人过去穿鱼皮衣，有犬陪伴，所以被人们称为"鱼皮部"和"使犬部"。

　　明代时，赫哲族是女真的一支，清朝时，被称作"黑斤""黑其""赫真""奇楞""赫哲"等名称。后来，统

赫哲族鱼皮画

一族名为赫哲族。

赫哲族是中国北方少数民族中唯一以捕鱼为主要生产方式的民族。传说赫哲族人是鱼的后代，因此鱼神是他们普遍信奉的神祇。每当渔民出江捕鱼前都要祭祀鱼神，祈求保佑平安、丰收。

赫哲族人居住的三江平原水资源丰富，山水纵横，盛产淡水鱼类，其中以鳇鱼、鲑鱼为最多。自古以来，就是富饶的天然渔场。

得天独厚的自然条件，造就了赫哲族人独特的生活方式。赫哲族人的生产和生活，与鱼类关系极为密切。他们适应自然环境，濒河流居住，主要依靠捕鱼为生，食用鱼肉、穿用鱼皮，并用鱼皮加工制作各种生活和生产用品。

尤其是用鱼皮做衣服，更成了赫哲族人民的一大特点。《皇清职贡图》记载：

男女衣服皆鹿皮、鱼皮为之。

《皇清职贡图》 清代乾隆年间编绘的大型民族图志，由画像和图说两部分组成，生动地描绘了清朝盛世时期藩属国、海外交往诸国以及国内各少数民族人物的样貌、服饰、生活等状况。

三江平原 又称"三江低地""三江平原"的"三江"即黑龙江、乌苏里江和松花江，三条大江浩浩荡荡，汇流、冲积而成了这块低平的沃土。区内水资源丰富，总量187.64亿立方米。

■鱼皮画山神

赫哲族传统的图案艺术非常发达，他们常常在用鱼皮、兽皮制作的衣服、鞋帽、被褥上，绣制各种云纹、花草、蝴蝶及几何形图案等。在餐具、桦皮制品上雕刻各种二方连续纹样、云纹、山水、花朵、鸟兽等，形象生动，造

型美观别致。

妇女们在衣襟、披肩、腰搭、帽子，裤腿等处用彩线刺绣的花纹、图案更为精美，尤其是日用品上的彩绣如"雄鸡衔花""花篮与莲藕"等图案，构图更是新颖别致、格外精彩。

■鱼皮画山神

赫哲族在不同制品上刺绣、拼接的各种花纹图案，以其独特的形式，从不同角度反映了赫哲族人民的聪明才智和审美的群体意识。

赫哲族的图案艺术吸收了汉族图案艺术的精华，并不断创新，既富有本民族气息，又能反映本民族生产、生活特点，极富民族特色，是中华民族刺绣、图案艺术宝库的重要组成部分。

鱼皮画是赫哲族特有的艺术品。鱼皮有一种自然的美，既具有天然的鱼鳞花纹，多种多样，凹凸不平，又浑然天成。

构成的画面色彩斑斓，意境深沉幽远，富有诗意和哲理，其风格古朴、粗犷，而且有立体感和动感，是任何其他美术材料不可取代的，也非是人工模拟能够完成获得的。

鱼皮画图案在保持民族风格的基础上，吸收汉族图案艺术的精华，并不断创新，反映本民族生产、生活特点，极富民族特色，是中华民族图案艺术宝库的重要组成部分。

鱼皮画种类丰富多彩、造型各异。从内容上看，多是表现赫哲族人传统的日常生活画面，也有一部分是表现赫哲族人的宗教信仰。

制作鱼皮画，首先必须对鱼皮进行加工处理，要经过剥制，晾干

鱼皮画太阳神

去鳞、晾晒鱼皮、捶熟、漂色等许多细致环节。

鱼皮画分为粘贴和镂刻两种。粘贴画的制作相对来说较为容易，先勾勒出初稿，然后选好底衬，再选适当的鱼皮进行剪制。

这一步骤特别重要，首先确定要粘贴的部位，来选择鱼皮的颜色，剪完之后，就可往底纸进行粘贴了，一幅鱼皮画也就完成了。一般说来适于粘生活方面的事物，还有动物、人物等。

鱼皮镂刻先要选好鱼皮，一般都是选择比较大的鱼皮，在鱼皮的反面进行勾画，也可直接剪制。此种方法不适于剪刻过于复杂的图形，因鱼皮质地较硬厚，所以每次也只能出一两幅画。

特色鲜明的地域风情

阅读链接

黑龙江流域是中国赫哲族的主要聚居地。历史上的赫哲人以渔猎为生，早年衣服、被褥大多是用鱼皮缝制的。赫哲族的衣服多用胖头鱼、鲟鱼、大麻哈鱼等鱼皮制成。

不仅衣饰原料用鱼皮，赫哲人缝衣服的线也用鱼皮做成。鱼皮线通常用胖头鱼皮做。

赫哲人制作鱼皮线是先把胖头鱼的鳞刮掉，涂上具有油性的狗鱼肝以保持柔软湿润，然后叠好压平，再用刀切成细丝，缝衣线就制成了。

制作鱼皮衣饰，是先将适宜做衣服的草根、大麻哈、怀头等鱼皮剥下晒干，将其捶软后，按照鱼皮花纹拼缝成一大张，再按需要者身材大小剪裁缝制即可。

古朴典雅的桦皮文化

桦树皮工艺是关东地区的特有艺术，在关东地区许多少数民族中都有流传。桦树分白桦和黑桦两种，能剥皮做器皿的是白桦树。

白桦树为多年生高大乔木，每年五六月是剥离桦树皮的最好季节。

桦树皮文化在中国北方狩猎民族中有着悠久的历史。在黑龙江省白金宝原始遗址中，出土了一件仿桦树皮陶罐，据测定已有3000多年的历史。

生活在北方的古代少数民族，如鲜卑、契丹、女真等，还有后来的满族、鄂温克族、锡伯族、赫哲族、达斡尔族、鄂伦春族、蒙古族等都有过使用桦树皮制作各种器具的历史。桦树皮器皿在中国器皿造型艺术史上占

桦树皮箭囊

有十分重要的地位。

鄂伦春族喜欢用桦树皮作盆、盒、箱、篓、碗、桶等器皿，器形大小各异，鄂伦春人还重视在器皿上进行装饰。

桦树皮器皿的装饰多在器身腰部以上或盖上，鄂伦春人以骨针点刺等手段在其上饰以各种花纹图案，纹样多为几何纹。如直线纹、三角纹、点刺纹、半圆纹、圆圈纹，"上"形纹、"人"字纹、"一"字纹以及变形花草、树木纹等。

在桦树皮器皿中，做得精巧美观的"阿达马勒"盒是姑娘出嫁用的梳妆盒，盒上多刻有南绰罗花，反映着鄂伦春人对婚姻的祝愿，愿青年人爱情忠贞，夫妻白头到老。

鄂温克族所制的桦树皮器皿有碗、盆、火柴盒、水桶、针线盒、筷子盒、桦树皮篓、桦树皮船及撮罗子等。其形大小各异，装饰风格独特，装饰纹样有几何纹、动物纹、花草纹三种。

其中几何形纹饰，多水波纹、丁字纹、云卷纹、双十纹、单回纹、双回纹、半圆纹，形成独具风采的装饰带和适合纹样，显得花纹繁密，外形美观。

装饰多为压花、画花、划花、刻花和点刺花为

■ 桦树皮盒子

压花 将植物材料包括根、茎、叶、花、果、树皮等经脱水、保色、压制和干燥处理而成平面花材，经过巧妙构思，制作成一幅幅精美的装饰画、卡片和生活日用品等植物制品，是融合植物学与环保学于一体的艺术。

主。花草纹和驯鹿纹在敖鲁古雅狩猎鄂温克人桦树皮器皿装饰中更显风格。

在赫哲族聚居的黑龙江省饶河四排乡，后来仍保留着一艘赫哲人传统手工艺制造的桦皮船。用桦树皮做船的技艺，赫哲人传承了数千年。桦树皮船其外形古朴典雅，美观大方。

此外，赫哲人还用桦树皮做成篓、箱、盒、碗等生产生活用品，并在这些用品上刻画出各种图案和花纹，使之成为精美的工艺品。

达斡尔族和其他民族一样，用桦树皮做桦皮篓、鱼饵罐、桦树皮桶、盒等，但在装饰法上比其他民族先进一些，出现了镂刻纹、刻画纹、压印纹、绘画纹，而镂刻纹和绘画纹是其他民族所没有的。

这些证明了狩猎民族在历史上由原始桦树皮器具向具有装饰艺术的桦树皮文化发展的状况，形成了具有独特特色的北方狩猎民族文化。

桦树皮器物的器身多以双层树皮制作，两片桦树

敖鲁古雅 位于内蒙古自治区根河市最北部和根河市西郊，是内蒙古最北的一个乡，是鄂温克族最远也是最神秘的一个支系雅托克系所居住的地方。

达斡尔族 是中国北方的一个少数民族，是古代契丹的后裔，主要分布在内蒙古自治区莫力达瓦达斡尔族自治旗、鄂温克族自治旗、扎兰屯市、阿荣旗及黑龙江省齐齐哈尔梅里斯区、富拉尔基区、龙江县等地。

物华天宝

冰雪关东

■ 桦树皮针线包

精美的桦树皮画

皮的外表层相对朝内，做成两个卷曲的器身，或用兽筋线缝合，或以相交咬合法使其吻合成器身。

缝合器身与器底时，一是将单层桦树皮外表层向外与器底缝合，使器底高内略呈凸形，后在器底外围镶包一周柳木条框架，器底呈矮圈足。然后在器物上口合成的双层桦树皮内镶柳木框条的盖。

也有的在器皿身上口外围镶包柳木条框架，并在内径相对直线的边沿上各凿一对孔，可系马尾绳为器物的提梁。

桦树皮器物的缝合线有三种：一是兽筋线，是把狍子、鹿或犴筋晒干后，搓成盘丝后做两股合线；二是鬃毛线，多以犴和马鬃及尾毛搓成；三是麻线。麻线出现较晚，是达斡尔族农业时代的产物。桦树皮器物上的装饰手法很多，大致有以下几种：

一是打压纹饰法。用一厘米直径的管制锥形器在桦树皮上按自己的构想打出点纹，以多点连线的办法表现饰纹。饰纹做出后再缝合成器。打压纹以几何形为主，有三角、半圆、波浪及回纹、双回纹等。

二是补花纹饰法。这种手法主要用于器物盖的装饰上，按照制作者预先计划好的纹样，剪纸花纹后贴在盖上再缝合。纹样多以云纹、字纹为主，其效果有一种浅浮雕感。

三是墨绘装饰法。这种手法是在桦树皮器物制成后，在器物的盖上、器身周壁以墨线白描为装饰，纹饰有几何形纹，花草纹如牡丹、竹、兰、梅、杏、宝相花，还有亭台楼阁、山水及风景、人物故事等描绘，一般在桦树皮器物上白描后，刷一层桐油衣保护白描画，显得画面清晰光亮。

四是彩绘装饰法。是在桦树皮器物上，墨绘白描后，填补色彩的装饰法。纹样多以花卉草虫蝶蜂为主，画面有独幅花卉画特征，最后施桐油衣，显得画面色彩艳丽、光泽亮秀、栩栩如生、耐人寻味。

五是镂刻装饰法。这种装饰法多用于桦树皮器物外壁上。在器身合缝前，按剪纸纹样在桦树皮镂刻出纹样，剔刻出与纹样主纹无关的部分，形成剪纸效果的镂刻纹样。

然后在其纹饰背面贴上蓝或红色布衬，托出主纹，产生一种类似广东佛山衬色剪纸的效果，使桦树皮器物显得华丽精美。

镂刻装饰法是达斡尔装饰桦树皮器物中的一绝。纹饰主要以树木、花草、鸟兽为主，也有以汉文、满文中的福寿禄为饰者。

六是玻璃镶嵌装饰法。这种装饰方法在达斡尔族出现比较晚，多用在桦树皮器物的盖子上。桦树皮器

云纹 是中国古代青铜器上一种典型的纹饰。云纹的基本特征是以连续的"回"字形线条所构成，作为圆形的连续构图，单称为"云纹"，与雷纹常作为青铜器上纹饰的地纹，用以烘托主题纹饰。也有单独出现在器物颈部或足部的。

■ 桦树皮制作的猫画

的盖子以双层桦树皮缝合而成，多半是在缝合前把形状适合的玻璃夹在两层桦树皮之间，多呈圆形或花瓣边圆形、方形等。然后在玻璃的底面绘彩绘花草纹，产生一种透明的独特彩绘效果。

七是剔刻装饰法。这种手法多用于桦树皮器物外壁上。以二方连续花草纹或几何形纹饰为主，剔去与主纹无关的部分，一般不设色，使主纹与器壁之间形成浅浮雕效果，十分素雅。

达斡尔族人运用这种手法比较多，这种手法不但美化了桦树皮器物，表现了达斡尔族特有的审美情趣，同时又表现出了达斡尔人的艺术创作才能和智慧，形成有别于其他民族的桦树皮器物的装饰风格。

黑龙江省各民族的桦树皮器物造型艺术在近千年的实践中，形成了自己的民族个性，同时又保留了中国北方民族桦树皮文化的地域特征，是北方森林狩猎民族特有的文化，为中华民族器具造型艺术增添了光辉的一页。

阅读链接

在鄂伦春民族博物馆有一艘用白桦木制作的船，这就是有鄂伦春"诺亚方舟"之称的桦皮船。

这艘桦皮船狭窄细长，两头尖，状似柳叶。船身长约四五米，宽不足一米。

船体用松木做框架，船帮用桦皮包裹，然后用木钉钉在船架上。接头和钉木钉的地方用松香涂抹，以防止漏水。

桦皮船体重仅几十千克，一人一手可拎，也可用肩扛，适合在林中携带穿行。桦皮船不分船头船尾，前后都可行驶。在河中可载两三百千克或两三人，逆水每小时可行10千米，顺水可达25千米。

鄂伦春人的桦皮船是桦树皮制品中的一绝。这种桦皮船是鄂伦春猎民用祖传的造船术自制的舟楫，工艺精湛，专用于渡水、捕鱼和捕猎四不像等。

具有千年历史的火炕

　　火炕在关东地区历史悠久，在当地人生活中长期占据着重要地位。火炕的使用，在关东地区至少在2000年前就开始了。从考古资料上看，火炕应该是黑龙江流域先民沃沮族人的伟大发明。

　　在黑龙江省东宁团结村挖掘的沃沮族遗址中，被考古学家称作"低火墙"或"烟道火墙"的，就是早期的火炕。那时的火炕是单洞的，通道很窄，还没有完善进步到后来火炕的程度。

北方人家的火炕

那时，火炕都是用土坯搭的。关东地区的百姓把草、泥和在一起，按在固定的模子中，脱成一块块一尺长短的土坯。

坯在阳光下晾干，就可以用来搭火炕。其中铺在炕面子的坯，叫"炕面子坯"。炕面子坯要特意加工结实，防止被人压塌了。

垒炕时先在地上用土垫高至炕高的一半，夯实后再用土坯砌成两头弯形的烟道。也可以先砌烟道，再在其中填上土，这样就更结实了，也使炕面不易下沉。

烟道里还有几个存烟灰用的叫作"灰膛"的坑。烟道垒好后就是安炕面了。炕板是事前在平地上用4根木条围成一个矩形框，放上几根木棍并填充上泥巴，晾干后去掉框就成了一个炕板。

用土坯砌炕墙和烟道，然后砌炕板，最后一面与烟囱相接，一面与锅灶相通。这样，一个火炕就垒成了。

炕有很多种，辽金时期女真族的"环室"，就是一种炕。据古书记载：

环室穿木为床，煴火其下，饮食起居其上。

"环室"是指明室内不仅一个方向有炕，而是环绕着室内都有炕。环室发展至后来，就形成了满族民居中南、西、北三面相连的转圈炕和拐弯炕，俗称为"匚字炕"或"弯子炕"。

匚字炕环室为炕。室内南北对起通炕，西边砌一窄炕，也有的西炕与南、北炕同宽的，与南、北炕相连，构成了"兀"字形。烟囱通过墙壁通到外面，炕面较为宽大，有两米多宽。

匚字炕或弯子炕和东北地区许多民间礼俗有着密切关系。

在旧时关东地区老少几代同居一室的大家庭中，南炕因向阳温暖，是家中长辈居住之处，其最热乎的"炕头儿"位置，即靠近连炕锅灶的一侧，供家中辈分最高的主人或尊贵的客人寝卧，北炕则是家中晚辈居住或做烘晾粮食之用。

西炕一般不住人，在满族人家则是特殊的地方，满族家庭生活以炕为中心，其饮食起居都与炕分不开，所以对炕也很讲究。

传统上有"西炕为大"的习俗。西炕为至尊的位置。家人不许坐卧，不在西炕进食，不许客人坐卧，不置放一般人的画像，更不允许乱放杂物。

满族人家居室的西墙为供奉家中祖宗神位的地方，因此，西炕也称为"佛爷炕"。西墙上供奉的佛爷匣子是极为神圣的，一般人不能随便看。

匣子里珍藏着本民族祖先、民族功臣及本氏族、民族尊崇的人物，还有宗谱等，记载着家族历史的兴衰及祖先的功绩，所以两炕上只摆设祭器供品。

室内陈设也与匚字炕格局相应。南北炕炕梢，

宗谱　家谱，又称族谱、家乘、祖谱、宗谱等。一种以表谱形式，记载一个以血缘关系为主体的家族世系繁衍和重要人物事迹的特殊图书体裁。家谱是一种特殊的文献，就其内容而言，是中国五千年文明史中最具有平民特色的文献。

物华天宝

冰雪关东

■ 关东火炕艺术蜡像

即靠房山墙的一端要摆放炕柜，上面叠放被褥枕头等寝具卧具，俗称"被格"。西炕上则放与炕长相等的"堂箱"，装粮食和衣物。箱盖上摆放香炉、烛台等供器以及掸瓶、帽筒、座钟等日用陈设。

关东地区的许多人家，儿子娶妻生子后，仍与父母同住一室。为了避免不便，常是把两三开间的居室用木板糊纸作为"软间壁"，从炕面至房梁栅成里外两个空间。也有的是在相应位置设活动的栅板，白天撤去，晚间安放。

此外，在与炕沿平行的正上方，从栅顶吊下一根长竿，称为"幔竿子"，用以悬挂幔帐，晚间睡觉时可以放下，避免头顶受风着凉，也可以起到南北炕之间的遮挡作用。

火炕最主要的功能是取暖，因为烧炕要通过做饭的锅灶，所以只要吃饭、烧水，炕就是热的。由于火炕具有的独特取暖功能，后来还被满族人引进了皇宫内。东北地区的火炕，是寒冷气候下一种极富聪明才智的创造，它曾温暖了许许多多粗犷豪放而憨厚纯朴的东北人。

特色鲜明的地域风情

阅读链接

东北地区在火炕出现之前，人们主要居住方式之一是穴居。人们居住在地下的穴里，开口在地面，而且开口没有门，人进出要借助于梯子。穴居屋内中央是炉灶，炉灶不但用来做饭，还用来防潮湿、取暖。

那个时候古人还没有发明烟道。炉灶的烟火只能是自然上升，从开口冒出去。穴居的部族，素有"穴深为贵"的风俗，因为穴挖得越深，人们头上的空间越大，就越少受烟熏湿蒸之苦。

在大兴安岭林区，冬天在野外作业，无法正式盖房子，晚上住的临时住所就是这样的形制，被称为"地窨子"。就是在地上挖一个一米多深的长方形大坑。在坑沿上方再垒半米多高的矮墙，再棚上盖子。坑里面搭上火炕，垒上锅台。出入居所也需要借助于梯子。

山西地区作为中华民族文明重要发祥地之一，积聚了浑厚而丰富的文化，生活在三晋大地上的人们，不仅创造了令人瞩目的物质文化，同时，也创造了很多内涵丰富，极具本地和民族特色的非物质文化。

这些非物质文化植根于三晋丰厚的历史文化沃土，经过一代一代人的努力和精心培育，最终硕果累累。

山西的非物质文化是丰富多彩的，同时，也是独树一帜的，它们有着其他文明所不能比拟的特色和魅力，是中华文化艺术宝库中的奇葩，它们在各自不同的领域独领风骚，展示着三晋人独特的文化修养和精神风貌。

三晋大地

古风犹存的山西窑洞民居

　　人类的最早住所，是在树上"构木为巢"，或利用天然洞穴，居于其中。后来发展到挖掘土窑作为居室，是一种穴居形式，其渊源十分古老。《礼记·礼运》记载：

昔者先王未有宫室，冬则居营窟，夏则居巢。

■窑洞

■山西窑洞

《孟子·滕文公下》也记载：

> 当尧之时，水逆行，泛滥于中国，蛇龙
> 居之，民无所定，下者为巢，上者为营窟。

这里所说的"营窟"，就是挖成的穴居住室，它是古人类在学会构筑地面上的土木结构的房屋之前所住的居室。山西地区穴居住室有数千年的历史。

原始人类在黄土高原上挖掘的住室，最初完全是仿照天然洞穴的。天然洞穴曾给早期的原始人类提供躲避风寒雨雪、防御野兽侵袭的庇护所，但适宜的天然洞穴毕竟不多，不能满足日益繁衍的原始人类的居住需要。

故当黄土层形成后，他们便尝试着在高原的向阳

尧（约前2377—前2259年），姓伊祁，号放勋，古唐国人（今山西临汾尧都区）。中国上古时期方国联盟首领、"五帝"之一。20岁，尧代挚为天子，定都平阳。尧立70年得舜。20年后，尧老，舜代替尧执政，尧让位28年后死去，葬于谷林（今山东郓城）

坡，在沟坎断崖上向里挖洞，利用黄土的松软和黏性结构，掏成拱形的横穴居室。

山西民居中，最有特色的就是山西窑洞，是一种颇有古风的居住形式。山西地处黄土高原东部，黄河流经大半个地区，沿岸的黄土高原千沟万壑、梁峁纵横。山西先民因地就势，建造了许多别具风格的窑洞。

山西石楼岔沟有一处仰韶文化时期的遗存，平面呈方圆形，入口处小，室中央有灶。这是三晋地区窑洞的始祖。横穴居室最初为单个的，后来又发展成几个洞穴连在一起的。

仰韶文化时期的窑洞流行土木结构建筑，形制上主要有圆形半地穴、圆形平面、方形半地穴、方形平面以及窑洞式几种。

建筑材料为木材、树枝、粟秸、草筋、藤条、绳索、泥土及料礓石等。建造方法是先平整地面，如是

特色鲜明的地域风情

■ 楼宇式窑洞

半地穴则先挖出房基，形成房基下部，接着挖出火塘和栽插支撑房顶的主柱洞及插立小柱或木板形成墙骨的穴槽。

然后树立木柱及做墙骨的小柱或木板，同时用藤条或绳索将其捆结及加梁盖顶，再在地面、墙骨和屋顶涂抹草泥，并用黏土涂抹火塘，有的房屋还涂一层米礓石浆，最后整修室外地面。

随着原始农业的发展，人们开始更多地集中到土地平坦肥沃、水源充足的平原或盆地地区定居下来，并形成一个个原始村落。

在这里，挖掘横穴居室是不适宜的，于是采取了向下挖竖穴居室的办法，初期的竖穴居室几乎是横穴居室的侧置，即在地上挖一个一人多高的竖坑，坑中立一柱子，上面置锥形棚顶。

为了人们出入的方便，坑壁上置有横木以供登攀，或者置有斜坡门道。有一个龙山文化时期的窑洞形制是这样的：其口径2.8米，底径3.15米，深2.1米，为圆形袋状，坑底偏西南处，有一圆形柱洞，是放置支撑屋顶的立柱。东南边有斜坡门道。人在穴室中的活动全在地下，是一个地穴式居室，也可以称为土窑式房屋。

地穴形居室虽然解决了平原地区的居住问题，但阴暗潮湿，不利于人类的生活，因而随着人们构筑屋

■ 地穴

火塘 又叫"火坑""火铺"，是在房内用土铺成的一米见方的土地。以前，火塘里立有3块石头，以备烧火煮饭之用。后来，都改用铁三脚架。主火塘里终年烟火缭绕，白天煮饭，晚上烤火取暖。在许多少数民族中，火塘是生活中非常重要的一部分，每年都要进行火塘祭祀，祈求家人安泰。

■ 原始窑洞

顶技术的提高，便逐步改为半地穴式了。

一座半地穴式房屋形制是：平面近于圆形，直径2.63～3.12米，深0.6米左右，穴底中央偏南的地方挖一个柱洞，先挖一略大些的柱洞，立好柱子后，再用泥土混在一起填入柱旁空隙，并拍打结实。没有窗，门开在中腰部，顶为穹庐式，为茅草覆顶。

半地穴居室在通风、采光方面都比地穴式居室好得多。半地穴房屋除了有圆形的外，也有方形或长方形的，有的在出口处有斜坡门道，居室与门道间有一低矮的门槛，在门道上方也有波形顶，可以防止雨水顺门道流入室内。

龙山文化时期，山西窑洞建筑技术最大的进步就是石灰被广泛运用于地面和墙壁，形成白灰面房屋。另外，这时期窑洞大量增多，说明人们已更多地认识到适合于本地特色的建筑形式。还有，房屋的结构和

半地穴式房屋

形态趋于多样化。

半地穴式进一步发展就是地上建筑了——一座龙山文化时期的地面建筑呈"凸"字形，居室为方形，南边中部为向外凸出的门道。

在其北壁中部边缘和南边门道左右两角间，大致对称地排列着4块明础石，说明这间房子的房顶是用4根立柱支撑的，显示出向后世土木结构的民居的演变痕迹。

山西地区窑洞都经历了地穴式至半地穴式至地面式的发展历程。在新石器时代，从穴居到地面建筑的各种类型在晋南地区都已出现，其中穴居住室有横穴、竖穴、半地穴以及单间、双间各种样式，有的还组成了居住群落。

从发展的进程来说，是先有横穴居室，后有地穴式、半地穴式居室，最后为地面建筑。但同一时期又往往并存着几种类型，较完善的新式建筑不能完全替代老的建筑形式。尤其是横穴居室，具有易于挖造、节省建材，而且冬暖夏凉，防暑御寒性能良好等优点，因此，窑洞成为山西民居中富有特色的一种类型。

山西窑洞类民居具有许多优点，是其他住宅形式无法比拟的。严冬季节，窑洞里温度在10℃～12℃，相对湿度为30%～75%，每天烧火做饭，烟火通过暖炕排出，可以提高室温。窑洞还有施工简便、造价低廉的优点，不仅如此，还有不破坏地貌原型、不占用耕地的特点，有利于维护生态平衡。

　　因为窑洞是在地下，四周又有厚实的土层，因而具有防火、防风的功效。正由于有这么多优点，窑洞被当地的人们称为冬暖夏凉的"神仙洞"。

　　山西的窑洞类民居是由新石器时代的横穴居室、竖穴居室沿袭、演化而来，古风犹存。经过漫长的演变，窑洞类民居有了一些变化，从类型上说，有靠崖窑、地坑窑和砖石砌造的锢窑。

　　从构造形式说，窑洞内设有土炕，洞口有门窗，有的还用砖石砌成门脸；窑洞不仅有单间的，也有多间的，还有的在窑洞正房两侧筑有厢房，组成院落。可谓多种多样，各具特色。

　　靠崖窑是山区和丘陵地带常见的一种窑洞，除了利用现成的沟坎

山西窑洞门房

■ 砖砌窑洞

断崖外，更多的是将山坡垂直削齐，形成人造崖面，然后向内横挖洞穴，平面呈长方形，顶为拱券形，洞口安装木制门窗，一般在门上开一与门同宽的窗，门旁开一大窗，最上部再开一个通烟气的小窗孔，俗称为"一门三窗"。

有的在窑门口用土坯砌成门脸儿，刷涂石灰，富裕的人家也有用砖、石砌门脸儿的，甚至整个崖面都高高地砌上一层砖墙；窑洞内也有用砖、石护砌在黄土外表的，有的还抹上泥灰，涂以油漆彩画，成为比较讲究的窑洞。

靠崖窑往往依山势挖成一排多孔窑洞，或上下数层多排窑洞。《隰州志》记载：

> 有曲折而入如层楼复室者，每过一村，自远视之，短垣疏窗，高下数层，缝囊捆屦，历历可指。

厢房 在正房前面两侧的房屋。四合院在建筑上有一套固定的规格：北面是正房，东西是厢房，东面的厢房叫东厢房，西面的厢房叫西厢房。南面是倒坐，东西南北四面都是房子，中间是天井，整体由廊子贯通。还有人说，从阳光照射的角度来区分早上光线先照到的是西厢房。

靠崖式窑洞有靠山式和沿沟式两种，窑洞常呈现曲线或折线形排列，有和谐美观的建筑艺术效果。在山坡高度允许的情况下，有时布置几层台梯式窑洞，类似楼房。

地坑窑是在地面上挖一个大坑，形成天井，然后再在坑中的土壁上挖洞开窑，形成独特民居。地坑窑因是在方坑中向四面挖窑，采光程度大不相同，所以在使用上，一般是北面的正房为会客、居住的地方，其他方向的窑洞用作储物及厨房等。后期用砖修砌门脸儿，坑沿挡水的土垄一般用屋瓦覆盖，类似一圈低矮的屋脊。

除了靠崖窑和地坑窑外，还有用砖或石砌成的窑洞式居室，即砖窑、石窑，又称作"锢窑"。锢窑的建造是先砌出房间的侧墙，上部以拱券的形式结顶，再将后部用砖封堵，前面建造门窗。锢窑可以建成一间或并列数间，也可组成院落，即锢窑院。

阅读链接

山西窑洞里多有土炕与炕围。土炕是休息睡觉的地方，也是取暖的设备。它三面靠墙，炕内部用土坯或者砖砌成纵横相通的通道，一头经过墙内通道直到房顶，为排烟气口，一头连接炕头的灶火是热源。

女主人在地下把柴火塞进灶口做饭，热量通过通道使全炕发热，全家盘腿坐在炕上围着炕桌吃饭，或是全家坐在炕上闲聊，有客来时让脱鞋上炕，围炕桌抽烟喝茶。有的地方经济富裕，还把火道通过火墙，取暖就更方便了。

与炕相连的是炕三面靠墙的墙面，从炕面起往上约一米，彩绘了各种图案、图像的装饰，这就是"炕围"，图画叫"炕围画"。

"炕围画"反映了农民的精神生活，有历史故事和传说，如"刘海戏金蟾""孟母三迁""孔融让梨""二十四孝图"等，也有翎毛花卉、山水人物，还有"连年有余""锦上添花""四喜齐来"等，包含着人们对未来生活的向往。

历史文化底蕴深厚的晋祠

晋祠初名唐叔虞祠，是为纪念周武王次子唐叔虞及母后邑姜而兴建的。晋祠内有几十座古建筑，环境幽雅舒适，风景优美秀丽，素以雄伟的建筑群、高超的塑像艺术闻名于世，是珍贵的历史文化遗产。

晋祠大门

晋祠门神

特色鲜明的地域风情

卷棚 中国古建筑中的一种形式，其屋面双坡，没有明显的正脊，即前后坡相接处不用脊而砌成弧形曲面。卷棚做法是先用椽子弯成木拱桥，然后沿此在椽子上钉上薄板即成，也有不用薄板而用薄薄的望砖直接搁在木拱架上。有时望砖涂上白灰，衬托出红褐色木拱架椽子，非常生动美观。

晋祠位于山西太原西南悬瓮山麓的晋水河畔，晋祠历代均有修建和扩建。南北朝天保年间，扩建晋祠"大起楼观，穿筑池塘"。

646年，唐太宗李世民游晋祠撰《晋祠之铭并序》碑文，又一次扩建。984年，依山枕建正殿，正殿供奉唐叔虞，北宋天圣年间，追封唐叔虞为汾东王，并为唐叔虞之母邑姜修建了规模宏大的圣母殿。

此后，还铸造铁人，增建献殿、钟楼、鼓楼及水镜台等，这样，以圣母殿为主体的中轴线建筑物就次第告成。原来居于正位的唐叔虞祠，坐落在旁边，退处于次要的位置，至此，晋祠格局始定，主体结构主要由水镜台、会仙桥、金人台、对越坊、献殿、钟鼓楼、鱼沼飞梁和圣母殿组成。

水镜台是明清时搭建的戏台，戏台分前后两部，后台为明代建造，前台是清代补建。前台立12根明柱支撑卷棚式屋顶，周围加各种装饰，制作工艺精细。后台台身四角立柱，有两面围廊与前台连成一体。

前后台之间设上下场门，中以木板隔开，上悬"水镜台"横匾。台基高出地面1.3米，前沿排列60厘米高的石望柱，嵌入石勾栏，将前后台围一周，使整个建筑浑然一体。

水镜台体现了殿、台、楼、阁4种风格。东面上部为重檐歇山顶，下部为宽阔的宫殿形制。西面上部是单檐卷棚顶，下面是宽敞的高台。这是一座由殿楼和卷棚合而为一的特殊建筑。

后半部分单檐卷棚顶楼台式是演戏的前台，面对圣母殿。四周为廊，门左右各一圆窗。据说台下埋着许多大水缸，每两个扣在一起，形成4个"大音箱"。因为有了这大瓮音箱，不论站在庙里何处，都能听到台上的声音。

水镜台上部悬着一块匾额，上书"三晋名泉"，是清代康熙武举杨廷翰所书，书体清秀，笔力遒劲。清代补建的卷棚上悬正额"水镜台"，是清代乾隆翰林、名书法家、晋祠人杨二酉所题，以秀丽著称，被誉为"晋祠三大名匾"之一。

献殿殿身三间，歇山顶、四周无墙，中间前后辟门，其余各间，在坚厚的槛墙上安叉子，形如一座凉

望柱 中国古代大型建筑物及桥梁的支撑石栏杆之间的石柱。古代祭祀的碑、碣、表、标、华表等也叫望柱。望柱分柱身和柱头两部分。望柱的柱身各面常有海棠花或龙纹装饰。柱头的装饰，花样繁多，常见的有龙纹、凤纹、云纹、狮子纹、莲花纹等。

■晋祠水镜台

■ 晋祠"鱼沼飞梁"
景色

特色鲜明的地域风情

《水经注》 北
魏郦道元著,中国
古代较完整的一
部以记载河道水
系为主的综合性
地理著作。全书40
卷、30多万字,详
细介绍了中国境内
1000多条河流以及
与这些河流相关
的郡县、城市、
物产、风俗、传
说、历史等。还记
录了不少碑刻墨迹
和渔歌民谣。

亭,灵巧而豪放。敬神时,燃一炷香,那五谷之气,便会使人置身于云雾漫漫、青烟缭绕的神秘氛围之中,从而使人的心灵不由自主地产生某种微妙的变化,上达于天,天人妙合。

鱼沼飞梁在圣母殿与献殿之间,建于宋代,呈十字桥形,如大鹏展翅,形状典雅大方,造型独特。四周有勾栏围护可凭依。

古人以圆者为池,方者为沼。因沼中原为晋水第二大源头,流量甚大,游鱼甚多,所以取名鱼沼。沼内立34根小八角形石柱,柱顶架斗拱和枕梁,承托着十字形桥面。

桥面作十字形,东西长19.6米,宽5米,高出地面1.3米,前后与献殿和圣母殿相接,南北桥面长19.5米,宽3.8米,左右下斜连到沼岸。

由于桥面东西宽广，南北下斜如翼，与地面相平，整个造型犹如一只欲展翅飞舞的大鸟，故称飞梁。飞梁北魏时已存在，北魏郦道元的《水经注》中即有"枕山际水，有唐叔虞祠，水侧有凉堂，结飞梁于水上"的记载。

晋祠最著名的建筑为圣母殿，圣母殿创建于宋代天圣年间。圣母为唐叔虞之母邑姜。圣母殿原名"女郎祠"，圣母殿坐西面东，位于中轴线终端。殿面阔七间，进深六间，重檐歇山顶，黄绿色琉璃瓦剪边，殿高19米。殿四周围廊，前廊进深两间，极为宽敞，是古建典籍《营造法式》中的"副阶周匝"制实例。

大殿檐柱侧角升起明显，殿堂结构为单槽式，即有一排内柱，殿四周除前廊外，均为深一间的回廊，构成下檐。殿内外采用"减柱法"，以廊柱和檐柱承托殿顶梁架，扩大了殿内空间。

殿前廊柱上有木雕盘龙8条，为宋代遗物。殿内存有宋代精美彩塑侍女像41尊、明代补塑两尊，这些彩塑中，邑姜居中而座，头戴凤

■晋祠圣母殿

■ 晋祠汾神像

特色鲜明的地域风情

冠，面部静谧慈祥，双腿盘坐在木制的方座上，一只手放在胸前，一只手放在腿上，手指隐在袖内，身上穿的蟒袍沿着膝盖垂向座位下边，整个塑像形态显得稳重而端庄。

待女塑像形象逼真，造型生动，情态各异，有的像是在招呼微笑，有的似乎在窃窃私语。彩塑侍女个个塑造得面目清秀，圆润俏丽，从容自若。在这些彩塑侍女身旁几乎能感到她们的呼吸和脉搏的跳动，仿佛听到年轻侍女们的娓娓低语，真是栩栩如生。

圣母殿内的彩塑、周柏唐槐和难老泉是"晋祠三绝"。周柏是北周时代种植的柏树，唐槐是唐代时种植的槐树，经几千年的岁月洗礼，至今还茂盛葱郁。三绝中最后一绝是难老泉。

晋水有三个源泉，一是善利泉，一是鱼沼泉，一是难老泉。难老泉是三泉中的主泉，晋水的源头就从

蟒袍 古代官员礼服。上绣蟒纹，因此称为蟒袍。妇女受有封诰，也可以穿。蟒袍的式样是齐肩圆领，大襟，阔袖，袍长及足，袖根下有"摆衩子"。周身以金或银线及彩色绒线刺绣艺术纹样。女式蟒与男式蟒大致相同。

这里流出。

晋祠的选址是非常讲究的。晋祠选择在了晋阳城西南的悬瓮山麓，背负悬山，面临汾水，依山就势，利用山坡之高下，分层设置，在山间高地上充分地向外借景，依地势的显露，山势的起伏，构成壮丽巍峨的景观。

山坡上的建筑处于视觉注意力集中的焦点，其整体趋势与山体内在的向上的趋势相呼应，获得了优美的天际廓线。

晋祠的布局集众所长于一身，创造了一个更为丰富合理的空间。通过层层递进，主次、大小、远近、虚实、动静、明暗的对比突出了主体空间，给人以变化丰富的感受，增强了其意境的表现力。

在组织空间序列时，综合运用了各种手法，着意处理各个空间的连接和过渡，从内部、外部组成一个连绵不断的有机整体，天空、山峦、流水、林木、瓦屋、殿宇交叠显示，时隐时现，从而使晋祠庄重、肃穆、神圣的气氛愈加强烈。

阅读链接

晋祠的金人台有四尊铁人，姿态英武。据说，一年夏天气候特别炎热，身披铁甲的西南隅的铁人忍受不了这难熬的痛苦，独自走到汾河边。看到一条小船驶来，要求船家把他渡到对岸。

船家说："渡你一人，人太少，再等等有无旁人。"

铁人一焦急说道："你能渡过我一个，就算你有能耐啦。"

船家看了看铁人说："你能有多重，一只船不止装一人，除非你是铁铸的。"一语道破了铁人的本相。瞬间，铁人立在汾河边，纹丝不动。船家抬眼一看，认出这是晋祠的铁人。船家不敢怠慢，急忙找了一些乡亲，把铁人抬回了金人台。

圣母勒令手下将领，把铁人脚趾上连砍三刀，表示对铁人不服从戒律的惩罚。因此，这尊铁人脚上留下了三刀印痕。

剽悍粗犷的民间锣鼓

　　山西民间锣鼓以粗犷、剽悍、雄奇、自然的地域特色，表现了山西人纯朴、率直、激昂、豪迈的情怀，被誉为"中国第一鼓"。

　　山西的锣鼓文化有着悠久的渊源。《山海经·大荒东经》和《太

■ 腰鼓

■ 山西锣鼓

平御览》都记载了这样一则上古神话：黄帝与蚩尤作战时，蚩尤非常厉害，"铜头啖石，飞空走险"，长着一副铜头，把石头当饭吃，可以飞沙走石。

后来，黄帝得到了一种奇特的野兽，其名为"夔"，"以其皮为鼓，橛以雷兽之骨，声闻五百里，以威天下"。最后通过"声震三千八百里"的鼓声，使蚩尤为之震慑，终于将其降服。夔并非实有的动物，而是像龙、凤、麟一样神奇的动物。

人们认为，夔这种动物神奇无比，用它的皮制作的鼓，其响声具有震慑力，可以除妖降魔，使人避灾趋利。这体现了山西人古老的动物崇拜。

山西锣鼓文化里积淀着丰富的神话、传说及图腾、巫术等古代宗教意识。在山西屯留县，古老的锣鼓艺术最早用于敬神祭祀活动，或天旱求雨，锣鼓手擂鼓时赤着身体，以示虔诚。

《山海经》 先秦一部富于神话传说的最古老的奇书，传世版本共计18卷，包括《山经》5卷，《海经》13卷。内容包罗万象，主要记述古代神话、地理、动物、植物、矿产、巫术、宗教、医药、民俗、民族等方面的内容，其中关于矿物的记录，它是世界最早的有关文献记载。

■ 威风锣鼓

特色鲜明的地域风情

扁鼓 一种打击乐器。扁鼓圆形，鼓框木制，两面蒙羊皮或牛皮，用绳索绷紧。鼓面直径37厘米至45厘米。主要流行于内蒙古、辽宁、吉林、黑龙江、西藏、青海、甘肃等地区。

在霍州一带，传说尧王时代当地便有以鼓乐祭神的习俗。在临汾、洪洞一带，有关于尧王把两个女儿嫁给舜后，每年农历三月初三女儿回娘家，四月初八再到婆家，当地百姓都组织庞大的锣鼓队迎送，并相互竞赛，于是"威风锣鼓"应运而生。

山西锣鼓种类繁多，内容丰富，总体风格以节奏强烈明快、场面壮阔见长，主要有"威风锣鼓""花敲敲""瞪眼家伙""牙鼓""花鼓""转身鼓""扇鼓""黄河锣鼓""五虎爬山""太原锣鼓"等，尤其是"威风锣鼓""黄河锣鼓""太原锣鼓""花敲敲"更为突出，各具特色。

"威风锣鼓"主要流行在晋南的洪洞、霍州、临汾、浮山、襄汾、河津等地。

最早表演人数一般为三十人，分工是四人挎扁鼓，三人拍铙，四人击钹，一人敲小斗锣，十八人敲锣鼓，表演时可原地、可行进，姿势变换灵活。

后来人们逐渐扩大阵容，由三十人发展为百余人，重大节日还专门组织几百人的大型表演。参加人员除青壮年外，还有老年和少年。

表演时演奏者身着民族服装，或黑色武士服，跨开双腿，挺起胸膛，仿佛有使不完的力量，气势磅礴，威武雄壮，擂出了黄河的威风。

其曲牌也根据需要不断变换翻新，有以花草命名的，如"刺带花""乱插花"等；有模拟自然音响的，如"风搅雪""七虎下山""狮子滚绣球"等；有以鼓点和曲牌顺序取名的，如"一点子""五点子""七点子""七排""十三排"等，还有借历史故事命名的，如"单刀赴会""六出祁山""七擒孟获""金沙滩"等。

《黄河锣鼓》流行于晋南平陆一带，它源于春秋时虞国的宫廷锣鼓，有2000余年的历史，演奏队由120人组成，以黄河渡船形式出现，表演的内容有黄

斗锣　中国民族打击乐器的一种，主要流行于广东潮汕地区。用于潮州大锣鼓、潮阳笛套大锣鼓和潮剧伴奏。锣面直径38厘米，锣边高6.5厘米，用长约22厘米的长方形木槌敲击。演奏时，左手抓锣边，右手执槌敲击，不敲锣中，而敲锣边。

独领风骚

三晋大地

■ 古代铜锣

■ 锣鼓表演用的单人钹

河春潮、黄河涛声、八面来潮、砥柱鸣澜等，用锣鼓钹铙模拟黄河的声响，惟妙惟肖，创造了完美的艺术境界。

如表演黄河涛声，先是各种乐器轮番奏鸣，接着鼓点逐渐密集、激烈，敲到高潮，猛打猛收，演奏者的身体也前颠后扑，左摇右晃，表现了黄河波涛汹涌、帆船颠簸的情景，也表现了弄潮儿力挽狂澜、搏击风浪的英雄胆略。

《太原锣鼓》是流行在太原和晋中一带的一种锣鼓音乐，特点是阵容整齐，大气磅礴，所用乐器有大鼓、大铙、大钹，要求拍铙、击钹的两组人数对等。在曲式结构和打击艺术上的显著特点是：重章叠句、长短错落，像古诗词的句式结构，能给人以厚重紧凑、回环反复的印象。

演奏中常常使用急煞停顿。演奏徐缓时如潺潺流水，急骤时则似大浪奔腾；轻敲时鸾铃叮当，重击时霹雳轰鸣。演奏者情态激奋，忽而抛镲亮相，忽而怀抱金瓜。音响、感情、表演交织融汇，引人入胜。

太原锣鼓常常把竞争引入演奏，分两队对垒进行。甲队一曲终了，乙队一曲开始，或两队同时开

锣 是中国古代濮族人民和壮族先民骆越部族最早使用的乐器之一。是中国传统的打击乐器，在中国民族乐队中占有非常重要的地位。它不仅在民族乐队、民间器乐合奏、各种戏曲、曲艺以及歌舞伴奏中使用，而且也是庆祝集会、赛龙舟、舞狮子、欢庆丰收和劳动竞赛中不可缺少的乐器。

打。这种对台演奏，越打越来劲，越看越振奋，有时演奏长达五六个小时也不肯罢休。

《花敲敲》又称花庆鼓、干鼓，流行于山西新绛县一带，演奏时以竹、木乐器为主，整个锣鼓队由30余人组成。演奏中尽量发挥鼓的优势，挖掘鼓的潜力，打遍了鼓的所有部位，连鼓环、鼓钉都不放过，也汇总了击鼓的各种技巧，使人耳目一新，别开一方天地。

花敲鼓因此得名，并传播四方。中间4个主要演奏者，传说分别代表牛、虎、狮子、麒麟，以镇邪恶。代表曲目是《秦王点兵》。表现历史上秦王屯兵绛州军民一片欢腾的热烈场面。

山西锣鼓中有一类锣鼓很有特色，那就是舞蹈锣鼓。舞蹈锣鼓是融舞蹈与锣鼓于一体，锣鼓的演奏者也是舞蹈的表演者，也称"鼓舞"。这是一种比较古老的艺术形式。

《转身鼓》也是一种重要的舞蹈锣鼓，主要流传在山西襄汾县一带，以转身击鼓而名。据传始于明代万历年间。它的鼓点曲牌很丰富，原有100多首。

曲牌大多短小洗练，富于变化。表现内容丰富，主要是

铙 又称为钲和执钟。中国最早使用的青铜打击乐器之一，其最初的功能为军中传播号令之用。流行于商代晚期，周初沿用。铙用响铜制成，呈圆片形，以两片为一副，相击发出声音，常和钹配合演奏。

■ 山西花鼓

农村生活题材，也有历史故事、动物态势。名称生动，很有吸引力，如"小娃摇耧""撅面片""摘豆角""麻雀叫喳喳""狮子大张嘴"等。

在击鼓技艺上变化多彩，因而能出现10多种不同的音响，模拟生活，使人倍增亲切感。与音响谐调，伴舞轻盈明快，灵巧多变。因为鼓是放在固定鼓架上的，表演者更能自如地发挥表演舞姿。

扇鼓亦称"太平鼓"。南部流行在曲沃一带，北部流行在朔州一带，是一种说唱鼓舞，起端于神祀。其鼓形如蒲扇，故名"扇鼓"。单面，用藤条或竹篾敲击。鼓柄缀串铁环数个，舞动时叮当有声，颇添几分情趣。

扇鼓的鼓者、舞者、说唱者一身三任，无须另行伴奏。鼓技、舞姿有多种变化，说唱内容随时代更新，贴近人们心理。演奏无一定人数限制，服饰无特殊要求，场地随处皆可，活动简便，十分受欢迎。

阅读链接

"瞪眼家伙"是山西屯留县东部和长治西部农村中广为流传的一种群体锣鼓舞蹈表演。最早起源于祭祀锣鼓乐。那时，每逢祭日，天近一更，村民听到敲锣击鼓的声音，家家便开始做祭祀准备，由于这个原因，瞪眼家伙又称"一更催"。

"瞪眼家伙"这个名字的来历有段小故事。相传清代光绪三年（1877年）大旱后的第二年，当地农业获得了大丰收，人们认为是神的赐予。为了感谢神的保佑恩赐，村民敲起锣鼓谢神，人们喜气洋洋，笑逐颜开并互视会意，敲锣拍镲者竟情不自禁地舞动起来，甚至互相敲拍，瞪眼传情，从此不仅改变了原来的呆板打法和队形，而且庄严肃穆的气氛也被欢快热烈的情绪所替代，由此产生了"瞪眼家伙"这个形象的名称。

独树一帜的山西面食文化

　　山西面食历史悠久，源远流长，已有2000多年的历史。尧时，人类吃五谷仍是与树叶煮着吃或烤着吃，还没有像后来的面食。

　　有一次，尧收获的五谷被倒塌的墙压碎了，又遇上一场雨，将重压后的五谷变成了浆。按当时的习惯，五谷只有和着树叶煮着吃的，现在破碎被雨浇了，应该扔掉了。但是一向俭朴的尧，还是一把一把将谷浆捧到光滑的石板上，想将它晒干后收藏。

山西石子馍

　　没想到雨后的太阳如火，烤得石头发烫，时间一长使得青石板上的谷浆变干变黄，并散

■ 制作莜面工具

发出奇异的香味。

尧拿来一块放在嘴里嚼，感觉非常好吃。于是尧便叫来百姓，教他们用石板将谷砸碎，然后用水、树叶和成浆，薄薄地铺在青石板上，并在青石板下点燃木柴，将谷浆烤熟食用，于是石烹的时代由此开始了。

在尧都临汾和运城一带，人们将这种饼叫作"尧王饼"或"石子馍"。后来的尧王饼以细面做成，有的还加上些花椒叶、盐、糖和蛋糊，非常香脆好吃。

山西面食不但历史悠久，而且品种繁多，广泛流传于民间，如：刀削面、拉面、擀面、剔尖、饸饹、猫耳朵、擦疙蚪、揪片、刀拨面、搓鱼、推窝窝、溜鱼儿、抿面、莜面栲栳等。

山西地处黄土高原，外缘山脉环绕，为温带大陆性气候。自然条件宜种植小麦和五谷杂粮。面食由此成为山西人的主食。蒸、煮、烧、烤、炸等多种制作方

馍 中国传统面食，是把面粉加水、糖等和匀，发酵后蒸熟而成的食品，其历史可追溯至春秋战国时期。中国幅员辽阔，民族众多，口味不同，做法各异，由此发展出了各式各样的馒头。

法与食法，形成了灿烂的面食文化。

在山西按照制作工艺来讲，面食可分为蒸制面食、煮制面食、烹制面食三大类，种类有280多种。

山西蒸制面食品种繁多，玉米面窝窝是过去最普通的主食。晋南晋中一带产麦区则多吃馒头。馒头分为花卷、刀切馍、圆馒、石榴馍、枣馍、麦芽馍、硬面馍等。杂粮蒸食有晋北、晋中、吕梁的莜面烤栲栳；忻州五台原平的高粱面鱼，另外还有稍梅、面塑等。

莜面栲栳是晋北、晋中、吕梁一带家庭主妇的拿手戏。她们将一大块热水和好的面团放于手背上，夹于中指和食指中间，放置光洁石板一块，随手一拐、手托一推、食指一挑一卷，筋薄透亮的一个个栲栳便整整齐齐地码放在笼中，急火蒸十来分钟出锅后，浇上羊肉蘑菇臊子或葱、油、盐、醋等，软筋适口、浓香不绝。

高粱面鱼是晋北的忻州、定襄、五台、原平、代县一带的家常饭。主妇们将和好的面挤成枣样大小的面块，两手同时从大案两头搓起，成细若香头的小鱼，蒸好浇上汤菜食之。

若是时间紧，来不及搓鱼，便捏成很薄的红面壳壳。要么掰成块加菜拌食，要么切条，用鸡蛋、酸菜炒食，同样成为美味。

稍梅制作工艺相对复杂。制作时将羊肉绞

臊子 是西部吃面食的一种卤汁，将肉切丁，加以各种调料，特别是香醋、辣椒等炒制而成的。臊子面是西北的一种传统特色面。臊子面历史悠久，尤以宝鸡岐山县的岐山臊子面最为正宗，用精白面粉、猪肉、黄花菜、鸡蛋、木耳、豆腐、蒜苗等料和多种调味品制成，以薄、筋、光、煎、稀、汪、酸、辣、香而著名。

■ 山西面鱼

酸菜 用白菜、卷心菜加水、盐腌渍的菜。酸菜古称"菹"，《周礼》中就有记载，北魏《齐民要术》，更是详细介绍了我们的祖先用白菜等原料腌渍酸菜的多种方法。流行于东北、河北、河南、山西、陕西、甘肃、宁夏、内蒙古等地。其中以东北的酸菜最为有名。

碎，放入盆内，加花椒粉、盐、白酱油、姜末、蒙子拌匀，再将西葫芦、韭菜切细放入，加麻油拌成羊肉馅。最难的是做皮，俗话说："稍梅好吃难和面，皮薄包馅打花难。"

做皮就是将面粉加盐和清水拌匀，揉透搓成条，揪成面剂子擀成片，用擀面杖把面片压出花边，放入盆内盖上湿布，然后用每张面片裹上些许羊肉馅包成形似梅花的稍梅，上笼用大火蒸约15分钟可熟，取出即成，形似花瓣盛开的雪梅，皮软馅鲜，香气诱人。

稍梅原来是山西农村有钱人家用作喜庆筵席的点心，由于口音变异也叫为"烧麦"。

面塑民间俗称"面人""面羊""羊羔馍""花馍"等。用面粉塑制诸如人物、动物、花卉、翎毛、瓜果等花样繁多的面塑。

山西面塑以上等的白面为原料，经过揉面、造型、笼蒸、点色而成，造型夸张、生动，用色明快、大方，风格粗犷、朴实、简练，并富有雅拙的美感，具有鲜明的民间和地方特色。

山西民间面塑主要包括两类：花馍和礼馍。花馍是配合岁时节令祭礼或上供的馍，如"枣山"在祭祀神灵之中，寓意"早生贵子"。

■ 美味烧麦

■ 山西花馍

用于清明节的飞燕花馍，既是扫坟祭礼的用品，也表示春燕飞来，阳光明媚。

礼馍，则是伴随诞生、婚嫁、寿筵、丧葬等人生仪礼而制作的馈赠物品。在山西晋南平原每当婴儿满月时，姥姥家都要蒸一种又圆又大、中间空心的花馍馍，俗称"囵囵"，妇女们把它用红包袱裹起来，一手提着囵囵礼馍，一手拉着小孩儿，来往于乡间小路，互赠于亲戚乡里之间，传递着浓厚的乡里乡情。

山西煮制面食品种丰富，制作多样，大体可分为50余种，制作方法有擀、拉、拨、削、压、擦、揪、抿等几十种，所用原料除小麦面外，还有高粱面、豆面、玉米面、荞麦面、莜麦面等，调料上自鸡、鸭、鱼、肉、海鲜，下至油、盐、酱、醋，不一而足。

山西烹制面食中，有很多各具特色、别有风味的烹制面食。山西流行这句话："晋南的馍、晋中的面、晋北的糕。"这里所说的晋北的糕说的是晋北的

独领风骚

三晋大地

清明节 中国民间传统节日，农历二十四节气之一，一般是在公历4月5日前后。清明一到，气温升高，正是春耕春种的大好时节，有"清明前后，种瓜点豆"之说。清明节是一个祭祀祖先的节日，传统活动为扫墓。

炸糕。在晋北一些地区，盖房要吃上梁糕，乔迁要吃搬家糕，婚嫁要吃锣鼓糕，逢年过节要吃节日糕……

晋北炸糕有"素糕""毛糕""脆炸糕"三种。素糕是把黍子去皮磨面，蒸成的糕，也叫"黄糕"；连皮磨面做成的糕为"毛糕"；将素糕包上馅，入油锅炸出的，就叫"脆炸糕"。

做炸糕最讲究做完糕后要留"糕根"，即在包完糕之后要剩一块素糕，把它捏成猪头状，即为"糕根"。预示有永远吃不完的糕。炸糕风味各异，各有各的味道，但同样好吃。

山西面食文化独树一帜，博采众长，面食种类不但极其丰富，口味独特纯正，而且很多都蕴含着深厚的历史文化，真是一边吃着香在嘴里，一边品着美在心里。

阅读链接

明清时期，山西人外出谋生的人很多，很多人三年五载才能返乡，家中妻子夜夜纺纱捻线苦苦等待。

一年冬天，晋中一个姓乔的商人返乡。见面后，妻子埋怨说，俺还不如天上的织女呢，人家织女每年七月七能和牛郎见面，俺却三年五载等你不回来。

丈夫指着妻子纺成的线说："我最爱吃面条，如果你能把面条做成像你纺成的线这么细长，我就年年回来。"

于是，妻子一改往日的做法，细添水、巧和面，加盐，加碱，轧面饧面，反复多次，和得面团油光发亮，柔韧无比，然后她将面条切成小条，两手一拽，案上三甩，打扣再拉，如此反复几扣，再拉再拽再甩，最后，一把如丝如线的面条出现了，煮好后捞入碗中，浇上香喷喷的肉汁捧给丈夫。

丈夫拿筷子挑动，大喜过望，狼吞虎咽，连吃三大碗，看着妻子问道："娘子手艺非凡，不知此面叫什么名字？"

妻子笑道："长相思长拉面。"拉面的名字由此而得。

赣江拾英

　　江西人文辉煌灿烂，为华夏文化之登峰造极起到了极大的推动作用，从而对中华文化的进程做出了无与伦比的贡献。

　　江西景德镇陶瓷生产与艺术，对中国文化发展，曾有过极为重要的影响，它作为中国文化的象征，传播于全世界。

　　另外还有光泽古朴的宜春脱胎漆器、精致多彩的李渡毛笔与江西竹编、石冠群山的龙尾砚、名品迭出的婺源绿茶等。精英荟萃，风姿纷呈。

名扬天下的景德镇陶瓷

　　自古以来，江西景德镇是中华瓷器之国的代表和象征，制瓷历史悠久，瓷器精美绝伦，闻名全世界，故有"瓷都"之称。

　　景德镇生产瓷器的历史源远流长，唐代烧造出洁白如玉的白瓷，便有"假玉器"之称。在宋代御赐殊荣，即皇帝宋真宗将年号景德赐

景德镇博物馆

■ 清代景德镇瓷器
制作图

给景德镇，于是景瓷驰名天下。

　　之后，历经元、明、清三代，成为"天下窑器所聚"的全国制瓷中心。时至清代康熙、雍正、乾隆三朝，瓷器发展到历史巅峰。

　　2000多年的制瓷文化和技艺的深厚积淀，为景德镇奠定了举世公认的瓷都地位。景德镇瓷器"白如玉，薄如纸，明如镜，声如磬"，尤其是熔工艺、书法、绘画、雕塑、诗词于一炉，真是"贵逾珍宝明逾镜，书比荆关字比黄苏"。

　　其中典雅秀丽的青花，五彩缤纷的彩绘，斑斓绚丽的色釉，玲珑剔透的薄胎，巧夺天工的雕塑，无一不是中华文化艺术的瑰宝。

　　在这些绚丽多彩的名贵瓷器，通过各种渠道，沿着陆上"丝绸之路"，海上"陶瓷之路"，"行于九域，施及外洋"，为传播中华文化艺术，经贸交往，发挥了积极的推动作用，对世界文化的丰富和发展做出了重大贡献。

荆关　指五代时的山水画家荆浩和关仝代表的北方山水画派，开创了独特的构图形式，善于描写雄伟壮美的全景式山水。

苏黄　指北宋著名书法家苏轼和黄庭坚。其中，黄庭坚书法的最大特点是重"韵"，持重风度，写来疏朗有致，如朗月清风，书韵自高。苏轼的书法重在写"意"。

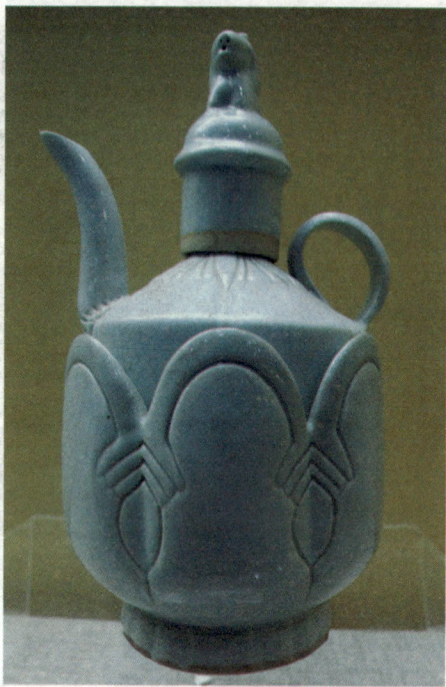
■ 宋代青白釉注瓷器

特色鲜明的地域风情

宋代，景德镇瓷器以灵巧、典雅、秀丽的影青瓷而著称于世。

这种影青瓷是在五代烧制青瓷和白瓷的基础上烧造成功的。

影青瓷瓷胎加工精致细腻，有"素肌玉骨"之誉，釉色白里泛青，青中有白，莹润如玉，加上釉下瓷胎刻有各种精细的花纹，三者互相结合，交相辉映，相得益彰，形成"颜色比琼玖"的影青瓷。

具有精细秀丽，清澈典雅，"光致茂美"的风姿绰约，成为中国陶瓷史上一个极其珍贵的品种，使得景德镇跻身于宋代名窑之林。

宋代时，景德镇制瓷业已呈现繁荣局面，窑址分布多至30处，有窑"三百余座"，陶瓷的器型也发展到数百种之多。宋代的景德镇不仅烧造出了温润如玉、品种繁多的影青釉刻花瓷，而且成功地烧造出大批造型各异、风格独特的影青釉瓷雕和仿造出了多种颜色的彩釉瓷器。

元代时，景德镇成功地烧造出青花瓷和釉里红瓷，这是两种极具特色和名贵的种类。

青花着色力强，呈色稳定，纹饰永不褪脱，且风格幽靓典雅，素净秀丽。光润透亮的青花釉与素雅明净的白胎巧妙配合，互相衬托，颇具中国水墨画之特色，并且标志着由素瓷转为彩瓷的新时代的到来。

水墨画　中国绘画的一种形式，更多时候，水墨画被视为中国传统绘画，也就是国画的代表。以中国画特有的材料之一，墨为主要原料加以清水的多少引为浓墨、淡墨、干墨、湿墨、焦墨等，画出不同浓淡即黑、白、灰的层次，别有一番韵味，称为"墨韵"。

元代时，青花以其多层次，满画面，主次分明的装饰特征和以彩绘为主兼刻、划、印花的装饰技法，为中国陶瓷艺术的发展开辟了一条新的途径。

釉里红以铜红料在胎上绘画纹饰罩以透明釉在高温还原气氛中烧成，使釉下呈现红色花纹瓷器，烧成难度大，色彩艳丽，以至于流传千年仍是一个极其珍贵的瓷器品类。

釉里红可以单独装饰瓷器，亦可以与青花结合，称作青花釉里红，两者相映生辉，极其名贵。

同时，在高温颜色釉的烧制方面也取得了突出的成就。设立于1278年的浮梁瓷局掌烧的"枢府"瓷，胎体厚重呈失透状，色白微青，恰似鹅蛋色泽，又称"卵白釉"。

这种洁白润泽的枢府卵白釉，是青花和釉里红等彩瓷赖以产生和发展的基础，也为以后釉上彩瓷器和明初"洁白"瓷的发展打下了一定的基础。

其他色釉如红釉、蓝釉、金釉等的出现，标志着人们对各种呈色剂的发色规律已有熟练的掌握，使景德镇瓷器装饰异彩纷呈，从而结束了元代以前瓷器的釉色主要是仿玉类银的局面，预示着新时代

■ 景德镇青花瓶

300

特色鲜明的地域风情

的到来。

到了明代，景德镇官民竞市，"有明一代，至精至美之瓷，莫不出于景德镇""合并数郡，不敌江西饶郡产……若夫中华四裔，驰名猎取者，皆饶郡浮梁景德镇之产也"，景德镇真正成了"天下窑器之所聚"之地。

除了在继承前代技术并发扬光大的种类烧造方面外，明代景德镇还消化和吸收了各大日益没落的著名窑场的优秀技艺，并广采博收外来文化的精华，不拘一格，大胆创新，创造了许多新的品种、新的造型、新的装饰，真正是"开创了一代未有之奇"，而所有这些创新，不仅造就了明代景德镇在全国制瓷业的中心地位，而且光照千秋，辉映千古。

永乐时，景德镇成功地烧出了"玲珑瓷"，到成化年间，又造出精细的青花玲珑瓷，玲珑瓷碧绿透亮，青花青翠幽雅，融为一体，引人入胜。

"大龙缸"和"薄胎瓷"的烧造成功，是明时景德镇瓷业高度技术成就和制瓷技师惊人智能的体现。

■ 景德镇窑五彩花卉纹瓣口盘

大龙缸，直径高度均达70厘米以上，通身饰以五爪龙须，形制巨大，气势宏伟，庄重肃穆，为帝王专用之物，他人不可僭越使用，进而更显它的神秘。

薄胎瓷的制作，从另一个方面显示了制瓷技师的艺术匠心和智能，最薄最细的薄胎瓷器，其厚度只有0.5毫米，最厚的也只有1毫米，真正是"胎薄如纸"。

清代前期的景德镇制瓷业，无论是官窑还是民窑，无论是产品造型、装饰技法，还是装饰题材、装饰风格，都达

■ 陶瓷人物作品

到了"参古今之式，运以新意，备诸巧妙，于彩绘人物、山水、花鸟，尤各极其胜"的极度繁荣境界，制瓷技术几乎达到了炉火纯青、出神入化的地步。

此时的景德镇"延袤十余里，民窑二三百区，工匠人夫不下数万，借此食者甚众，候火如候晴雨，望陶如望黍垛""利通数十省，四方商贾，贩瓷者萃集于斯"。与明代一样，清代也是官窑民窑并存共荣，并且均有名窑精品。

在五彩基础上，受珐琅彩制作工艺的影响而于康熙年间始创的粉彩，到雍正年间获得空前的发展，并且有"清一代，以此为甚"，彩料中砷元素的掺入，加上国画没骨法渲染手法的运用，突出了书画的阴阳、浓淡、深浅的立体感。

没骨法 国画术语，直接用彩色作画，不用墨笔立骨的技法。分山水没骨和花鸟没骨两种，这种画法打破了前代习用的"勾花点叶"法，以彩笔取代墨笔，直接挥抒，从而产生了一种全新的时代风格。这种技法的形式是用青绿重色画的山水画，并染出明暗部分，与西画的形式相似。

同时粉彩烧成温度较古彩低，色彩对比比较和谐，因而显得粉润柔和，色彩丰富绚烂雅丽，形象逼真，构图文雅隽秀，所谓"鲜娇夺目，工致殊常"。

特别值得一提的是集诗、书、画、印于一身而又以瓷器艺术为第一的督陶官唐英主持下的唐窑，成就辉煌，既是乾隆一朝的代表，也是中国古代制瓷史上成就的代表。

1728年，唐英以47岁之身协理窑务，他以陶人之心主持陶政。胎质、釉面、器型、品种、工艺手法、装饰形式、釉上和釉下彩绘，无论仿古，还是创新，无不登峰造极。

在乾隆时期，景德镇的瓷窑很多，而且分布很广，这个时期生产的青花瓷画面清晰干净，色彩翠蓝光艳，给人以清新明快之感。

五彩瓷器色调强烈，富丽堂皇，较之明代又有发展。粉彩瓷器色调柔和，层次分明，富有立体感。在瓷胚上用西洋油画技法作画，再入窑烧制成的珐琅彩瓷器，融汇中西，异常精美，是皇宫的专用品。

阅读链接

景德镇瓷器造型优美，品种繁多，装饰丰富，风格独特。瓷质"白如玉、明如镜、薄如纸、声如磬"，景德镇陶瓷艺术是中国文化宝库中的重要财富。

景德镇瓷雕制作可以追溯到1400多年前，远在隋代就有"狮""象"等瓷雕制作。

后世的景德镇，瓷雕工艺精湛，工艺种类齐全，有圆雕、捏雕、镂雕、浮雕等，千姿百态、栩栩如生；装饰丰富，有高温色釉、釉下五彩、青花斗彩、新花粉彩等；艺术表现力强，有的庄重浑厚，有的典雅清新，有的富丽堂皇，鲜艳夺目。

青花、玲珑、粉彩、颜色釉，合称"景德镇四大传统名瓷"，薄胎瓷堪称神奇珍品，雕塑瓷为中国传统工艺美术品。

光泽古朴的宜春漆器

　　宜春位于江西省西部，自古以来以盛产夏布、花爆、漆器而闻名。宜春漆器创始于东汉时期，至少有1700多年历史。

　　中国漆器历史久远，早在2000多年前，漆器的制作已达到惊人的高超技艺。宜春脱胎漆器的原产地在宜春袁州，由于其地处赣西北丘陵地带，全年四季如春，雨量充沛，水资源丰富，森林面积覆盖广，树木茂密，这为宜春脱胎漆器的制作提供了丰富的资源。

　　宜春脱胎漆器有着悠久的历史，据史料记载，明代就有作坊，清代康熙年间大增，当时就有帽筒、果盒、花瓶、托盘等十九大类别。

　　宜春脱胎漆器造型美观，轻巧玲珑，色泽明丽，光亮如镜，不怕水浸；

脱胎漆器

■ 脱胎漆器

特色鲜明的地域风情

景泰蓝 中国著名的传统手工艺品，又称"铜胎掐丝珐琅"，俗名"珐蓝"，又称"嵌珐琅"，是一种在铜质的胎型上，用柔软的扁铜丝，掐成各种花纹焊上，然后把珐琅质的色釉填充在花纹内烧制而成的器物。因其在明朝景泰年间盛行，制作技艺比较成熟，使用的珐琅釉多以蓝色为主，故而得名为"景泰蓝"。

耐温、耐酸、耐碱、耐腐蚀；使用时间越久，光泽越发光亮。

宜春脱胎漆器制作技艺是一种极富民族风格和地方特色的传统手工技艺。其产品以轻巧玲珑、色泽秀丽、图式多样、风格古朴典雅等特色闻名于世，更因其漆面牢固、便于携带而深受大众欢迎。

宜春脱胎漆器的生产纯属手工操作，先制模型，再以棉布、绸布、夏布裱在模型上，涂上调配好的液漆，待阴干后脱下内胎，然后填灰、上漆，再进行打磨、抛光、装饰，前后要经过数十道工序才能制成。

后来，宜春漆器在继承和发展传统工艺的基础上，将漆器、瓷器、铜器、银器、玉器、景泰蓝等制作工艺熔于一炉，并采用金银镶嵌、刻漆、雕填、彩金花、磨漆画、"赤宝沙""绿宝沙"等多种加工技法，生产出的脱胎漆器各呈异彩，形成了自己的独特风格。

清朝末年，宜春脱胎漆器迎来了一个值得大书特书的时期，据记载："宣统元年，宜春脱胎漆器参加国际南洋赛会，获双龙银质奖。"

这是一个国际性的博览会，该获奖作品就是宜春著名的脱胎漆器艺人杨荣大制作的。从此，宜春脱胎漆器名扬中外，宜春脱胎漆器得到光大，如"风耳赤金砂花瓶"多次获得国内外大奖。

传统的宜春脱胎漆器产品有200多种，分为八大类，即盘盒类、瓶类、雕塑类、仿古类、手杖类、宗教用具类、寿星观音类等，都是极具民族特色的产品。

　　后来，宜春又开发了挂屏、漆画等，形成了实用、包装、装饰三大系列，共680多个花色品种。

　　传统的脱胎漆器制作工艺复杂，整个生产过程有十几道工序，主要工艺流程是：设计图纸、审核图纸、制模、模型处理、楷坯子、脱胎、接合、刷灰砂磨、上漆、抛光、装饰、检验、包装。

　　最为关键的是楷坯子和脱胎技艺，即先用漆灰作黏合剂，将漆灰涂在夏布上，再把夏布裱在制好的模型上，待其阴干，将坯胎脱下，即为脱胎。坯胎经过数道复杂的手工操作程序，最后抛光装饰而成。

　　传统的装饰方法，以漆刻为主，如线刻擦锡就是其中一种。此外，还有贴金、彩绘、浮雕图案、阴刻图案等数种，色彩艳丽，富丽堂皇。

　　宜春脱胎漆器的图案多以山水、花鸟为主。山水颇有诗的意境，花鸟多以喜鹊、蜡梅、兰花、修竹为主，线条洗练，风格潇洒。

■脱胎漆器

制作宜春脱胎漆器的主要器具和设施有以下几种：制模需要木料、泥巴、石膏；脱胎需要刀、夏布、胶水、砂纸、抛光机；手工材料需要贝壳、蛋壳、金银粉等。

后来，采用赤宝砂、绿宝砂、锡箔镶嵌、雕填、暗合、填彩、浑金等新工艺，生产出大批产品，主要有花瓶、仿古制品、人物雕塑、动物雕塑、果盒、罐等。

之后，又成功地在漆器上使用丝网版印刷图案，其产品色泽光亮，古朴雅致，质地优良，既可作实用物器，又可作艺术品欣赏，产品远销全国各地及世界各国。

除宜春外，江西波阳的漆器历史悠久，制作精巧，以造型新颖，漆面光泽，内壁光滑见长，始于汉代，明清以后，享誉江南，远销东南亚、欧美和日本。

波阳布胎漆器脱胎法较为先进：以松香雕作阳模，或将松香熔化灌入阴模成阳模，用漆布裱褙成胎，胎成后击碎松香，一次脱胎成型，布胎没有接缝，平整光滑。波阳漆器代表作如漆画《江南四月》《踏清》《鱼鹰》等。

阅读链接

宜春脱胎漆器是坯胎经十几道复杂的手工操作程序，最后抛光装饰而成。推光漆是制作漆器的主要原料，其制作是用猪胆作添加剂。黑推光漆产品光可鉴人，如黑色宝石，色泽深沉、含蓄。

宜春脱胎漆器的制作，每件一般最少要半年，多则要一两年，时间周期长，环境条件要求严格，相对湿度要求较高，工艺精细，可谓巧夺天工。

它集所有中国漆器之精髓，继承千百年来传统脱胎漆器制作工艺技术，有极高的使用价值和收藏价值。

李渡毛笔与江西竹编

江西赣文化源远流长，文风甚盛。李渡毛笔已有1700多年的生产历史，传说秦代蒙恬发明"柳条笔"不久，咸阳人郭解和朱兴由中原徙入江西临川李渡一带，传授制笔技艺。

■ 狼毫

经过世代相传，逐步形成一套独特的制笔工艺，博得了历代文人墨客的青睐。

晋代著名书法家王羲之担任临川内史时，对李渡毛笔爱不释手。他的书法珍品有不少是用李渡毛笔书写的。由于王羲之的缘故，李渡毛笔声名大振。

李渡毛笔品种繁多，式样新颖，大小齐全，长短兼备。品类有狼、紫、鸡、羊、兼五毫；装潢分黑、白、花、炕四管；笔锋则有红、绿、黄、白、青、蓝、紫七色。其中尤以"纯净紫毫""七紫三羊""墨翰"等名牌传统产品，风靡世界各国。

受欢迎的出口品种还有"书家妙品""百花争艳""进贤独秀""白云狼毫""羊毛小楷""极品纯净狼毫"等19个。

江西气候温暖湿润，盛产各种竹子。因此，竹编工艺遍及全省各地，江西竹编自明清起便饮誉大江南北，畅销十几个国家和地区。

铅山河口地处赣东北信江上游，竹编历史悠久。这里竹源丰富，竹艺制品早在明末清初就已成为土特产品，畅销大江南北。当时仅制作一些竹床、竹椅、躺椅等粗笨竹器，后来已有多种产品。

河口的竹编工艺，确实令人赞叹。艺人们将质地坚韧、富有弹性、皮面洁净、纤维细长的竹子，劈成薄如绸绢、细如纱线的片或丝，再染上绮丽的

竹编食盒

色彩，精心编制成各种玲珑剔透、美观轻便的器皿，颇受欢迎。

河口竹编工艺精湛，将造型结构的形体美、构质材料的质地美、编织工艺的形式美有机地结合在一起。

还有赣南瑞金的竹编艺人，经过巧妙的艺术构思，结合丰富的生活经验，设计生产出各种鸟兽虫鱼和生活用品，其细腻的工艺，精湛的技巧，深得人们好评。

瑞金竹编工艺历史悠久，用料上乘、造型美观、色彩鲜艳、技术精湛、品种上百。具有防蛀、防霉性能。主要产品有各种竹编瑞兽、小草人、果盒、篮盘等。适宜家居摆用和艺术欣赏。

瑞金传统竹编工艺由最初的竹，经过破篾、劈条、开片、分层、梳丝，演变为漂白、染色、上光、防霉蛀处理，使产品更逼真。同时运用雕刻、装点等手段，成为艺术品。

例如一个猫头罐，底座用竹编为本，将原本废弃不用的竹壳剪成羽毛来装饰，爪用竹板装饰，等等，活灵活现，惟妙惟肖，这就是瑞金竹编的特色。它将毛竹全身原料综合运用，使产品浑然天成，返璞归真。

仅是一个猫头罐，就需要经过30多道工序，主要

■ 竹编松鼠

破篾 是一种古老、传统的手工艺。在农村，有一种工匠，叫"篾匠"，也称"篾工"。他们的工作是把竹子制成一些生产和生活用品，如箩筐等。其中的第一道工序就是破篾，其实就是把竹子用一种专用的篾刀来破成制作产品所需要的一根根的篾条。

篾刀 或称刮刀，是中国古老的生产工具之一。此种刀呈竹叶形，器身略往上曲翘，背有脊，断面呈"人"字形，两刃前聚成尖锋，后部平直，这种器物在中国广西的墓地出土较多。它的出现，与当时竹器编织业有关。

包括破篾、编织、雕刻和油泡等。制作中用到的竹编工具更是有10多种，像篾刀、匀刀、梳具、模具、刻刀等更是不能少。

如果说江西其他地方的竹编动物器皿形态生动、秀雅宜人、富有浓郁装饰趣味的话，那么景德镇瓷胎竹编则更胜一筹。

景德镇瓷胎竹编，是用千百根细如发、软如绵的竹丝，均匀地编织于洁白如玉的瓷器之上的一种竹编制品。因为竹丝依胎成形，随胎编织，紧扣瓷胎，胎弯竹弯，形曲篾曲，编织成功后，竹丝和瓷胎浑然一体，天衣无缝，所以又称"竹丝扣瓷"。

由于竹篾都染上美丽的色彩，以洁白如玉的瓷器为胎，外面织就各种玲珑剔透、美观轻便的篾罩，犹如冰肌雪肤的美人穿上了一件艳丽雅致的锦衣，使景德镇名瓷锦上添花。

■ 竹编骆驼

清雅莹润的丝竹和洁白如雪的名瓷相映成趣，使它在中国众多的竹编工艺品中卓然独立、与众不同，别具一格。

瓷胎竹器巧妙地将雕刻、彩绘、嵌镶画等的艺术特色熔为一炉，集于一器。所以，它一经问世，便名扬四海，并畅销全国以及世界各地。

■ 竹编苏武牧羊

竹编这一古老的民间艺术在景德镇荷塘乡有着悠久的历史。荷塘毛竹资源十分丰富，为竹编技艺提供了得天独厚的条件。

早在明清时期，人们就用竹子编成竹篓供应景德镇瓷窑装瓷器、编竹架存放瓷坯、编竹篮洗菜、编斗笠避雨、编鱼篓捉鱼虾等。

特别是编进京赶考的考篮，说明荷塘乡早就有了竹编技艺。由于当时没有布的书包和皮箱，进京科举考试之前，都要请篾匠师傅们做一个精美的长方形篮子装学习用品。

同时，人们将会竹编手艺的人称为"篾匠师傅"。谁家要做个篮子、打床凉席，就把篾匠师傅请回家，好酒好饭招待。竹编作为谋生的手艺，依靠篾匠师傅的口传心授，代代相传。荷塘竹编技艺因此得以发展。

嵌镶画 也称"镶嵌画"，是用有色石子、陶片、珐琅或有色玻璃小方块等嵌成的图画，主要用以装饰建筑物天花板、墙壁和地面，以陶瓷镶嵌壁画最为流行。

竹编技艺看似简单，实则奥妙无穷，若要变化则需要换编法并采用不同技法方可完成。

竹器生产一般有三个过程：选料、劈篾、编织。

第一步是选料。选竹子很有讲究，竹龄一两年的不能用，最起码要选三四年的竹子，并且是长得茂盛的竹子。选好合适的竹子还需要根据制作产品的种类、尺寸的要求锯好竹料。

第二步是劈篾，即竹子加工成篾丝或篾片。劈篾要洗干净竹子，绞平节疤。

劈篾十分讲究技巧，手和刀要成一条线，双手用力要均衡。为了防蛀、防霉，还要高温煮篾。

第三步是编织，竹编的编制技法很多，内容丰富，篾匠师傅采用直径纬编、六角六方编、三角眼编、虎头眼编、转角立体编、回旋还原编、多边钱眼编，长长的竹丝瞬间就组成了各种图案，让人眼花缭乱。在编制过程中，对篾丝或篾片中还要进行漂白和染色、烘干、喷漆。

竹编相关制品种类繁多，有竹编瓷篓、篮子、斗笠、鱼篓、竹椅、竹床、谷箩、竹凉席、挎篮等生产生活工艺品。

阅读链接

竹编技艺是具有鲜明的地方特色的民间工艺，是人们适应自然、改造自然、创造生活的艺术结晶。发展竹编不仅能减缓劳动力的就业压力，而且还可以促进当地农民增收，帮助农民致富。

手工竹编工艺品，是在民间日用品的基础上形成的。许多竹编作品本身就是一件日用品，但都具有一定的艺术性和欣赏性。因此，大部分竹编工艺品是实用与欣赏相结合的作品，只是侧重点不同而已。

手工竹编产品集实用、环保、艺术、审美、观赏等多种功能为一体，成为极具地方特色的乡土民间工艺品。

石冠群山的江西龙尾砚

中国著名的文房歙砚因产于古歙州而得名，但是却以江西婺源龙尾山下溪涧中的石材所制最优，故歙砚又称"龙尾砚"。婺源古代时即属歙州。

龙尾砚石质坚韧、润密，纹理美丽，敲击时有清越金属声，贮水不耗，历寒不冰，呵气可研，发墨如油，不伤笔毫，雕刻精细，古朴大方。

龙尾砚因其石纹各异而拥有不少雅称，可分为眉子、螺纹、金星、金晕、鱼子、玉带等石品。螺纹砚中，以纹理细密的古犀螺纹、鱼子螺纹和暗细螺纹为最佳。

龙尾砚各名品特质不

文房四宝之歙砚

■ 四大名砚之一歙砚

一，如金星砚，砚石中散布金黄色点，黑地黄星，宛若夜幕繁星；螺纹砚，蓝黑细线似螺纹，细的如发丝，粗的似卷带，起波的灵动，像卵石见扁见圆；蛾眉砚，卧蚕、柳叶都似眉，有的还成双成对，恰似脸上挂双眉。

另外鱼子纹、瓜子纹、枣心纹、算子纹、松纹、豆斑纹、角浪纹等也各有千秋，雕砚名家们一般都会因材琢砚，让纹彩尽量展现出自然纯朴的姿色，使得天工妙手合一，交相辉映。

尽管螺纹砚实用价值很高，但名气并不是最大，歙砚中名气最大的是金星砚。从唐代开采歙石以来，金星砚的名气一直高居首位，被人们认为是龙尾砚的代表。

金星砚硬度高，坚润耐磨，且越磨越亮，冲洗容易，光亮如初，是砚中之上等佳品。

早在唐代开元年间，婺源龙尾砚已有生产，据北宋唐积《歙州砚谱》记载：婺源砚在"唐开元中，猎人叶氏逐兽至长城里，见叠石如城垒状，莹洁可爱，因携之归，刊出成砚，温润大过端溪"。自此以后，歙砚名冠天下。

据五代陶谷《情异录》记载，唐开元初年，玄宗赐给宰相张文蔚、杨沙等人的"龙鳞月砚"，就是歙

米芾（1051—1107）北宋书法家、画家、书画理论家。天资高迈、人物萧散，好洁成癖。被服效唐人，多蓄奇石，世号米颠。书画自成一家，擅画枯木竹石，时出新意，又擅画山水，创为水墨云山墨戏，烟云掩映，平淡天真。他擅长写诗，并精通书法和鉴别。擅篆、隶、楷、行、草等书体，善于临摹古人书法，达到乱真程度。是宋代四家之一。

州产的一种较为名贵的金星砚，据此可知，龙尾砚的问世至少有1200余年历史了。

唐文学家李山甫赞龙尾砚诗道：

追琢他山石，方圆一勺深，
抱才唯守墨，求用每虚心。
波浪因纹起，尘埃为废侵，
凭君更研究，何啻值千金。

该诗记述了唐代龙尾砚波浪纹就已定名，由于石品名贵，雕工讲究，才"何啻值千金"。

盛唐时，龙尾砚已大盛。如唐开成年间的箕形歙砚，石质细润，色泽清纯，具有"涩不留笔，滑不拒墨，瓜肤而谷里，金声而玉德"等优点，是早期歙砚的珍贵遗存。

在南唐时期，龙尾砚大受宠遇，中主李璟精意翰墨，宝重歙石，专门在歙州设置了砚务，选砚工高手李少微为砚务官；后主李煜对龙尾砚极为推崇，把龙尾砚、澄心堂纸、李廷硅墨三者称为"天下冠"。

李少微为后主李煜雕刻"砚山"一方，该砚奇

龙尾砚

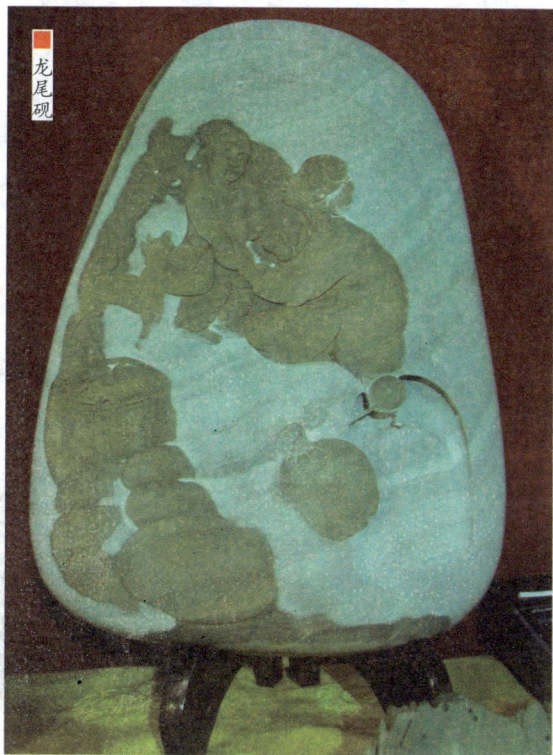

峰耸立，山水相依，被李后主视为至宝。到宋时，该砚落到北宋书画家米芾手里。

米芾为其铭道：

> 五色水，浮昆仑，潭在顶，出黑云，挂龙怪，烁电痕，下震霆，泽厚坤，极变化，阔道门。

不仅如此，后来，米芾还用此砚换取了友人苏仲恭的一片宅地。

宋代，龙尾砚获得很大发展，龙尾石开采规模扩大，龙尾砚精品不断涌现，名色之多、质地之细、雕镂之工，为诸砚之冠。如歙县宋代窖藏发现的17块龙尾砚，石质与造型各异，制作巧妙，展现了龙尾石精美绝伦的面貌。

苏轼有两方名砚。其中有一方龙尾砚，铭为："东坡砚，龙尾石，开鹄卵，见苍壁，与居士，同出

蔡襄（1021—1067）字君谟，先后在宋朝中央政府担任过许多重要官职。主持建造了中国年代最早的跨海梁式大石桥——泉州洛阳桥。蔡襄为人忠厚、正直，讲究信义，且学识渊博，书艺高深，书法史上论及宋代书法，素有"苏、黄、米、蔡"四大书法家的说法。蔡襄书法以其浑厚端庄，淳淡婉美，自成一体。

■ 婺源歙砚

入，更寒暑，无燥湿，今何者，独先逸，同参寥，老空寂。"

徐虞部有方龙尾石砚，请书法家蔡襄品第，蔡襄看后题诗赞曰："玉质纯苍理致精，锋芒都尽墨无声。相如闻道还持去，肯要秦人十五城。"

据砚谱记载，宋代时，龙尾石名目有眉子纹7种，外山螺纹13种，水玄金文厥状10种，各种纹色灿然烂漫。如眉纹枣心砚、银色冰纹砚和抄手砚。

其中冰纹砚长19.8厘米，厚4厘米，正视纹路为山峦起伏，侧视则银丝万缕，砚背镌有隶体"歙石绝品"四个字。抄手砚左侧阴刻隶书"世路艰、人业异、与石交、不相弃"，右侧阴刻篆书"结邻"。

元代以后，龙尾石开采时断时续，但成砚依然大量涌现，成为明清宫廷和士绅之家赏鉴流连的珍品。

《西清砚谱》中记载，明代书法家董其昌有一方仿汉瓦样龙尾砚，长18.8厘米，宽10.9厘米，此砚后归唐寅，清代又被皇家所藏。

砚上有董其昌铭为："博以方，温而粟，润鸿藻，翼经术"；唐寅铭为："古瓦尚多炎汉制，墨光能射斗牛寒"；乾隆帝铭为："歙之石，龙尾最，式萧瓦，汉制派，董以画名，唐以画经……"

明代名砚主要有"冰纹银光砚""白眉子砚""蝉

唐寅（1470—1524）字伯虎，一字子畏，号六如居士、桃花庵主、鲁国唐生、逃禅仙吏等，人称"唐伯虎"，苏州府吴中人士。他玩世不恭而又才气横溢，诗文擅名，与祝允明、文徵明、徐祯卿并称"江南四大才子"，画名更著，与沈周、文徵明、仇英并称"吴门四家"。同时，他在文学上亦富有成就，著有《六如居士集》等。

形三足砚""蛙蜥栖穴砚""三足圆形金星砚"。

"蝉形三足砚"长34厘米，厚6.5厘米，墨池开在蝉头部，池前部两角外突作蝉眼，构思巧妙，造型生动有趣。

"蛙蜥栖穴砚"，长21.2厘米，宽14.2厘米，厚4.4厘米，间有阔眉纹，蛙、蜥清晰可见，蛙借凹洼为栖地，两蜥沿池追逐嬉戏，造型简朴，图饰生气盎然。

清代，歙丞、书法家高凤翰酷爱龙尾砚，自选自雕，右手残废了，改用左手雕，成为著名砚刻家。

据说，高凤翰一生藏砚1000多方，著有《砚谱》二卷120式，均为清代名砚的佼佼者。

龙尾砚的制作以雕刻艺术为中心，由选石、构思、定型、图案设计、雕刻、打磨、配制砚盒等多道工序构成。

龙尾砚的雕琢，有浓厚的地方风格。一般以浮雕浅刻为主，不采用立体的镂空雕，但由于受到砖雕的影响，之间也会出现深刀雕刻。

龙尾砚利用深刀所琢的殿阁、人物等，手法比较细腻，层次分明，而砚池的开挖也能做到相互呼应，因而显得十分协调。

特色鲜明的地域风情

阅读链接

龙尾石，石质优良，莹润细密，有"坚、润、柔、健、细、腻、洁、美"八德。

嫩而坚，砚材纹理细密，兼具坚、润之质，有涩不留笔、滑不拒墨的特点，叩之有声，抚之若肤，磨之如锋，宜于发墨，长久使用，砚上残墨陈垢，入水一濯即莹洁，焕然一新。被誉为"石冠群山""砚国名珠"。

宋代米芾之砚史里说："歙石以螺纹无星者为上。"而清代唐秉钧之古砚考却说"以金星为贵"，传闻以"北金星砚"磨墨作书画，不易被虫蛀、发霉，可能因金星之色彩含硫黄的关系。

荆楚大地有着众多的山川胜迹，它们往往构成一道独具特色的文化景观。

神农架地区孕育的炎黄神农，长江水流淌出的三峡文化底蕴，荆州、吴王都城和文武赤壁共同营造的古代建筑，黄鹤楼、晴川阁和古琴台一起铸就了三楚胜境，黄梅的四祖寺、五祖寺继承和发扬了宗教文化，"天下第一仙山"武当山是道家文化的渊薮与巅峰。

战国时期是楚文化的鼎盛期。此时，铜器生产登峰造极，铁器普遍推广，丝织刺绣兴旺发达，漆器木器应运而生，城市建设欣欣向荣，物质文化的发展达到了极点。

瑰丽楚地

独具魅力的神农架传奇

　　神农架林区位于湖北西部边陲，是湖北长江和汉江的分水岭。东与湖北保康县接壤，西与重庆市巫山县毗邻，南依兴山、巴东而濒三峡，北倚房县、竹山且近武当，总面积3253平方千米。

神农架

神农架因华夏始祖之一神农氏在此架木为梯，采尝百草，救民疾夭，教民稼穑，故而得名。

远古时期，神农架林区还是一片汪洋大海，经燕山和喜马拉雅造山运动逐渐提升成为多级陆地，并形成了神农架群和马槽园群等具有鲜明地方特色的地层。

神农架区内山体高大，由西南向东北逐渐降低。神农架平均海拔1700米。山峰多在1500米以上，其中海拔3000米以上的山峰有6座，最高峰神农顶海拔约3100米，成为了华中第一峰，神农架因此有"华中屋脊"之称。

■ 神农架板桥

山脚盛夏山顶春，山麓艳秋山顶冰，
赤橙黄绿看不够，春夏秋冬最难分。

这是神农架林区气候的真实写照。这里苍劲挺拔的冷杉、古朴郁香的岩柏、雍容华贵的桫椤、风度翩翩的珙桐、独占一方的铁坚杉，枝繁叶茂，遮天蔽日；金丝猴、白熊、苏门羚、大鲵以及白鹳、白鹤、金雕等走兽飞禽出没草丛，翔天林间，一切是那样的和谐宁静，自在安详。

在神农架古老的谜一样的山林里，积淀着古老的

神农 一说即"炎帝"，距今6000—5500年前。关于神农有文字记载的时代出现在战国时期以后。被世人尊称为"药王""五谷王""五谷先帝""神农大帝"等。华夏太古三皇之一，传说中的农业和医药的创始者。

特色鲜明的地域风情

神农架茅屋

神农架 神农架林区位于湖北省西部，神农架是中国首个获得联合国教科文组织人与生物圈自然保护区、世界地质公园、世界遗产三大保护制度共同录入的"三冠王"名录遗产地。神农架最早被称为"熊山""熊山，帝也"，是说神农架是古代帝王的圣地，这位帝王当指炎帝神农氏。是人们休闲娱乐、避暑度假、科研科考、探险猎奇的理想场所。

谜一样的文化。独具魅力的神农架文化像一尊陈年老酒，香飘万里，沁人心脾，令人心往神驰。

神农架文化具有区别于其他地区文化的显著特点：这就是古老的山林特色，既保留了明显的原始古老文化的痕迹，又具有浓厚的山林地域风貌。其区域文化特色被视为亚洲少见的山地文化圈——高山原生态文化群落带。

神农架人文历史久远，早在20多万年前，就有古人类在此活动。神农架据传是华夏始祖神农炎帝在此搭架采药、疗民疾病的地方。他在此"架木为梯，以助攀援""架木为屋，以避风雨"，最后"架木为坛，跨鹤升天"。

神农炎帝是华夏文明开创者之一，后人将其丰功伟绩列有：驯牛以耕、焦尾五弦、积麻衣革、陶石木具、首创农耕、搭架采药、日中为市、穿井灌溉。

秦汉时期以来，神农架地区分属历朝历代邻近州郡县管辖，仅三国至隋代初期设绥阳县，清代隶属湖北郧阳府房县及宜昌府兴山县。由于这里谷深林密，交通不便，历来为兵家屯守之地。

唐中宗被贬为庐陵王后，命神农架山脉为"皇界"。清代顺治、康熙及嘉庆年间，义军刘体纯部及白莲教军先后在此屯守11年之久。

神农架文化遗存众似繁星，民俗乡风淳厚质朴。阳日古刹净莲寺、九冲佛影天观庙传承佛教衣钵；川鄂古盐道依稀再现南方丝绸之路的繁荣；民间习俗多保持着固有的淳朴和浓厚的乡土气息；独具特色的刺绣便是神农架的一朵充满活力的艺术之花。

神农架民歌的演唱形式、音乐色彩和语言艺术十分古老和丰富。许多民歌珍品历传不衰，成为神农架人文化生活的一个重要组成部分，闪耀着古楚文化的灿烂光辉。

薅草歌声情并茂，明快悠扬；婚礼歌脍炙人口，趣味盎然；丧礼歌音色古朴，粗犷苍凉；民间小调抒情状物，盛情真挚。

在神农架地区发现的《黑暗传》，被称为"汉族首部创世史

古盐道

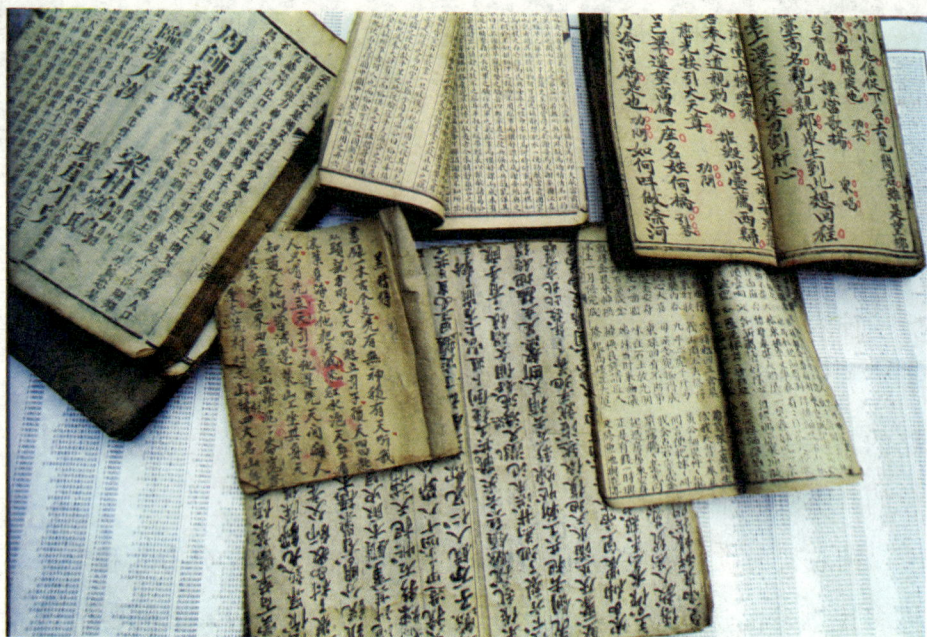

■《黑暗传》

诗"，长达3000行的《黑暗传》手抄本，以七字一句的民歌形式叙述了史前至明代的重大历史事件。

全书分为四大部分：天地起源、盘古开天、洪水泡天和再造人类、三皇五帝出现。

这部史诗从明清时期开始流传。它生动形象地描述了世界形成、人类起源的历程，融汇了混沌、浪荡子、盘古、女娲、伏羲、炎帝神农氏、黄帝轩辕氏等许多历史神话人物事件，并且与中国现存史书记载的有关内容不尽相同，显得十分珍贵；它作为远古文化的活化石，对于研究中国古代神话、历史、考古、文艺、宗教、民俗等都具有重要价值。

神农架民风古朴，民俗奇特。在一些农家的大门上，常挂着一幅青面獠牙、面目凶恶的木雕脸谱，谓之"吞口"。在南部山乡，热情的主人往往以酒待客，谓之"喝冷酒"；北部山乡则有一整套待客的酒规。

神农架的野人传说，透着神秘的文化色彩，对此史书都有记载，如《山海经·海内南经》、屈原的《山鬼》、明代《本草纲目》和清代神农架周边的房县、兴山等县县志都有关于野人的记载。

《本草纲目》上记载："南康有神曰'山都'，形如人，长丈余，黑色，赤目黄发，深山树中做窠……"描述的就是野人。

在民间也流传着这样的传说：在秦始皇下令修万里长城时，有几个不堪苦役的民夫逃到神农架的深山老林最终变成了野人。

神农架的自然条件和人文背景共同构成了神农架绚丽多彩的画卷，隽秀如屏的群峰，茫茫苍苍的林海，完好的原始生态系统，丰富的生物多样性，宜人的气候。神农架的文化生态与其保存完好的自然生态一样包含着巨大的价值，具有长期恒久的魅力。

长城 古代中国在不同时期为抵御塞北游牧部落联盟侵袭而修筑的规模浩大的军事工程的统称。长城在中国历史的长久岁月中，许多封建王朝为了巩固自己的统治，曾经对它进行过多次修筑，中国古代千千万万劳动人民为它贡献了智慧，流尽了血汗，使它成为世界一大奇迹。

阅读链接

《黑暗传》由神农架林区文化干部胡崇峻于1984年发现。这本有着多个版本的奇书，谁是第一个作者呢？现在仍是一个谜，而作为这一伟大宝藏的发掘者，胡崇峻应该受到尊敬。

作为搜集整理者，为此书付出了他几乎一生的精力。他历尽千辛万苦收集有9种《黑暗传》的抄本。而这些唱本多是残缺本，有的几百行，有的千余行，如此零乱、重复的故事，就算梳理一遍也是艰难的。

而我们如今看到的这部流畅的史诗，虽然感觉是一泻千里，但确是一部艺术化的家谱。这3000多行的正式出版本，行行字字都浸透着胡崇峻的心血。

历史悠久的战国编钟乐器

　　编钟是汉族古代大型打击乐器，根据文献记载和出土文物，发现中国在西周时期就有了编钟，那时候的编钟较小，一般是由大小三枚组合起来的。

　　春秋末期至战国时期的编钟数目就逐渐增多了，有九枚一组和十三枚一组等。

　　在湖北省随州南郊擂鼓墩的一座战国时代的曾侯乙墓出土的编钟，是至今为止所发现的成套编钟中最引人注目的一套。它总重达2567千

古代编钟

■ 曾侯乙编钟

克，65个大小编钟整整齐齐地挂在木质钟架上。

曾侯乙是战国早期曾国的国君，同期出土的还有其他乐器近百件。据编钟下层中央的一个甬钟的铭文记载，这套编钟是楚惠王在公元前433年送给这位毕生爱好音乐的曾侯乙做殉葬品的。

曾侯乙编钟是中国迄今发现数量最多、保存最好、音律最全、气势最宏伟的一套编钟。

古人把不同的钟按照音调高低的次序排列起来，悬挂在钟架上，用木槌敲打，演奏乐曲。按大小和音高为序编成8组悬挂在3层钟架上。

最上层3组19件为钮钟，形体较小，有方形钮，有篆体铭文，但文呈圆柱形，枚为柱状字较少，只标注音名。中下两层5组共45件为甬钟，有长柄，钟体

曾侯乙 战国时期南方小国曾国的国君。考古工作者对其墓葬进行了发掘，出土了大量珍贵文物，包括举世闻名的曾侯乙编钟、曾侯乙尊盘等，同时出土文物还有大量兵器、乐器、漆器、铸造精良的青铜器等共15 000多件，其中9件被定为国宝级文物。

■ 青铜镈钟

楚惠王 （？—前432），春秋晚期、战国初期的楚国国君，在位长达57年。楚惠王即位后，接受郢亡的沉痛教训，重用子西、子期、子闾等人，改革政治，与民休息，发展生产，使楚国得以迅速复苏，重又步上争霸行列。

遍饰浮雕式蟠虺纹，细密精致，外加楚惠王送的一枚镈钟共65枚。

钟上有错金铭文，除"曾侯乙作持"外，都是关于音乐方面的。在鼓中部和左面标出不同音高如宫、羽等22个名称；另一面铸有律名、调式和高音名称以及曾国与楚国、周国、齐国的律名和音阶名称的对应关系。

另有一件镈钟，位于下层甬钟中间，型体硕大，钮呈双龙蛇形，龙体卷曲，回首后顾，蛇位于龙首之上，盘绕相对，动势跃然浮现。器表亦作蟠虺装饰，枚扁平。

此外，更为神奇的是，一般的物体只能发出一个乐音，但是编钟的每件钟都能发出两个乐音，并且互不干扰。这一现象一度使人感到惊奇和困惑。

经声学检测发现编钟能发双音的机制在于它的合瓦形状。当敲击钟的正面时，侧面的振幅为零，敲击侧面时，正面的振幅为零。这样双音既能共存一体，又不会互相干扰。

经检测：曾侯乙编钟音域跨越5个八度，只比现代钢琴少1个八度，中心音域12个半音齐全。

在古代，世界各地都有钟，但它们都没有成为乐器，这是因为，这些钟的截面是正圆形的，声音持续时间太长。唯独中国的编钟，它的截面像两片瓦合在一起，因为钟体扁圆，边角有棱，声音的衰减较快，所以能编列成组，作为旋律乐器使用。

即使在科技高度发达的今天，铸钟仍不是一件易事。有的编钟形体很大，高度超过1.5米，制造时需要用136块陶制的模子组合成一个铸模，灌注近1000℃的铜水才能得到。

从出土的编钟来看，它们不仅音调准确，而且纹饰极为精细，这说明商周时期对青铜模具的制造技术的运用已达到出神入化的程度。

青铜是一种合金，主要成分是铜，又加进了少量锡和铅，各种金属成分的微妙比例变化，对钟的声学性能、机械性能有重大的影响。

青铜中锡含量的增加，能提高青铜的硬度。但含量过多，青铜就会变脆，不耐敲击。铜中加铅，可降低熔点，增加青铜熔铸时的流动性，还可以减弱因加锡导致的脆性使所铸钟耐击经用。

但是，含铅量过高，钟的音色又会干涩无韵。而曾侯乙编钟里，铜、锡、铅的含量已达到了最合理的比例。可见春秋战国时期，人们已经对合金成分与乐钟性能的关系有精确的认识，正因为如此，铸出的钟才音色优美，经久耐用。

曾侯乙墓编钟的发现，震惊世界。因为在2000多年前就有如此精美的乐器，如

曾侯乙墓出土的大铜缶

曾侯乙编钟

此恢宏的乐队，在世界文化史上是极为罕见的。

曾侯乙墓编钟的铸成，表明了中国青铜铸造工艺的巨大成就，更表明了中国古代音律科学的发达程度。它是中国古代人民高度智慧的结晶，也是我们文明古国的历史辉煌。

阅读链接

2008年北京奥运会是举世瞩目的重大事件。在奥运会颁奖台上，中外观众在一次次犹似天籁之音的"金声玉振"颁奖音乐声中，见证着一枚枚奥运金牌的诞生。这也是编钟音乐首次亮相世界性体育盛会。

北京奥运会颁奖音乐被称作"金玉齐声"，由古编钟原声和玉磬声音交融产生，以形成"金声玉振"宏大效果，与北京奥运会"金玉良缘"设计理念一致。金声玉振出自《孟子·万章下》"孔子之谓集大成。集大成者，金声而玉振之也。"

这段音乐的曾侯乙古编钟原声，来自湖北省声像博物馆；而与编钟相和的玉磬，也是从湖北采集的玉石制作而成。

出类拔萃的刺绣工艺

春秋中期至战国初期，楚国的丝织业足以代表当时神州大地丝织品工艺技术的最高水平。

传说4000年前，舜令禹刺绣做衣裳。3000年前，商周官府设有绣坊，民间的刺绣也很发达。经过几千年的发展，至战国时期已空前发达，在遍及全国各地的刺绣中，以楚国的刺绣最著名，不仅产量最多，

楚国刺绣服饰

■ 楚国刺绣品

而且质量最好。绣工纹饰极其精美，纹样在繁杂中有规律，神奇而且浪漫。

　　楚绣这一荆楚大地的文化瑰宝，从纯粹技术角度来看，楚国的丝绸织造、刺绣的技艺代表了中国丝织、刺绣工艺在先秦时期的高超水平，虽经秦代灭亡之患，仍不绝于世。其物证又有江陵凤凰山汉墓、长沙马王堆汉墓等汉墓出土的丝织品。

　　在江陵一座楚墓出土的龙凤虎纹绣罗单衣，长1.92米，袖通长2.74米，通过考证断定，此件龙凤虎纹绣罗单衣主人身高约1.6米，女性，死亡年龄在40—45岁。

　　此款由两个对称的花纹单位组成菱形图案，菱花长约0.38米，沿四边用褐色和金黄色丝线各绣一龙一凤；中央绣对向双龙和背向双虎，虎身斑纹红黑相间，整个图案表现出龙飞凤舞的意境和斑斓猛虎穿跃其间的生动景象，给人以华丽神奇的感觉。

　　其中穿枝花草、藤蔓既起着装饰作用，又有图像组合的作用。这类图像组合是战国时期流行纹样。此款中龙、凤头部写实，身体部分与花草合为一体，龙虎相对，龙做行走状，肢体呈挺胸立腹式曲线；

虎则绕以朱、黑条形相间，细腰瘦尾，身形矫健；凤则秀体舒展，气宇轩昂，一幅"凤鸣、龙吟、虎啸"画卷，栩栩如生。

丝绸的纹样如此清晰地勾画出了历史和文化的脉络，视觉的冲击力胜过一切雄辩，为楚学研究的正源清流提供了宝贵的实物依据。

荆州的艺术家和湖北的艺术家，乃至中国和世界的艺术家，都把楚国丝绸的纹样作为创作的素材和灵感的武库，艺术由此获得再生。

在我们感受楚人在创造丰富的物质文明的同时，亲历楚人在现实生活中展现的高雅审美趣味和奔放不羁的热情，直面楚人狂放、自由生命的凤凰涅槃。

挑花是一种中国古老的传统刺绣工艺，它分布广泛，其中湖北黄梅挑花发源最早、最具代表性和影响力，在中国挑花工艺发展史上占主导地位，因此"黄梅挑花"也是各挑花的代表和统称。

黄梅挑花又名"十字挑花""十字绣"，起源于唐宋时期，兴于明清时期。

黄梅挑花的主要原料是当地的家

黄梅县 位居湖北省东南部，长江中游北岸，大别山尾南缘，鄂皖赣三省交界，属于亚热带季风气候，是驰名中外的佛教禅宗发祥地，是全国五大剧种之一黄梅戏的发源地，还是闻名全国的"挑花之乡""楹联之乡""诗词之乡""武术之乡"。

■挑花手巾

机布，这种布被染成青色做底，艺人依靠一根针、一条线在上面交替挑绣各种图案。

黄梅挑花是用彩线挑绣，用针将五彩丝线挑制在底布的经线和纬线交叉的网格上，形成色泽绚丽、立体感强的图案。黄梅挑花富于变化，各种团花、填花、边花、角花构成图有千百种之多。尤其是多姿多彩的戏曲人物造型，如"四郎探母""辕门斩子""穆桂英挂帅""梁祝姻缘""桃园结义"等。

14世纪，黄梅挑花经土耳其传到欧洲，恰逢欧洲文艺复兴时期，黄梅挑花因针法简单，表现力强而迅速风靡欧洲各国宫廷。中西文化的持续交融使得黄梅挑花的针法、图案、花色在欧洲得到进一步发扬。

黄梅挑花是一种非常珍贵、独特，具有极强装饰性和鉴赏性的挑绣工艺。长期以来，经过一代又一代农家妇女的口传心授、精研细作，这门珍贵的工艺日臻完善，以明快的色彩组合、精巧的图案构想凸现出独特的艺术表现力。

阅读链接

1982年2月，在湖北江陵马山砖瓦厂发掘出一座战国时代的楚墓，打开棺盖后，美妙绝伦的一幕出现了：棺内放满了完整的丝织品，还有6条宽0.46米、长1.79~1.9米的锦绣丝衾，以及尸体上包裹的10余件用各种丝织品制作的衣着，品种有绢、纱、罗、锦、绣、绦等。

丝绸织品富含蛋白质，能如此长久保存，实属罕见。见多识广、经验丰富的考古学家们这下被震住了：这座楚墓出土的丝织品年代之早，品种之多，工艺之精，保存之好都是前所未有的。

风云激荡的历史圣地赤壁

　　荆州是三国文化诞生和繁衍的历史圣地。荆州地处长江中游、江汉平原腹地，是产生与黄河流域中原文化相媲美的楚文化的发祥地。春秋战国时期的楚国，在城北5千米处的纪南城建都长达411年，留下了丰厚的历史文化遗存。

荆州古城墙

■ 张献忠家庙

荆州城又称"江陵城"，是因此地在秦破郢后置江陵县，作为县城而得名。

其后2000多年里，江陵作为地名，历代沿用，故有"一城二名"。荆州古城自秦汉时期以来，一直是历代王朝封王置府的重镇。汉武帝划全国为十三州，荆州是其一。其时，荆州城已是当时全国十大商业都会之一。

魏、蜀、吴三国时代，这里曾是兵家必争的战略要地。此后，东晋末期的安帝，南朝时期的齐和帝、梁元帝、后梁宣帝，隋代时的后梁王以及唐代末期至五代十国时的南平国王等，先后有11个纷争王侯在此称帝建都，长达100余年。

唐代的荆州是陪都，称"南郡"，与长安城南北呼应。元代时，这里曾是荆湖行省省会。

明代洪武年间，这里是湖广分省的省会。明代以后，这里一直是州、府、署、县的治所。荆州在中国漫长历史的演进中，所处的这种重中之重的地位和作用，有力地促进了荆州古城的发展与进步。

荆州古城墙就是其中最具代表性、最有分量的古迹之一。据《后汉书·地理志》记载，荆州古城墙的修造史，可以追溯至2800多年前的周厉王时期。

荆州城的城郭，在战国末年形成。汉代已有城墙。蜀将关羽、吴太守朱然，东晋桓温、梁元帝、南平王

东晋 317年，镇守建康的晋宗室司马睿在江南重建晋室，史称"东晋"。东晋是门阀世族政治，与北方的十六国并存，这一历史时期又称"东晋十六国"。420年，刘裕废除晋安帝，建立刘宋，东晋灭亡。

高季兴等，都对荆州进行过修葺，北宋末期，城毁。

南宋淳熙年间，重修城墙，1250年，挖城壕。元代初期，忽必烈下令拆除荆州城。元代末期，朱元璋称吴王时，派员依旧基重建荆州城。

明代末期，张献忠率义军攻占荆州城，将城墙拆毁多半。1646年，又依明代城基重新修筑荆州城，并重新命名城门：东门寅宾门、东南门公安门、西门安澜门、南门南纪门、大北门拱极门、小北门远安门。

樊山八字形长在，汉鼎三分国已墟。
安乐故宫犹庙食，遗民时荐武昌菹。

南宋时期诗人王十朋在今鄂州凭吊昔日吴国孙权故都时，睹物思情，在《吴大帝庙》诗中，不由得抒发起江山依旧、人事已非的沧桑之感。

221年，吴王孙权迁都鄂县，改名"武昌"，同年修筑武昌城。城北临长江龙蟠矶，南眺南湖，东据虎头山，西依西山，为龙盘虎踞之地。城呈长方形，东西长1000余米，南北宽500余米，周长3000余米，总面积约0.6平方千米。

当时武昌城内建有武昌宫、太极殿、礼宾殿、安乐宫等大型宫殿建筑，宫瓦用澄泥做成，坚硬细腻，后世用以作为砚，一瓦万钱。城有五门，各以所向为名，唯西北角多一流津门，连接吴

■孙权雕塑

特色鲜明的地域风情

■ 赤壁图

王苑囿。

自吴王城出西门，有一座山临江而立，逶迤曲折，林木葱茏，古称"樊山"，又称"西山"，是吴王孙权避暑读书之地。

往西山主峰，半山处有两块巨石，一立一卧，仿佛用利剑劈削而成，旁边石碑上刻着"吴王试剑石"几个大字。距巨石不远，另有一巨石平卧，石上有一个工整的"十"字，将巨石一分为四，传说是孙权和刘备比试剑锋时留下的剑痕。旁边有一潭池水，名"洗剑池"。

湖北有两个赤壁，一个是湖北蒲圻县，即今赤壁市的武赤壁，一个是湖北黄州府，即今黄冈市的文赤壁。

说到赤壁的渊源，那还得从汉高祖刘邦说起，传说刘邦是赤帝之子下凡，他斩蛇起义定下汉朝400年基业，虽是沿袭秦制，但是，却在地名命名上自有一套规矩。

当时这个规矩就是以阴阳五行、二十八宿定方

阴阳五行 是中国古代朴素的唯物论和自发的辩证法思想，它认为世界是物质的，物质世界是在阴阳二气作用的推动下滋生、发展和变化；并认为木、火、土、金、水5种最基本的物质是构成世界不可缺少的元素。它们相互滋生、相互制约，处于不断的运动变化之中。这种学说对后来古代唯物主义哲学有着深远的影响。

位。以"赤"色为上乘。然后遂有"赤壁"一名载入了历史史册，仅《三国志》一书就有50多处提到赤壁。其后代史籍、方志更是屡屡出现。

武赤壁，也称"周郎赤壁"，是当年赤壁之战发生的地方，位于蒲圻县，即今赤壁市境内。乘船顺长江而下，闯三峡，过宜昌，至千里江陵，便见南岸一山飞峙江心，宛如一把出鞘的利剑直指江北乌林。将近山崖，褐色的石壁上，一米见方的大字"赤壁"赫然入目，据说此二字乃周瑜所书。

虽经千年风雨的侵蚀，惊涛骇浪的拍击，字迹至今清晰完整。石壁上还有石刻诗词，为历代文人雅士凭吊古人所题诗赋。

文赤壁位于黄州区赤壁矶头，因北宋大文豪苏东坡在此写有《赤壁怀古》词和前后《赤壁赋》而得名，又称"东坡赤壁"。赤壁矶背依青山，面临长江。

此地非赤壁之战的发生地。《念奴娇·赤壁怀古》词中所说的"故垒"就是指的黄州城。苏轼给他的朋友范子丰的书信中解释说："黄州少西，山麓斗

二十八宿 是古人为观测日、月、五星运行而划分的28个星区，用来说明日、月、五星运行所到的位置。每宿包含若干颗恒星，是中国传统文化中的主题之一。广泛应用于中国古代天文、宗教、文学及星占、星命、风水、择吉等术数中。

文化风采

瑰丽楚地

■ 赤壁之战场景

苏轼赤壁赋

特色鲜明的地域风情

入江中，石室如丹，传云曹公所败所谓赤壁者。或曰非也。"

这段话明白表示，曹公所败的赤壁在黄州之西的说法，是取用"传云"，也就是当地人的传说，并非依据史料记载。

自唐代杜牧、宋初王禹偁贬谪黄州之后，赤壁之名日隆，至北宋大文学家苏轼贬黄时写有赤壁二赋、《念奴娇·赤壁怀古》等著名作品，更使赤壁名扬中外。

阅读链接

荆州古城积淀了丰厚的历史文化。

荆州城内及其城周附近，有着众多的古迹名胜。大禹治水的息壤、雄楚立国的故都、三国纷争的遗迹、历代名人的胜踪……似繁星点点，数不胜数。

奇峻秀美的三峡奇景

三峡的自然景观是国内外知名的，瞿塘峡、巫峡、西陵峡各有特色，人们各用两个简洁的词来形容它们：瞿塘峡—雄奇；巫峡—秀美；西陵峡—险峻。

如果用唐宋诗人各四句诗来形容，则唐代大诗人杜甫用"三峡传何处？双崖壮此门。入天犹石色，穿云忽云根"，描写瞿塘峡的雄奇风貌；

长江西陵峡

■ 巫山

特色鲜明的地域风情

唐代诗人李端用"巫山十二峰，皆在碧虚中。回合云藏日，霏微雨带风"，刻画巫峡之秀美；

宋代大诗人陆游用"船上急滩如退鹢，人缘绝壁似飞猱。口夸远岭青千峰，心忆平波绿一篙"四句，形容西陵峡的险峻。

三峡各有若干景点：瞿塘峡口有著名的夔门，就像杜甫所写的，有双崖把门，江北为赤红色的赤甲山，江南为粉白色的白盐山。北岸有险峻的栈道，绝壁上还有独特的悬棺，形成无比神奇的景观。

西陵峡西起湖北秭归县香溪河口，东至湖北宜昌南津关。全长76千米，是长江三峡中最长的峡谷。因位于"楚之西塞"和夷陵的西边，故称"西陵峡"。

这里有许多险滩，古人有诗形容"十丈悬流万堆雪，惊天如看广陵涛"，其中最有名的险滩名字就很吓人：青滩、泄滩、崆岭滩。

李端 唐代诗人，师诗僧皎然。曾任秘书省校书郎、杭州司马。晚年辞官隐居湖南衡山，自号衡岳幽人。极富诗才，是大历十才子之一，他的名篇《听筝》入选在《唐诗三百首》里。

这些滩里怪石横陈，水湍流急，惊险万状。著名的兵书宝剑峡、牛肝马肺峡也在其中，那是因为其峡壁形状如兵书、宝剑、牛肝马肺之故。

崆岭滩得名于"空舲""务空其舲，然后得过"，就是说必须使船空了才能轻漂过去。这里乱石暗礁，锋利如剑，十分险峻。

三峡地区的巫山以十二峰最为有名，十二峰的名字甚有仙意，道是登龙、圣泉、朝云、望霞、松峦、集仙、飞凤、翠屏、聚鹤、净坛、起云、上升。

而以望霞峰最为秀美，像一位亭亭玉立的少女在迎送霞光，故名"神女峰"，传有若干神话，也有许多诗赋来赞美她。

相传她是天上西王母的女儿的化身，她还曾助禹治水，因而被后人祭祀。战国时期诗人宋玉还专写了一篇《高唐赋》，描写这位神女和楚王一段恋情，是

夷陵 位于风景秀丽的长江西陵峡畔，长江中上游的分界处，属鄂西山区向江汉平原过渡地带。地扼渝鄂咽喉，上控巴蔓，下引荆襄，"水至此而夷，山至此而陵"，故名为"夷陵"，此地素有"三峡门户"之称。

■ 三峡神女峰

陆游塑像

特色鲜明的地域风情

后来"巫山云雨"成语的来历。

三峡景观的人文色彩特别浓，有许多古今名人都在这里留下过出色的诗词曲赋。唐宋明清时期都有大诗人流连忘返，有的居住经年。

如唐朝的李白，便曾在725年、759年三次游览三峡。

725年，李白驾着一叶轻舟在三峡中急驶，写下了"桃花飞绿水，三月下瞿塘"的名句。

759年，李白又两次来三峡，那首有名的《早发白帝城》就是此时写下的。

诗圣杜甫，从765年至768年，先后滞留三峡地区三年之久，他传留后世的诗共437首，其中有三分之一是描写三峡风光的。所以有学者说："三峡造就了半个杜甫。"

819—820年，白居易曾在忠县当了两年忠州刺史，他有关三峡的若干诗篇都是此时写成的。

宋代诗人苏东坡，1059年随父亲和弟弟共游三峡，共留下三峡诗篇六七十首，他们父子三人还把在三峡的唱和诗编成一本《南行集》专集。

南宋诗人陆游，于1169—1172年先后有3年在夔州任职，他的大部分有关三峡的诗篇都是这时写成的。

各朝各代的名人名诗，把三峡装扮得特别富有诗意。美丽的风景配合上那些绝妙的诗词，使后人把三峡称为"诗乡"。

三峡地区有"田歌""山歌"和"号子"，都带有地方特色，号子是峡江劳动人民的一种特有歌声，因职业不同而又分为"船工号子""抬工号子""盐工号子"等多种，这些号子，唱出了三峡地区劳动群众丰富多彩的生活，成为三峡文化的一部分。

三峡古老民风中有春游踏歌和龙舟竞渡的传统习俗。那里的春日旅游和踏歌，在宋代称为"踏迹"或"踏碛"，那时男女老少，都到野外山间畅游歌舞，十分热闹。

阅读链接

龙舟竞渡是三峡地区各个江城繁盛的节日活动。学者们考证，至今流行在中国南北各地水乡的龙舟竞渡，发源地就是三峡地区。当时应为古代当地民族的图腾祭祀日。这是上古时代一种对龙的崇拜形式，后来由于楚国爱国诗人屈原之死才改为纪念屈原了。

在清代，川峡地区更盛行有大小端午的说法，农历五月初五为小端午，五月十五更有一次大端阳，届时三峡各地的成千上万观众到屈原故乡看龙舟竞渡盛况。

人们高唱着巴楚地区民歌，追念屈原："为国捐躯投汨罗，船游江心来找你。招你魂魄归故国，招你魂魄归三闾。"

逍遥的道教名山武当山

武当山位于湖北西北部的十堰市丹江口境内，属于大巴山东段。又名"太和山""谢罗山""参上山""仙室山"，古有"太岳""玄岳""大岳"之称。

西界堵河，东界南河，北界汉江，南界军店河、马南河，南倚苍茫千里的神农架原始森林，北临碧波万顷的丹江口水库。

武当山是道教名山和武当拳

■ 张三丰 本名通，字君宝，元季儒者、武当山道士。善书画，工诗词，曾举茂才异等，任中山博陵令。自称张天师后裔，为武当派开山祖师。明世宗赠封他为"清虚元妙真君"。张三丰所创的武学有王屋山邋遢派、三丰自然派、日新派、蓬莱派、檀塔派、隐仙派、武当丹派等，至少十七支。

■ 武当山

的发源地，被誉为"亘古无双胜境，天下第一仙山"。

武当道教得到帝王的推崇，明代达到鼎盛。永乐皇帝"北建故宫，南修武当"，明代皇帝直接控制武当道场，被称为"皇室家庙"。

元末明初，张三丰集其大成，武当武术成为中华武术的一大流派。

武当地名源于先秦时期，汉代沿秦代设武当县。武当山是真武大帝的道场，武当山上的武当派也是中国古代道家最负盛名的教派。

《太和山志》记载"武当"的含义源于"非真武不足当之"，意谓武当乃中国道教敬奉的"玄天真武大帝"的发迹圣地。因此，千百年来，武当山作为道教福地、神仙居所而名扬天下。

历朝历代慕名朝山进香，隐居修道者不计其数。相传东周时期尹喜，汉代马明生、阴长生，魏晋南北朝时期陶弘景、谢允，唐朝姚简、孙思邈、吕洞宾，五代时期陈抟，宋代胡道玄，元代叶希真、刘道明、张守清均曾在此修炼。

武当山是著名的山岳风景胜地。胜景有箭镞林立的七十二峰、绝壁深悬的二十四岩、激湍飞流的十一涧、云腾雾蒸的十一洞、玄

妙奇特的十石九台等。

主峰天柱峰，海拔约1600米，被誉为"一柱擎天"，四周群峰向主峰倾斜，形成"万山来朝"的奇观。

武当山的宫观、道院、亭台、楼阁等宏伟的古建筑群，遍布峰峦幽壑，历经千年，沐风雨而不蚀，迎雷电竟未损，似是岁月无痕，堪称人间奇绝。古建筑群规模宏大，气势雄伟。

据统计，唐代至清代共建庙宇500多处，庙房20 000余间，明代达到鼎盛，历代皇帝都把武当山道场作为皇室家庙来修建。

明永乐年间，大建武当，史有"北建故宫，南建武当"之说，共建成九宫、九观、三十六庵堂、七十二岩庙、三十九桥、十二亭等33座道教建筑群，面积达160万平方米。

明代嘉靖时期1552年又进行扩建，形成"五里一庵十里宫，丹墙翠瓦望玲珑。楼台隐映金银气，林岫回环画镜中"的建筑奇观，达到仙山琼阁的意境。

除古建筑外，武当山尚存珍贵文物7400多件，尤以道教文物著称于世，故被誉为"道教文物宝库"。

武当道乐"戛玉撞金，鸣丝吹竹，飘飘云端"，亲耳聆听皆肃然起敬，尊之为"仙乐""梵音"。

■ 武当山道士

《后汉书》 南朝刘宋时期的历史学家范晔编撰的记载东汉历史的纪传体史书。与《史记》《汉书》《三国志》合称"前四史"。书中分十纪、八十列传和八志，记载了从光武帝刘秀起至汉献帝期间的195年历史。

武当山武术以"内家功夫"而著称，是中国武术中与少林齐名的重要流派，誉为"北崇少林、南尊武当"。传说有的道士曾练成在万丈悬崖上步履如飞的功夫，其卓绝处令人景仰。

道教徒之所以选择武当山为玄武修道的圣地，乃由于武当山在唐代末期至五代时期，已成为道教的仙境福地之一，再加上武当山的名字与玄武都有"武"字，便附会玄武曾修炼于武当山。

在北宋时期尚未出现玄武神话以前，武当山已经成为道教的名山。武当山的名称在后汉时已经出现。

《后汉书》记载朱穆隐居于武当山。南北朝时期，郦道元撰《水经注》，记载武当山又名太和山、参上山、仙室、谢罗山等。

道教称仙人所居的地方为洞天福地，共有"十大洞天""三十六小洞天""七十二福地"。

唐代著名道士司马承祯编的《洞天福地》，尚未把武当山列入其中。到了杜光庭在901年编《洞天福地岳渎名山记》，则将武当山列入"七十二福地"中的第九福地。由此可见最迟在9世纪末，10世纪初，武当山已经成为道教的圣地之一了。

武当山成为祀奉玄武的圣地应该是在《元始天尊说北方真武妙经》出现以后。宋徽宗宣和年间，在武当山大顶之北创建紫霄宫祭祀

■武当山紫霄殿

玄武，可能是武当山上首座以祭祀玄武为主的宫观。

至南宋时期，玄武的信仰已经非常普遍，玄武修道武当山的传说已经深入人心。

董素皇的《玄帝实录》对太和山，即武当山有较详细的描述，说明了武当山的地理位置是在海外，位于翼轸二星的下方，而且还增加了玉清圣祖紫元君传授玄武道法，命他到武当山修行的情节。

宋代、元代之际，遭遇兵灾，武当山的宫观受到严重的破坏。

1270年，在高梁河筑昭应宫以祭祀玄武。道士汪贞常入武当山，于1275年，率领徒众鲁大宥等人重建五龙观。1278年，以"道法术数"著称于世的道士赵守节，领其徒重修武当佑圣观。

1286年，元世祖忽必烈命法师叶希真、刘道明、华洞真充任武当山都提点，并屡降御香至武当山祝愿祈福。

刘道明撰《武当福地总真集》对武当山名称的由来提出了新的看法。他认为武当山原名太和山，由于玄武在此修道成功，飞升之后，此山非玄武不足以当之，而改名为武当。

其书中充满了玄武在武当山修道降魔的遗迹。因此刘道明所说武当山一名的由来乃是因为玄武的缘故，显然不是事实，然而却得到世人信仰与文化上的普遍认同。

元代武当山风物大量附会为玄武遗迹，一方面表现了地方风物的情趣；另一方面也表明了玄武信仰的流传，武当山为祭奉玄武的圣地。

阅读链接

武当山以天机生化的旨趣和透脱通达的胸怀，将山的雄奇与妩媚，水的流荡与静谧，雾的生腾与凄婉，人生意态的高远与宽阔，在中原腹地凝聚成一种奇特的人文景观，千百年来，令游子心荡神迷，令神仙流连忘返。

东部风情

东部文化的特色与形态

燕赵悲歌

燕赵文化是指在古燕赵区域内产生的一种地方文化，其区域以古黄河为南界，阴山南麓为北界，太行山为西界，东临大海。

在漫长的历史长河中，各朝各代都在燕赵地域留下了的不可磨灭的痕迹。各种文化的融合，使得燕赵文化在民间音乐舞蹈、戏剧、曲艺、民俗、医药、传统手工技巧等方面呈现出了独特的风格。

燕赵地区深厚的文化底蕴，有力地说明了燕赵区域是中国人类文明的发源地和丰富历史的沉积地。

民间艺术瑰宝杨柳青年画

杨柳青年画

天津历来有着"河海要冲"和"畿辅门户"之称。在这样特有的自然经济和社会历史条件下，天津人创造了丰厚的文化遗产，形成了天津特有的津味儿文化特色。在天津众多的民间艺术中，最具代表性的就是杨柳青木版年画这一民间艺术瑰宝。

杨柳青木版年画为中国著名的民间木版年画，因产于天津西南杨柳青而得名。在中国版画史上，杨柳青年画与南方著名的苏州桃花坞年画并称"南桃北柳"。

据说，杨柳青木版年画产生于元末明初。当时，战乱四起，一个善于雕刻的民间艺人避难来到杨柳青，他一眼就看到了那成片的枣树林，一下子就想起了他的看家本领——雕刻，枣树是最好的刻版印刷的材料。

于是，逢年过节，这位艺人就刻印门神、灶王、钟馗来卖，以此来维持生活，杨柳青的人们也争相模仿。

至明永乐年间，大运河重新疏通，南方精致的纸张、水彩运到了杨柳青，使这里的绘画艺术得到了发展。杨柳青年画从清代雍正、乾隆至光绪初期一直风行不衰。

■ 年画《玉堂宝贵》

杨柳青年画的画样有几千种，至清代中期全盛时期，杨柳青镇的戴廉增画店一年生产的成品就达2000件，每件500张，共达百万幅。

当时，杨柳青全镇连同附近的30多个村子，"家家会点染，户户善丹青"，画店鳞次栉比，店中画样高悬，各地商客络绎不绝，是名副其实的绘画之乡。

康乾时期，杨柳青年画的风格严谨，背景简洁，注重人物神情的刻画。这一时期的代表人物是齐健隆、戴康增两位画师。嘉庆道光年间，杨柳青年画的风格渐趋活泼，画面热闹，色彩丰富，背景也多样。

雕刻 雕、刻、塑3种创制方法的总称。指用各种可塑材料或可雕可刻的硬质材料，创造出具有一定空间的可视、可触的艺术形象。历史悠久、技艺精湛的各种雕塑工艺，如牙雕、玉雕、木雕、石雕、泥雕、面雕、竹刻、骨刻、刻砚等，是中国工艺美术中一项珍贵的艺术遗产。

特色鲜明的地域风情

杨柳青年画在清代中叶先后出现了两大派，即以表现历史故事为主的齐家和以表现小说戏曲为主的戴家；至清末，又出现了集两者之长的霍家。至此，杨柳青年画三大派形成鼎足。

第二次鸦片战争以后，杨柳青年画一步步走向衰落。后来，霍派五世传人霍玉棠创建了杨柳青镇最大的"玉成号"画庄，杨柳青年画渐渐走向复苏。随着民间艺人对乡土艺术的追求，杨柳青年画发展迅猛，其知名度也日益提高，杨柳青的年画作坊如雨后春笋般地蓬勃发展起来。

杨柳青年画的制作方法为"半印半画"，即先用木版雕出画面线纹，然后用墨印在纸上，套过两三次单色版后，再以彩笔填绘。杨柳青年画既有版画的刀法韵味，又有绘画的笔触色调，构成与一般绘画和其他年画不同的艺术特色。

天津杨柳青木版年画取材内容极为广泛，尤以直接反映各个时期的时事风俗及历史故事等题材为特点。如年画《连年有余》，画面上的娃娃童颜佛身，戏姿武架，怀抱鲤鱼，手拿莲花，取其谐音，寓意生活富足，已成为年画中的经典。

其他题材包括历史故事、神话传奇、戏曲人物、世俗风情

■ 年画《五子夺莲》

年画《莲生贵子》

以及山水花鸟等，特别是那些与人民生活密切关联的题材。

如《庄稼忙》《庆赏元宵》《秋江晚渡》《携壹南村访旧识》《新年多吉庆、合家乐安然》《渔妇》以及带有时事新闻性质的《女子求学》《文明娶亲》《抢当铺》等，不仅富有艺术欣赏性，而且具有珍贵的史料研究价值。

以这些优秀作品为代表的现实主义和浪漫主义相结合的优良传统，形成杨柳青年画艺术的主流。

杨柳青年画的艺术特点是多方面的，形成其艺术特点的条件也是多方面的，其中较为明显突出的则是表现在制作上。

一幅杨柳青年画，要经过勾、刻、印、画、裱五大工序。勾，即勾勒轮廓；刻，即将勾成的轮廓刻成版样；印，即将版样印在纸上；画，即在纸上的轮廓描绘涂彩；裱，即将成形的图画装裱起来。

每一幅画都要画师艺人亲自动手，每一幅画都是艺人一次独立的艺术创作。

通常人们画画都是坐在凳子上，伏在桌子上，单杨柳青年画却是要站立在地上往门板上画，画室里安了一排可以随意开合的门板，人们叫它"画门子"。

印上了轮廓的宣纸贴在上面，作画的人就站在画门子前面一边画一边端详，一边端详一边画，啥时端详的感觉完美了，啥时收笔。一幅画下来，少则三五天，多则十天半个月。

杨柳青人的心性细腻且有耐力，敬艺术如敬神圣，一丝不苟、虔诚有加，这也是杨柳青年画活儿绝的原因。

制作杨柳青年画，前期工序与其他木版年画大致相同，都是依据画稿刻版套印；而杨柳青年画的后期制作，却是花费较多的工序于手工彩绘，把版画的刀法版味与绘画的笔触色调，巧妙地融为一体，使两种艺术相得益彰。

由于彩绘艺人的表现手法不同，同样一幅杨柳青年画坯子，可以分别画成精描细绘的"细活儿"和豪放粗犷的"粗活儿"，艺术风格迥然不同，各具独自的艺术价值。

杨柳青年画是一种富于民间独特艺术风格和强烈地方特色的木版

特色鲜明的地域风情

年画穆桂英

彩绘艺术珍品，继承了宋元代绘画的传统，吸收了明代木刻版画、工艺美术、戏剧舞台的形式，采用木版套印和手工彩绘相结合的方法，创立了鲜明活泼、喜气吉祥、富有感人题材的独特风格。

年画《春牛图》

杨柳青木版年画题材广泛、内容丰富、构图饱满、寓意吉祥、雅俗共赏，加之采用刻绘结合的特色手法，刻工精美、绘制细腻、色彩绚丽，被公推为中国民间木版年画之首。

杨柳青年画更以其历史积淀厚重和文化连续性的特征而扬名海内外，是社会科学研究价值的一种综合的集精神与实用、历史和现实的物化成果，具有历史进程中活化石之作用，也是历史时代风貌的百科全书。

阅读链接

天津杨柳青年画霍派第六代传人霍玉棠之子霍庆有继承父志，利用近30年的时间苦心钻研勾线、刻板、印刷、画裱等传统技艺，掌握了全套杨柳青年画工艺。

为了杨柳青年画的复兴，他利用业余时间，到民间收集有关资料及老版、老画。还添补创作了杨柳青年画从没有的佛学类等，使杨柳青年画的品种达到六大类上千种。

他把自己练就成唯一的能勾、刻、刷、画、裱五大工艺全能的杨柳青年画画家，这在年画史上是少有的。此外，他和全家人把自己的家宅扩建成"杨柳青年画家庭博物馆"，恢复了杨柳青古镇画乡的老字号"玉成号画庄"。霍庆有为继承、发展、弘扬杨柳青木版年画艺术做出了极大的贡献。

独树一帜的蔚县剪纸

蔚县古称蔚州，远在新石器时代这里就有了人类活动的踪迹，泥河湾地层、庄案、三关等遗址记录着人类在这里最早的生息活动。绵延几千年的文明发展，造就了蔚县深邃的文化内涵。

据史书记载，蔚县剪纸始于清朝道光年间。

蔚县剪纸

蔚县人一般把剪纸称为"窗花"。蔚县剪纸以窗花见长，"天皮亮"可说是最早的窗花形式，即在云母薄片上绘图着色进行装饰。

早期当地还盛行供花鞋、荷包、枕头上刺绣用的"花样"。后融入天津杨柳青年画和武强年画的艺术特色，形成了自己特有的风格。在形成的初期，主要是用剪刀剪。

后来，慢慢发展到用刀刻，但仍然叫作剪纸。经过长时间的艺术实践，蔚县剪纸由简单日趋复杂，由粗糙逐渐走向精细。

蔚县剪纸的最大特点，主要集中在"三分刀工七分染"上。

它的工艺流程别具一格，第一步是"熏样"，即把原纸样或设计的草图，贴在一张白纸上，然后点燃蜡烛进行烟熏，使其在白纸上留下一个清晰"黑样"。后来这道工艺人们已采用晒图的方法。

■ 彩色剪纸《年年有余》

第二步是"闷"，就是将刻窗花用的宣纸剪成将要刻制的画幅大小，因为剪纸层数一般是30～50层为宜，所以要用水淋湿，用手压实，使之形成一个整体，以待刻制。

第三步是刻制。蔚县由剪纸剪刀换成刻刀，其优点不仅在于生产的数量多，更主要的是，刻刀能更好地发挥艺人的艺术思想，刻起来能够随心所欲，花样翻新。在艺人的手上，刻刀灵活得像笔一样。刻刀有单刀、三角刀、圆口刀之分。刻制时以阴刻为主，兼有阳刻或阴阳结合的方法，使得作品玲珑剔透，层次分明。

阴刻 是中国一种独特的雕刻方式。就是将笔画显示平面物体之下的立体线条，呈凹形。凹陷下去的字是阴字，凸出来的字是阳字。印章的字是凸出来的，就是阳刻。印章的字是凹陷下去的，就是阴刻。阴刻与阳刻是中国传统刻字的两种基本刻制方法。

■ 蔚县剪纸《中国龙》

第四步是着色，艺人们的行话叫"点染"。点染所用的颜色要事先用酒调和，因为剪纸的原料是宣纸，用酒调色可以使色彩浸润而不渗透，色彩效果极佳。浓浅浓淡烘托、渲染得当，富有强烈的透明感和立体感。因此，蔚县剪纸有"三分刀工七分染"之说。

蔚县剪纸种类有戏曲人物、鸟虫鱼兽，还有对农村现实生活的描绘等，这些作品构图饱满，造型生动活泼，色彩浑厚细腻，纤巧里显纯朴。把它贴在纸窗上，透过户外阳光的照射，分外玲珑剔透，五彩缤纷，显得特别的鲜灵活脱，别具一种欢快、明朗、清新的情趣。

蔚县剪纸题材广泛，意寓深长，生活气息浓郁。无论是反映人们对吉祥幸福的企盼还是来源于劳动人民喜闻乐见的历史故事、民间传说及人物；无论是北方特有的文化背景和民俗风情的再现，还是用于四时节令、婚寿礼仪等庆典，都体现了民间艺人高超的智慧和丰富的想象力。

蔚县剪纸风格严谨，形神兼备。它具有以下独特的六大特点：

一为构图时具有上下均衡，左右对称的特点，给人以丰满匀称的美感；

■ 狮子滚绣球

特色鲜明的地域风情

二为刻制时以阴刻为主，阳刻为辅。阴刻见色彩，阳刻见刀功，蔚县剪纸素以刀工精细，色彩浓艳驰名；

三为染色时将点染、涂染、晕染、套染、渲染等技法有机地结合运用，不但富有鲜明的地方特色，还给人以和谐大方的乡土气息感；

四为在人物造型上着意刻画，务求传神妙处，给人以生动优美感，包括其他动植物的造型；

五为采用象征民间吉祥喜庆的连年有余、岁岁平安等图案，给人以吉祥如意、幸福美满感；

六为在阴刻为主的剪纸艺术中，以实用上不遮光的穿透明亮，给人以活灵活现的立体感。

阅读链接

王老赏从七八岁开始学习点染窗花，十二三岁学习刀刻窗花，十七八岁时正式拜本村剪纸艺人周瑶为师，学做窗花。

由于心灵手勤、虚心善思，王老赏很快成为各项技艺全面发展的顶尖高手，并刻苦探索当时被老乡贬为"口袋戏""五大色"的窗花技艺改革。

他一生主要有四项成就：

其一，对戏曲人物窗花的创新。他做窗花就以戏曲人物为主。在长期的实践探索中，总结出了"将无项、女无肩"等刻制的心得和诀窍。

其二，对刀具和刻艺的创新。他自制了形状不同的上百把窗花刻刀，其中还包括针尖刀、螺旋刀等异形刀，小到花卉的花瓣、花蕊，人物的眉眼、胡须都细加区分、各有专用，走刀娴熟迅捷、游刃有余。根据所表现的人物、内容和画面的具体要求，他还将阴阳刻结合、灵活自如。

其三，对点彩技艺的突破。为了提高染色技艺，他总是选用上等品色、上等白酒，恰到好处地掌握调兑的比例。

其四，讲艺德。

天下闻名的曲阳石雕

曲阳石雕佛像

曲阳，因地处古恒山弯曲处的阳面而得名，为河北最古老的县份之一。战国时，曲阳为赵国与中山国的重要战场。

秦统一六国，分天下为三十六郡，始至曲阳县，属钜鹿郡。元朝曾一度将曲阳提升为恒州，下流县，故曲阳也有"恒州"之称。

曲阳有着深厚的文化底蕴，据考证，早在几十万年前，曲阳北部的"灵山溶洞"就有华夏猿人繁衍生息。在五六千年前的仰韶文化时期，氏族部落已在这里出现。至商周时期，曲阳西北部已出现村落。

源远流长的历史积淀孕育出了辉煌的文化。曲阳境内，有见证着中国陶瓷业辉煌历史的定窑遗址，有千年古刹北岳庙，黄石公祠……

曲阳之所以享有盛名，是因它创造了光辉灿烂的石雕文化。

曲阳城南有座黄山，又名"少容山"。传说女道士昌容曾隐居此山，自称殷女，食蓬藟根，往来山下200余年，颜面如童，故此山又称"少容山"。

黄山横卧东西，状若银龙。满山汉白玉大理石，洁白晶莹，纯净细腻，润滑坚韧，经久耐磨，色泽不败，是石雕的优质材料。这种特有的石雕资源是曲阳石雕早期发展的最基本的因素和条件。

相传，春秋战国时期诸子百家流派之一的黄石公为曲阳人。他婴儿时被弃于曲阳的黄山，后来隐居黄山著书立说，留下《素书》和《雕刻天书》。

他把前部书传给张良，把《雕刻天书》传给曲阳同乡宋天昊、杨艺源两位弟子，从此曲阳人才开始在黄山上创习石木雕刻。

有史料可考，在公元前200年左右，曲阳西羊平一带的石工开始用当地大理石雕碑碣诸物。这一时期也是中国古代雕塑艺术发展的初期阶段，在制作题材

诸子百家 诸子指的是先秦时期老子、孔子、庄子、墨子、孟子、荀子等学术思想的代表人物；百家指的是儒家、道家、墨家、名家、法家等学术流派的代表家。后来成为人们对先秦学术思想人物和派别的总称，他们为中国思想文化发展奠定了基础。

的表现形式上，除继承了战国和秦代的艺术成就以外，由于材料的便利和工具上的进步，石刻艺术成就特别突出。

西汉时，曲阳石雕用于建筑业。在保定曲阳王台北村的白草坡上，曾有一座大型汉白玉结构的高塔，相传是东汉光武帝刘秀为一只义犬而修建的，称为"狗塔"，在当地还流传着一个动人的故事。

西汉末年，王莽篡权，改国号为新朝，而其荒淫无道，新朝上下官吏皆为虎作伥，助纣为虐，天下哀鸿遍野。刘秀为推翻王莽的统治，便在河南南阳起兵，之后被王莽一路追杀。

这一天，刘秀跑到曲阳王台北村南的白草坡上，躲藏在草丛中。追兵一时找不到刘秀，就开始放火烧山。时值秋末，白草坡上的草已经枯黄，一点即燃。

特色鲜明的地域风情

眼看刘秀即将葬身火海，突然从王台北村跑来一只大黄狗，只见它跳进附近的一个水塘中，然后再浑身湿淋淋地跑到刘秀身边滚一滚，把其周围的枯草弄湿。

就这样，那只黄狗周而复始，一次次地在枯草上翻滚，终于制止住烈火的蔓延，从而保住了刘秀的性命，但那只黄狗却因过度劳累而死。刘秀十分感激这只通灵性的义犬，将它埋葬后才离去。

刘秀称帝以后，念念不忘那只义犬的救命之恩，就诏令曲阳当地石匠在那白草坡上修建一座高塔，以示对义犬永久纪念，而那白草坡也被后人称为"狗塔坡"。

狗塔全部是用当地出产的汉白玉及砖瓦精雕筑成，共13层，高约50米，塔形呈平面八角形，每层四面均设有券门，塔身各层高度及塔径自下而上逐层递减，收分得体。狗塔底座四面的栏板上，雕刻着数百条形态各异的犬，栩栩如生，引人入胜。

第一层的外壁上刻有光武帝刘秀为义犬亲自撰写的祭文，塔内第一至四层的石壁上还刻有浮雕壁画：第一层是"义犬救刘秀"的惊险场面，赞颂了义犬舍死救人的精神。

第二层是"荆轲刺秦王"的画面，表现了战国时期燕国侠客荆轲不畏强暴、舍死报国的英雄气概。

第三层是"刘秀大战昆阳"的战斗场面，曲阳石雕艺人通过自己的艺术构思与精湛的雕刻技艺，使活生生的战斗场面跃然于坚石之上，以此表现光武帝刘秀推翻王莽、天下悦服的正义行为。

第四层是"田园雨耕图"，刻画的是农夫赶着耕牛在清风细雨中劳作的场面，表现了刘秀称帝之后，人们安居乐业和风调雨顺、五谷丰登的社会现状。

狗塔内的那些浮雕作品，构图严谨，布局匀称，刀工细腻，形象逼真，艺术性较高，代表着当时曲阳雕刻艺人的技艺水平。

曲阳狗塔是中国最早的纪念碑式大型石雕建筑物之一，也是中国东汉时期石雕艺术成就较高的建筑物。

元代时，曲阳石雕艺术有了新的发展，作品造型优美，做工精细，奇巧生动，品种丰富，风格、流派各异，石雕艺人层出不穷。

杨琼是元代时曲阳黄山脚下西羊平村出名的石雕艺人，其父、叔、兄均以石雕为业，唯杨琼技艺高超，每自出新

文明开化

燕赵悲歌

■ 曲阳石雕《雄鸡报晓》

意，天巧层出，人莫能及。

元世祖忽必烈建都，诏各地石匠进京献艺。杨琼取汉白玉两块，雕刻成一狮一鼎，忽必烈见之大喜，赞道："此绝艺也。"

明清时期，曲阳石雕工艺更加精巧，清末曲阳人雕刻的《仙鹤》《干枝梅》等作品在巴拿马国际艺术博览会上荣获第二名，国际上称为"曲阳石雕"。

曲阳石雕的传统工艺是利用开脸特技法，在石料上画出大概轮廓，先雕鼻子，再从头到脚依次雕刻，做到内外有度，比例协调。曲阳石雕传统产品有碑刻、经幢、栏板、八仙、八音人、佛像、武士、仕女、石狮、石猴、石虎、石象、石羊、石棺、石灯、石柱、石墩、石槽等。

曲阳石雕既不失魏代神秘朦胧的粗犷气魄，又承启唐宋自然丰满庄重优美的造型，菩萨观音、力士天女、龙凤狮兽为其艺术典型。

特色鲜明的地域风情

阅读链接

曲阳北岳庙内存有碑、碣、经幢200多通，并建有碑廊、碑楼，是河北最大的碑群之一。

从时代上说，自南北朝北魏、北齐、唐、五代、宋、金、元、明、清各代碑刻俱全，跨越1500多年。碑刻中最早的北魏和平三年刻制，是中国现存碑刻中极为宝贵的稀世珍品。有"大唐定州北岳恒山灵庙之碑""大唐北岳祠碑""大唐北岳神之碑""大宋重修北岳安天王庙之碑""大宋重修北岳庙之碑""苏轼诗词碑""大元封加北岳手诏碑"等，堪称书法艺术的宝库。

北岳庙内建有雕刻艺术馆，保存古雕刻100多件。其作品有人物、动物、佛像、经幢等，尤以"西汉石虎""北魏石狮""北魏背光千佛像""唐代石灯""唐代大佛""石佛笑和尚""金代经幢"为最佳。

刚柔并济的井陉拉花

井陉位于河北西部与山西交界的太行山深处，素有"天下九塞，井陉其一"之说。井陉历史悠久，源远流长。悠久的历史孕育了井陉优秀的文化艺术。

井陉拉花是诸多民间艺术中的佼佼者，也是井陉人最喜爱的民间舞蹈，素有"井陉拉花遍地扭"俗语。

井陉拉花源于民间节日、庙会、庆典、拜神时的民间街头花会，历史悠久，源远流长。早在813年，成

井陉拉花表演

■ 古代铜锣

井陉 历史名地，一则天下险塞，再则兵家必争。早在50 000年前的旧石器时代，冶河下游的东元村就已有古人类生息。至四五千年前的新石器时代，境内已有人类原始居民聚居。据对胡家滩、吕家、段庄、马村等地发现的陶器、石器等物考证，为新石器时代文物。

书的《元和郡县志》就有记载。

关于井陉拉花的产生，还有一个美丽的传说：

据说，在宋末元初时，井陉深山里有一个残忍无道的歹徒，占山为王，经常抢劫民财，残害百姓，每逢年关，都要下山抢男霸女，男的充当奴隶，为其守护山寨，女的供其淫乐。当地百姓恨之入骨，便想除掉这个恶贯满盈的山大王。

有一年春节，当地百姓选拔了一伙胆大心细、武艺高强的青年男女，装扮成卖艺的，如村姑、花童、渔妇、田公、货郎等。

身着五颜六色的彩衣，手持精巧美丽的花伞、花扇、花瓶、花篮、霸王鞭等物件，暗中携带着各种兵器，佯装途经山寨，故意让强盗劫掠入山。

深夜，这些青年男女趁山大王寻欢作乐和给他献艺之机，与被抢劫去的民夫里应外合，放火烧了山寨，除掉了山大王，解救出许多被掠的黎民百姓。

自此以后，每逢年节，当地百姓都打起花伞，舞起彩扇，挑起花瓶、花篮，打起霸王鞭，结队欢舞，以示庆祝。

拉花的形成和发展，是游动文化和大山文化相互融合的结晶。在融合的过程中，不仅承袭了其他舞蹈的特点，更主要是根据井陉特有的地域特征、风俗特征而发展形成了独有的舞风。

拉花是一种不受场地限制，既可街头、场院演出，也可登台献技，时间可长可短的群舞。

演出方式可分为两种，一种是行进中的演出，称为"过街"，这种表演因受行进的局限，仅能用一根鞭、二龙并进等简单的队形，无法追求舞蹈的完整性，但有因地制宜的特点，一般在参加"拉会"和"踩街"时采用。

另一种为场地演出，其队形多变，能充分发挥演员的表演技能，而且演出非常完整。参加演出的演员，一般为6的倍数。

从表演形式上看，拉花可分为跷子拉花和地拉花两种。所谓跷子拉花，即扮演女角者，脚踩跷子进行表演，代表流派是固地拉花。

后来，跷子拉花还演化为一

■ 井陉拉花图

霸王鞭 俗称"连厢""花棍""金钱棍"等。民间艺人卖唱时的乐器兼舞具。以竹竿，两头开缝，穿以铜钱，演出时持杆，以两端随舞碰击身、膝或肘发声，伴歌舞。民间舞蹈，表演时一面舞动霸王鞭，一面歌唱。也叫"花棍舞""打连厢"。

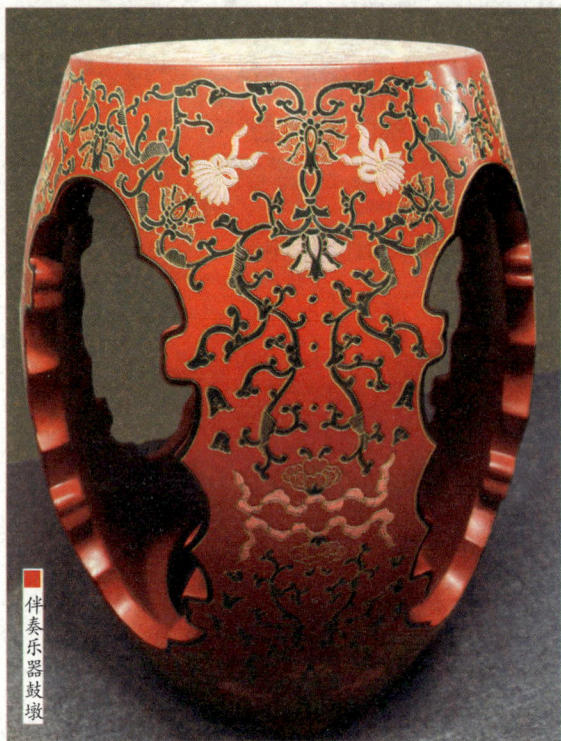
■伴奏乐器鼓墩

种犹如西方芭蕾舞中的立脚尖，以木削的"戳跷"捆绑于脚，而且戳跷穿以鞋袜遮盖，犹如古代妇女的"三寸金莲"。表演时，演员只有始终保持"立脚尖"的姿态才能表演。

这种拉花中的女角虽为男扮女装，但因受"戳跷"的影响，使身体前倾、腆胸、塌腰、翘臀，移步娇媚，非常逼真地再现了古代妇女的神韵。

跷子拉花掌握难度大，经多时训练方能表演，俗有"冬练三冬、春练三春"之说，特别是脚绑戳跷就更难。在井陉流传着一句"固地的拉花——一片功"的歇后语，就是对戳跷难度的形容。

清末时期，此类拉花进入鼎盛时期，被官方誉为井陉的四大迎神赛会形式之一。随着妇女放足以及群众审美观的改变，这种拉花逐渐衰落。有的如南平望拉花从跷上解放下来，演变为一种不同于地拉花的地跷拉花。

顾名思义，地拉花就是地上舞的拉花。由于这种拉花相比跷子拉花没有杂技性，流传的也就较为广泛，特别是后来拉花人数的大幅度增加、演出场地的扩大，许多舞蹈动作和队形变化需要跑动才能完成，地拉花也就被广泛传承下来。

井陉的南正、庄旺、南平望、长岗、庄子头、城关等拉花流派都

特色鲜明的地域风情

属于地拉花。

拉花的传统化装、道具、服饰均与当地的民俗事项有着密切的关系，因此，所呈现的特点也就最具有地方性和民族性了。

梅开五福，竹报三多。旧时拉花男性角色的脸颊画有梅花，以寓五福的；也有的画菊花这样的吉祥之花的；有的额心至鼻头之间画蝎、蛇、蜈蚣、壁虎、蟾蜍等五毒中的形象，以希望能够以禳虫毒。

女角中的丑婆脸上以右眼眉旁经鼻梁向左斜至颧骨画一白色的斜线或点，以达到煞邪之目的。

拉花的道具多是流传在汉族民间舞蹈中通用的道具，如彩绢、彩扇、伞、鞭、太平板等。在此基础上，各种拉花均根据自身的需要而增设。

如庄旺拉花货郎担，他表现的是货郎卖绒线的故事，就根据自己角色的需要而加入货郎鼓、货郎架。又如南平望拉花送美人，她表现的是护送美女入宫的故事，就加入化装匣以供美女梳洗打扮。但大多数的拉花中有着一种在其他民间舞蹈中不多见的道具——花瓶。

井陉拉花图

笔竿胡作为一种不在手中的道具，而是戴在男角的嘴唇上，可谓独具匠心，它通过上唇的噘起，带动笔竿滚动，从而夸张地表现出吹胡子瞪眼的滑稽相。在跷子拉花的傻小子手中，手持红萝卜或莲花蕾之类的道具，这些道具的应用很明显为古代生殖崇拜的遗俗。

地拉花的服饰大同小异，多沿用清代服饰，男的头戴瓜壳帽，上身穿偏襟长衫，前后下摆用针线撩起，罩坎肩，下身穿灯笼裤，腿扎绑带，腕扎扣袖，脚蹬云鞋，腰系彩绸，腰间掖着两个绣工精美的钱袋。

女角中的丑婆，大包头，扎绸子结花垂于右耳旁，上身穿偏襟大衫，腰系罗裙，腰扎彩绸，右肩斜背一个包袱。

其他女角，梳一根长辫垂于脑后，头上插花，身穿不过膝的偏襟长衫，罩镶边坎肩，下穿彩裤着彩鞋，腰扎彩绸，各角色均按所扮演老、中、青、少的年龄特征，在色彩上有所变化，即青少年要色彩鲜艳些，中年色彩需浅淡些。

井陉拉花的音乐为独立乐种，既有河北吹歌的韵味，又有寺庙音乐、宫廷音乐的色彩，刚而不野、柔而不靡、华而不浮、悲而不泣，与拉花舞蹈的深沉、含蓄、刚健、豪迈风格交相辉映，乐舞融合，浑然一体。

传统拉花音乐多为宫、徵调式，其次还有商、羽调式，节奏偏慢，大多为4/4拍，特色伴奏乐器有掌锣等。

拉花的乐器有大管、小管、膜笛、笙、龙头二胡、三弦、四股弦、敲琴、云锣、小镗子、小镲、扁鼓，乐队双管制达二十人，后来多为单件乐器仅九人组成乐队。

管子是拉花音乐中的灵魂，起领奏作用，在乐曲中时奏时停。那种淳朴、粗犷、浑厚、略带悲怆的音色，如泣如诉地将人带入往时井陉人民深重灾难之中，恰与舞蹈融为一体。

小管的高亢，膜笛的滑音、颤音和花点与大管互相呼应，捧笙以三度、五度和弦将乐曲珠联璧合。云锣以其清脆悦耳的问答式的轮奏，复调旋律与大管配合。

小镗子、小镲按花点击拍，严密的分工，紧密的配合，令人毫无齐奏乏味之感。管、笙、笛、云锣是拉花音乐中必不可少的主奏乐器，构成拉花特有的艺术魅力以及浓郁的乡土气息。

拉花的乐曲由曲牌和民歌组成。它的曲牌约有10多首，如"万年欢""春夏秋冬""爬山虎""小儿番""粉红莲""雁南飞""摸""八板"等曲牌，"八板"这个曲牌被各村拉花普遍使用，艺人称"踩着八板扭拉花"。

井陉拉花虽属于秧歌范畴，但又有显著的自身特点。以"抖肩""翻腕""扭臂""吸腿""撇脚"等动作为主要舞蹈语汇，形成刚柔并济、粗犷含蓄的独特艺术风格。它舞姿健美、舒展大方、屈伸大度、抑扬迅变，善于表现悲壮、眷恋、爱情、行进的情绪。

阅读链接

关于井陉拉花名称的由来，有这样一个传说：

该村有一个名叫杨名举的人，明朝万历时在河南任西华县知县，任满路过牡丹胜地洛阳时，将数簇牡丹带回，在以本村老君庙内以"花王"敬神。从此每到花开季节，总吸引许多男男女女前往观看。

为纪念牡丹在井陉扎根这件喜事，一些民间艺人将其编为舞蹈。因当时交通不方便，在近千千米的路途中，牡丹花的迁移只能用人力拉运，故取名为"拉花"。

这样演员就出现了身背花、头插花、脸画花、肩挑花等无处不花的装束和与拉有密切关系的前倾、落步、撇脚等多种舞步姿态。

艺人仍持有"有了牡丹花，就有了拉花"的说法。

内八档会的天桥中幡

天桥中幡

北京天桥是一个历史悠久、驰名中外、繁华热闹的平民市场。清代康熙年间，天桥出现了市场的雏形，清末天桥市场快速发展，各种曲艺杂耍遍布其中。尤以中幡、摔跤等表演最受游客欢迎。

幡是旗帜中的一种，尺寸有大小之别。中幡装饰华丽，既具有仪仗特色又用于比赛力量的一种旗帜。耍中幡、舞中幡是中国民族民间传统杂技项目，北京天桥中幡表演最为有名。

中幡起源于晋代时的皇家表演项目，耍中幡是在行军或打猎休息期间，旗手们为给皇上解闷，挥舞耍动大旗以博皇上欢心，鼓舞三军斗志。

幡旗形制壮丽，标题清晰，常常用于仪仗活动。旗手耍弄幡旗，能尽显英勇与智慧，因此中幡曾是清代朝佛、庆典等走会活动的必备项目。走会中各个团体都有自己的标旗，竞相演练耍幡高招绝技，逐渐形成颇具特色的杂技节目。

清代乾隆年间，将原龙旗杆上加上伞，耍起来更是好看。后来加伞的大旗杆被皇宫用作迎接外交使者的仪仗队，显得更加威武庄重，故又名"大执事"。皇宫里每年耍大执事，庆祝重要庆典。

■ 天桥耍中幡泥塑

乾隆年间中幡会属于镶黄旗佐领管辖，属于内八档花会之一，受过皇封，盛极一时。

幡按大小分为硕幡、中幡和小幡三类。硕幡一般比较重也比较高，一般要在12米以上；中幡一般在9米左右，多数表演者选用的都是中幡，所以耍中幡这一叫法也就传开了；而小幡则只有三四米，一般是在小的场地表演，比如剧场、茶馆等。

早期的耍中幡有"幢幡""担幡"的叫法，在清朝中期，北海公园到了冬天还有"担幡滑冰"的表演。中幡的主干是一根长10米多的竹竿，竿顶悬挂一面0.5米宽、5.5米长的长条锦旗，旗的正面绣有祝福语句和吉祥图案，反面有时绣上表演团体的名称，因

镶黄旗 清代八旗之一，因旗色为黄色镶红边而得名，镶黄旗是上三旗之一，旗内无王，由皇帝所亲统。镶黄旗有八大老姓，分别是瓜尔佳氏、钮祜禄氏、舒穆禄氏、叶赫那拉氏、辉发那拉氏、乌拉那拉氏、郭罗络氏、伊尔根觉罗氏。

此又称"标旗"。

中幡净重十五六千克，它下粗上细，由两根竹竿拼成，竹竿的大小、柔韧性也有讲究。一筒中幡要加工成成品大约要4年时间，其制作加工程序目前仍属祖传，拒不外泄。

从技艺角度来说，中幡包括手法和腿法，不仅练的是人的胆量、力量和技巧，还需要文武兼备，此外中国式摔跤、气功等技艺也是练习中幡的基础。

中幡分为单练、双人对练和集体练，动作有50多个。表演者或顶幡上额，或伸臂托塔，惊险动作连绵不断，但始终幡不离身，竿不落地。10余米高、十几千克重的中幡在表演者的手中、肩上、脑门儿、下巴、项背等处上下飞舞、交替腾挪。

中幡表演时，艺人们将竿子竖起托在手中，舞出许多花样，其表演动作样式各有形象的名称。将竿子抛起用脑门儿接住为霸王举鼎，单腿支撑地面用单手托住竹竿为金鸡独立，此外，还有龙抬头、老虎撅尾、封侯挂印、苏秦背剑、太公钓鱼、擎天一柱等样式。

中幡表演要求稳、准、快，手眼配合一致。在表演时，表演者用手掌、手背、肩膀、额头、下颚等

苏秦背剑 中国武术定式，常见于古代历史小说、评书、演义中的一种招式，指以器械置于背部格挡对手从背后的袭击。传说，在战国时期，名纵横家苏秦游说六国合纵抗秦时，背后斜跨长剑用于防身，因此而得名。

■ 天桥中幡

部位分别完成举、顶、牙剑、脑剑、单山等动作，不断晃动、抛起、落下。中幡表演，以扔得高、立得稳为准则。表演中，幡面彩绸迎风招展，幡顶铜铃叮咚作响，场面非常壮观。

在几代人的努力下，天桥中幡已经成为一个集惊险与壮观于一身的系统性表演项目，包含着头、肩、肘、手、胯、膝、脚等七套演练技巧近百种套路；而且凭其精湛的技艺、滑稽的表演，成为老北京民俗文化的代表项目。

中幡局部特写

阅读链接

对中幡的发展起重要作用的要属"王小辫"。当时全国各地都有中幡表演，但是表演形式各不相同。

至清代末年，天桥老艺人王小辫从官中耍执事的哥哥处学得此艺，并将大执事改名"中幡"，变成卖艺性质的表演传入民间。后来又收"宝三"宝善林为徒，将一身绝技传与宝三。

八旗子弟为谋生计纷纷到天桥市场卖艺，其中由沈三沈友三、宝三宝善林、张狗子张文山等率众表演的中幡、摔跤是撂地表演中最红火、最火爆、最受欢迎的项目。

竞技天下的吴桥杂技

吴桥杂技表演泥塑

公元前2世纪，在河北所处的古冀州一带流行着一种民间游戏：人们戴着有角的面具互相比武斗力。这种活动既是表演又是竞技，当时民间称之为"角抵"，又叫"蚩尤戏"或"百戏"。

这种活动，既是表演，又是竞技，是杂技的雏形。吴桥古属冀州，"蚩尤戏""角抵戏"同样在这儿盛行。

在汉代百戏中，从内

■ 吴桥杂技"耍飞叉"泥塑

蒙古和林格尔的东汉墓壁画的百戏场面看，这一时期的燕赵杂技艺术已基本形成。

魏晋南北朝时期，杂技艺术已趋于成熟。曹魏定都邺城，魏文帝曹丕、魏明帝曹叡都喜好百戏。曹叡每逢岁首，建巨兽，鱼龙曼延，弄马倒骑，备如汉西京之制。后赵石虎在邺城也是殿前作乐，高絙亘、鱼龙、凤凰、安息五案之属，莫不毕备。

403年，道武帝拓跋珪在平城下诏："造五兵、角骶、麒麟、凤凰、仙人、长蛇、白象、白虎及诸畏兽、鱼龙、辟邪、鹿马仙车、长趫、缘橦、跳丸，以备百戏。"

北齐时，有鱼龙澜慢、俳优侏儒、山车巨象、拔井种瓜、杀马剥驴等杂技节目。这些节目已包含了马戏、魔术、手技、爬竿、走索等类型，内容十分丰富。

曹丕（187—226）三国时期著名的政治家、文学家，曹魏的开国皇帝。他在位期间，平定边患，击退鲜卑，和匈奴、氐、羌等外夷修好，恢复汉朝在西域的设置。除军政以外，曹丕自幼好文学，于诗、赋文学皆有成就，尤擅长于五言诗，与其父曹操和弟曹植，并称"三曹"。

■ 吴桥杂技"赛活驴"泥塑

关公（？—220）本字长生，后改字云长，名关羽，河东解县（今山西临猗西南）人。东汉末年著名将领，去世后，其形象逐渐被后人神化，历来是民间祭祀的对象，被尊称为"关公"；又经历代朝廷褒封，清代时被奉为"忠义神武灵佑仁勇威显关圣大帝"，崇为"武圣"，与"文圣"孔子齐名。

唐代幽州地区的"戴竿"技艺十分精湛。751年，奚、契丹入侵，范阳守将向润容因兵少，见教坊中的戴竿、走索艺人矫健可用，便将他们组织起来出城作战。可见当时从事杂技的艺人数量之多。

明永乐二年（1404年）至明朝万历年间，是吴桥杂技活动的一个繁盛时期。主要标志是在这一时期，在宁津、吴桥两县交界处，杂技艺人集中、交通方便的黄镇，形成了一个杂技行业的庙会——黄镇九月庙会。

会期自旧历九月初五起，历时一个月。这是一个杂技艺术和杂技相关动物道具等用品及杂技人员交流的庙会，规模之大，时间之长，范围之广都是前所未有的。黄镇杂技庙会一直延续、兴旺了约500年。

明朝中叶，吴桥杂技逐渐形成两个流派：一派以北牟乡为中心，称为"东派"，后来该派逐步蔓延到宁津、南皮等县；一派以仓上乡、范屯乡为基地，称为"西派"。后来西派实力强大，流传到吴桥全县。

在西派当中，又分成许多门类，而以"刘家门""齐家门""陶家门"最为著名。

"刘家门"在明朝中叶形成，擅长武功和马术，该门传统节目除以武功为主外，还有扦子、三股子、顶功和刀门子。至清朝咸丰年间，该派掌门人刘永贵创设了马术，最突出的节目是"关公劈刀"。他把戏剧艺术吸收到杂技表演中来，使杂技艺术更加丰富多彩。

"齐家门"在明朝末年形成，该门的独特艺术是"兴活""闷子"和"刺清子"。后来又创建了"气功"，此功夫有独到之处。

"陶家门"创建于清初，该门主要技艺为古彩戏法和"捞活"，即幻术和魔术的前身。最初各门界限分明，各树一帜。到了清末，各门互相学习，取长补短，也就逐渐融为一体。

清朝末年，吴桥杂技艺人开始大批地走出国门。由于在更大更广阔的范围活动，给了吴桥杂技一个极大的发展机会，吴桥产生了一大批的名人名班，代表了当时中国杂技的水平，并对世界杂技产生了积极的影响。

吴桥杂技节目包罗万象，在民间，分为签子活、粒子活、挂子活三种。

签子活包括形体表演类节目，集传统的体育、体操、武术、舞蹈、杂技之大成，如"爬竿""钻桶""滚杯""飞杆"等。

平衡技巧类节目，如"高台定车""车技""走钢丝""高车踢碗"等，一些节目兼而有形体表演和平衡技巧，如"椅子顶""排椅"；要弄表演类节目，吴桥最古老的节目种类，如"抖空竹""转碟""舞流星""十样杂要"等。

高空表演类节目，如"走玄绳""空中悠绳""蹦床飞人""高空钢丝"等。

口技仿声类节目，演员用口发出的声响，形象模拟动物、禽鸟的

■ 吴桥杂技"云里飞"泥塑

鸣叫以及生产、生活中发出的各种声音……

粒子活，旧时称"幻术"，按法门形式上分：手彩门，即手彩，如"仙人摘豆"等；彩法门，即门子活，根据道具的不同，又区分为彩壶式、彩瓶式、彩扇式、彩匣式、彩巾式、彩碗式、彩杯式、彩箱式等。

丝法门，如"美人扇戏"等，民间有"扇老鸹"等；药法门，借用药物的化学变化机理而用于魔术节目制作表演。搬运门，中国古典戏法之一，也称"古彩戏法"，所变东西大都藏于身上。

"挂子活"是指在把式场上表演武术功夫，以自身功夫撂地挣钱。

在2000多年的变迁过程中，吴桥杂技文化不断丰富发展着，形成了独特的表演、道具、管理以及传承等方面的规则，构成了完整的行业文化体系，受到杂技界的推崇，素有"十方杂技九籍吴桥""没有吴桥人不成杂技班"之说。

阅读链接

在黄帝时代，黄帝带兵在古冀州一带与蚩尤相斗，黄帝派了一个传令兵去传令。

传令兵遇风雪迷失了方向，没有完成使命。传令兵误了使命，回去要砍头的，不敢回去复命，便远走高飞另寻生路。传令兵在逃生路上乞讨很艰难，便以自身的技艺为资进行表演，以此吸引人们来观看再行乞讨。

黄帝因派去的传令兵没有完成任务，打了败仗，便大发雷霆之怒，派人去抓传令兵。派出去的人抓不着传令兵，也不敢回来，慢慢地也走了这个道。

人们从打拳、翻跟斗开始，越玩越精，最后成了一种专门的活路。因卖艺之时，都是饿着肚子的。所以后来艺人们进行练功和卖艺时师傅都要求空腹，据说就是从这儿来的。

齐鲁儒风

　　齐鲁历史悠久，在长期的历史发展中，不仅涌现出了如年画、石刻、风筝工艺、丝绸等民间手工艺，还有很多存在于民间，流传下来的历史故事、戏剧、曲艺和各种独具特色的民风民俗。

　　这些民风民俗无论在齐鲁人的日常生活，或者在娱乐形式上，都能够反映出来。

　　这些独特的齐鲁文化不仅说明了齐鲁人的聪明与才智，更对齐鲁文化的传承和发展，及中国文化的发展产生了重大的影响。

灵公郊迎

孔子至卫灵公喜
而郊迎阑孔子居
昔得粟六万致粟
在如其数夫灵公
于孔子接遇以礼
如此于是孔子以
卫有隊可以仕矣

至圣孔子创立儒学

特色鲜明的地域风情

孔子画像

孔子，名丘，字仲尼，春秋时期鲁国人。孔子是中国古代伟大的思想家、教育家和政治家，先秦儒家学派的创始人。

孔子的先祖是宋国的贵族。他的父亲叔梁纥即孔纥是陬邑的大夫，母亲颜徵在生于贫家。

孔子出生于春秋时期鲁国都城东南的陬邑。鲁国是西周时期著名政治家周公的封地，从西周到春秋时期，鲁国都是东部地区一个人文荟萃的文化中心，享有"周礼尽在鲁"的美誉。孔子正是在这种周文化风习中诞生和成长起来的。

　　传说叔梁纥生孔子时已70岁，颜徵在才17岁。不幸的是，孔子出生两三年后，叔梁纥就去世了，家道中落。

　　由于失去了生活的依靠，颜徵在带着孔子离开陬邑，迁居到鲁国都城内的阙里。迁居阙里后，孤儿寡母生计之艰难是可想而知的。

　　虽然自幼贫寒，但是鲁国浓郁的礼乐文化氛围的熏陶和母亲的教导，使孔子从小就十分好学上进。他很小的时候就热衷于学习礼仪。

　　稍长之后，在母亲的支持下，孔子还于农闲时节到当地的乡校学习。孔子在乡校中初步学习了六经，获得了初步的文化能力，同时也开始关注社会政治问题。

　　孔子到15岁时，这种乡校的学习已经不能满足孔子的学习追求，但是又没有资格进入贵族官学接受系统的教育，所以只能立志自学。自学的内容主要集中在《礼》《乐》《诗》《书》等高层次的文化知识上，这也是当时最重要的学问。

孔子杏坛讲学图

当孔子十六七岁时，他的母亲颜徵在不幸去世了。这时的孔子，已经树立了步入上层社会的人生目标。

鲁昭公七年，孔子17岁，鲁国执政大夫季武子举行招待士的宴会，当时孔子刚刚丧母，就身着孝服贸然赴会，结果被季氏家臣阳虎拦在门口。

这个遭遇对孔子而言是一次不小的刺激，进一步激发了他发愤自学自立的志向。孔子更加勤奋地学习各种礼乐文化知识。由于条件受限，他无法得到可供学习的典籍，只能以多看多问的方式来获取知识。

他常常到鲁国太庙观看各种庆典和祭祀的礼仪活动，遇到不明白的地方就向人请教，即使招来别人的非议他也不顾及。

孔子在青少年时期的求学之路上勤学好问，不断求索，终于在步入30岁后学有所成。此后，孔子的名气越来越大。这一切，推动着孔子进入了一个新的人生阶段，那就是创办私学，收徒讲学。

孔子最初设教讲学，学生只有少数几个人。最早拜师投入门下的几个弟子有颜路、曾点、冉耕、秦商、子路。

太庙 中国古代皇帝的宗庙。太庙在夏朝时称为"世室"，殷商时称为"重屋"，周称为"明堂"，秦汉时期称为"太庙"。最早太庙只是供奉皇帝先祖的地方。后来皇后和功臣的神位在皇帝的批准下也可以被供奉在太庙。

由于孔子实行因材施教的办学方针，同时在教学中注重启发诱导，收到了良好的效果，不过三四年，不仅吸引了民间学生，而且还引起了贵族的注意。

公元前535年，鲁国大夫孟僖子陪鲁昭公访问楚国，因不懂礼而大出洋相，他非常惭愧，回国后便到处向人学礼，并且开始注意到办学成名的孔子。

公元前517年孟僖子临终时，召集自己的属下立下遗嘱，以孔子为圣人之后，要求他的两个儿子孟懿子和南宫叔敬在他死后拜师孔子，学好礼，以稳固自己的世袭地位。

这一年，孔子34岁。由于孟僖子的大力推荐，以及孟懿子和南宫叔敬遵命拜孔子为师，孔子立即声名大振，在上层贵族社会产生了广泛的影响力，从而为他的教育事业的发展开辟了道路。

不久，孔子即获得鲁昭公的支持，由南宫叔敬陪同前往京师问礼。在参观京师期间，孔子着重对礼制、文物、典籍进行了考察。

据说孔子在京期间，还拜见了先秦道家学派创始人老聃和周大夫苌弘。这些活动进一步丰富和提高了孔子的礼乐文化修养。

孔子问道雕塑

大司寇 西周时期设立的官职。周天子是最高裁判者，中央设大司寇，负责实践法律法令，辅佐周王行使司法权，大司寇下设小司寇，辅佐大司寇审理具体案件。大、小司寇下设专门的司法属吏。此外，基层设有士师、遂士等负责处理具体司法事宜。

然而，正当孔子踌躇满志地从雒邑回到鲁国的时候，鲁国却出现了鲁昭公同以季氏为首的当权贵族集团的关系濒临决裂的政治危机，这对于孔子的人生道路产生了影响。

一方面因为鲁国动乱干扰了孔子的办学，另一方面也出于对当权者非礼的反感，不久，孔子带着众弟子离开鲁国，去往齐国。

他在齐国投靠到齐君宠臣高昭子门下，通过高氏介绍和引见，得以结识齐国的一些卿大夫，与他们有所交往，并由此扩大了在齐国的影响，提高了声誉。经高昭子推荐，孔子还见到齐景公，并受到赏识。

孔子回到鲁国后，继续办学。公元前501年，孔子被鲁定公任命为中都宰，上任一年，政绩显著，四方都向他学习。次年被任命为司空，其后又升为鲁国大司寇，成为执掌全国治安和司法的官员。

■ 获麟绝笔图

孔子在任三年，注重思想教化，从根本上使人自觉守法，收到了良好的治安效果，同样政声远播。

公元前500年，鲁齐两国为了各自的战略利益，商定在两国边境的夹谷举行两国国君的盟会。这是一次事关重大的外交

石雕孔子像

活动，两国都做了充分的准备。

在盟会过程中，齐国执事者组织一批莱国人，企图在混乱之中劫持鲁定公。

孔子见状挺身而出，一面保护鲁定公，一面指责齐景公失礼。周礼是诸侯的行为准则，失礼即成为丑闻。景公见势不妙，当即承认错误，斥退众人。

齐人不肯就此罢休，在盟誓的时候又提出，如果齐国有事出兵，鲁国必须派300乘兵车相从，否则就是违背盟誓。

孔子则针锋相对地提出，齐国必须归还因阳虎之乱而被齐国占领的汶阳之田，否则也是违背盟誓。就这样，孔子利用周礼和自己的勇敢机智，顶住了强齐的外交攻势，为鲁国争得了荣誉和利益。

夹谷之会后，孔子得到了信用，甚至代理鲁相国之职参与国政。孔子由此获得了更高的社会地位，其弟子子路也做了季氏宰，成为季桓子的家臣首领。

相国 中国古代官名，春秋时齐景公设左、右相，相成为齐国卿大夫的世袭官职。以后其他诸侯国也有设置，后来西汉刘邦做皇帝时，因为忌讳"邦"，"相邦"被称为"相国"，后来慢慢地变成"丞相"一职。

孔子与弟子雕塑

公元前497年，由于与统治者思想不和，55岁的孔子怀着惆怅的心情，离开故国，开始了长达13年周游列国的人生旅程。

孔子第一站来到卫国国都帝丘。卫灵公表面上对孔丘礼遇有加，给予孔子与在鲁国时同样多的俸禄，但内心对这位异国来客并不信任。

公元前493年，在卫国居留4年的孔子因长期不被重用，终于离开卫国，踏上了寻访明君贤主、求仕行道的漫漫求索之路。子路这时已经担任蒲宰，也放弃职位，继续追随孔子，这次的目的地是陈国。

陈国国君对孔子渊博的学识非常敬佩，待之以上宾之礼。但在陈国，孔子也只能从事一些文化活动，政治抱负还是不能实行。

公元前489年，吴国兴兵伐陈，陈国面临战乱，孔子听说楚昭王有聘请他的意思，而且也很赞赏楚昭王不祭祀河神的行为，于是带领弟子离开陈国，南渡颍水，前往楚国。

然而，由于楚昭王去世，新立楚惠王只是赞许孔子之德行，却无聘任之意，孔子在楚从政的希望破灭了。

公元前487年，仕途无望的孔子离开楚境，重返卫国，于次年回到卫都帝丘。初返卫国时，面对新君卫出公，孔子仍曾想一展抱负，但终无所成。在此期间，他对礼乐作过很多研究。

公元前485年，孔子的弟子冉求在鲁国和齐国的清之战中立下战功，受到季康子重用。季康子问他是怎么学会打仗的，他回答说归功于老师，并趁机建议季康子召回孔子。

季康子遣使带重礼来到卫都帝丘，召请孔子师徒回归鲁国。孔子终于在68岁的垂暮之年回到鲁国。

孔子在各国游历最终未能实现自己的政治理想，但是13年的漫游历程，使孔子广泛地接触到春秋时代的社会现实，深入了解了社会各个阶层的实际情况。

正是这一点，决定了孔子不是一个脱离实际的空谈者，而是一个有着强烈实践精神的思想者。游历中所到之地，在文化上都具有不同特性，这些无疑都极大地开阔了孔子的文化和思维视野，令他能够广采博

季康子（？—前468年），姬姓，季氏，名肥，谥康，史称"季康子"，春秋时期鲁国的正卿。公元前488年，吴王夫差伐齐国，向鲁国征百牢。季康子派子贡劝说吴王及太宰嚭。公元前484年，齐国伐鲁。季康子用冉有有功，从卫国接孔子归鲁。公元前468年春，季康子去世。

■ 孔子讲学

收，集百家之长，以为己用。

可以说，孔子整个思想体系的最终成熟，正是在这13年间完成的。而且，在13年的游历中，孔子所到之处，都广收门徒，积极宣传自己的思想和主张，极大地提高了他本人和他的思想的知名度和影响力。

孔子六十八岁返回鲁国，到七十三岁去世，在故乡度过了一生中最后的5年。这时，由于他已经具有了很高的名望，所以被鲁国君臣礼尊为"国老"。

公元前480年，孔子修《春秋》时，一头奇怪的野兽被人猎获，据说是麟。麟是仁兽，在不该出来的时候出来并被猎获，孔子认为这意味着他的理想不能实现，就罢笔不再修《春秋》，世称"获麟绝笔"。

一连串的打击和强烈的暮年之感终于使孔子病倒了。在哀叹中，孔子走完了自己七十三岁的人生旅程，闭上了双眼。

作为一个思想的探索者，孔子最大的影响是开启和创立了儒家学派的思想学说。在2000多年的历史长河中，儒家学派的理论学说不断得到丰富和发展，成为中国思想史上绵延最长久，体系最庞大，对社会历史结构的作用力最深广的一大学派。

特色鲜明的地域风情

阅读链接

孔子还是一位伟大的文献整理专家。他曾对三代以来所流传的一些文化典籍，进行了系统的整理，其中主要是对六经的整理。

经过孔子整理的六经，不同程度地反映了夏、商、周特别是春秋时期的政治、经济、文化、思想等方面的情况。为后世研究中国古代社会政治史和思想文化史提供了不可多得的珍贵资料，是孔子为整个中华文化史和世界文化史做出的卓越贡献。

大气磅礴的泰山石刻

泰山位于中国东部，山体雄伟壮观，景色秀丽。自春秋战国时，封禅泰山已是齐鲁士人心目中一统天下的帝王所行的国家大典。也就是说代周而帝的统治者必须来泰山举行封禅大典，方可得到天帝的认可，成为天下新的君主。

秦始皇建立秦王朝后，从公元前219年开始千里东巡，第一件事就

秦始皇封禅泰山

■ 古代泰山碑刻

张纯 字伯仁，高祖父安世，汉宣帝时为大司马卫将军，封富平侯。父亲为成帝侍中。张纯少年袭爵，哀、平年间为侍中，王莽时至列卿。东汉建立，张纯以敦谨守约，保全前封。建武初，旧章多阙，每有异议，就请教张纯，汉武帝非常器重，以张纯兼虎贲中郎将，数被引见，一日或至数次。

是率文武大臣封禅泰山。

秦始皇的封禅大典分两步进行，首先劈山修路，从泰山之阳登上山顶，封禅泰山后，秦始皇即命丞相李斯在泰山摩崖处刻下功德铭石。"立石颂秦始皇帝德，明其得封也。"是为封礼。向天下表明秦王朝具有封禅资格并实现了这一旷世大典。

秦二世胡亥即位第一年，即公元前209年，来到泰山封禅，并在秦始皇功德铭石处留下石刻诏书。

秦始皇和二世的刻石原在岱顶玉女池旁，后经多次迁移，安置在岱庙东御座大殿露台前西侧。刻石四面宽窄不等，刻字22行，每行12个字，共264个字。

两世的刻辞均为李斯所书，而将刻石分为两部分：前半部系秦始皇东巡泰山时所刻功德碑，共144个字；后半部为秦二世刻制，共78个字。

秦始皇及秦二世泰山刻石的书体是秦统一后的标准字体小篆。其结构特点，直接继承了石鼓文的特征，比石鼓文更加简化和方整，并呈长方形，线条圆润流畅，疏密匀停，给人以端庄稳重的感受。

东汉光武帝刘秀，史称"高祖九世之孙"，公元54年，富平侯张纯联系了一些官员，上书建议光武帝封禅泰山。

公元57年，刘秀登泰山设坛祭天，举行封禅大典，刘秀上泰山之前，先派石工在泰山刻石。刘秀在泰山下东南方举火焚柴，中午以后，刘秀到达山顶，开始举行祭天仪式。

仪式结束之后，天色将晚。刘秀命令随从百官依次下山。刘秀自己则由数百人簇拥率先乘车而返。在山下稍事休息之后到梁父山举行祭地仪式，完成了全部封禅活动。

光武帝在泰山所立之石为已经定型的刻辞碑，高约2.08米，宽约80.9厘米，厚约27.7厘米。其碑有序无铭，一共刻有687个字，其字数明显多于前代任何一处石刻。其立碑地点记载得也很明确，是立于光武帝封禅坛以南约7米处。

泰山的《衡方碑》《张迁碑》分别刻于东汉灵帝时的168年和186年，保存下来的东汉后期画像石60多件。

唐玄宗李隆基即帝位之初，选贤任能，励精图治，形成了唐朝以来国家兴盛的又一个高潮，历史上称为"开元盛世"。于是，725年，唐玄宗带领群臣到泰山举行封禅大典。为了纪念这次封禅，玄宗还亲自撰写了《纪泰山铭》一文，刻在山顶大观峰，于是就有了洋洋千言的唐摩崖碑。

"纪泰山铭"刻石在岱顶大观峰崖壁上，摩崖高12.3米，宽5.3米，碑文书24行，满行51个字，现存1008个字，字大16厘米×25

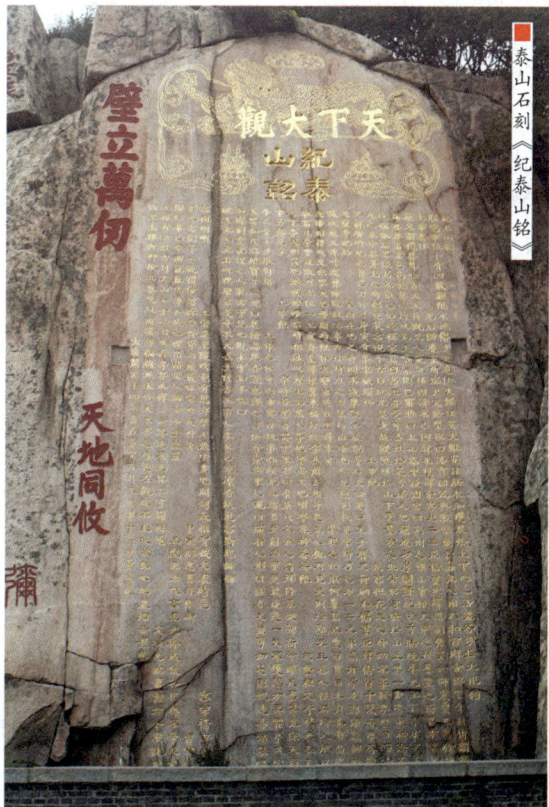

泰山石刻《纪泰山铭》

厘米。除了"御制御书"4个字和末行年、月、日为正书外，其他均为隶书。额高3.95米，隶书"纪泰山铭"两行四字，字大45厘米×56厘米。

纪泰山铭的书法遒劲婉润，端严雄浑。因后人题"天下大观"四字于唐摩崖石刻上部，所以此峰又称"大观峰"。

北宋真宗年间，宋辽签订澶渊之盟后，宋辽双方信使往还，相安无事。于是，1008年，宋真宗自汴京出发，千乘万骑，东封泰山。封泰山神为"天齐仁圣帝"；封泰山女神为"天仙玉女碧霞元君"。

另外，宋真宗下诏，令王旦撰《封祀坛颂》、王钦若撰《社首坛颂》、陈尧叟撰《朝觐坛颂》，各立碑山下。

宋真宗还亲自篆额并撰书，御制"登泰山谢天书述二圣功德之铭"碑。碑原刻两处，文字与书体相同，一在岱顶德星岩，俗称"宋摩崖碑"，共计1143个字。

另一处在泰安城南门外，由五石合成，碑文北向朝岱宗，俗称"阴字碑"。

真宗封禅以后，下诏修建天贶殿。建好以后，画家仿照真宗封禅泰山的情景创作了一幅壁画，于是，天贶殿内就有了《启跸回銮图》。该图绘在大殿东、西、北三面墙壁上，自殿后门为界，东为"启跸"，西为"回銮"，画高3.3米，长62米，气势恢宏，为古代壁画之精品。

在天贶殿西南，有一通"大宋天贶殿碑铭"，立于1009年，碑高3.86米，宽1.5米。该碑是天贶殿建成以后所立，记载了真宗夜梦神人、天书降临、封禅泰山、诏建天贶殿的经过。

明清时期，石刻得以大量使用，涉及内容广泛。

明"洪武祭祀碑"立于1377年。碑阳刻文9行，满行37个字，凡169字，正书。该碑为明太祖朱元璋亲撰碑文，遣臣李文忠、吴承舆、邓子方为代表祭祀泰山神而立的碑。碑文通俗无华，概括凝练，是明太祖朱元璋祭祀泰山神的历史见证。

到了清朝，康熙皇帝东巡曾三次到泰山，两次登临岱顶。

第一次来泰山是在1684年，康熙在御帐崖观飞瀑直泻，在岱顶抚摸无字碑挥毫赋诗一首，并御题"普照乾坤"四字，并谕旨在"孔子小天下处"建亭悬额；复书"云峰"二字，令于大观峰极顶处勒崖。

■ 泰山刚劲有力的石刻字

康熙还下令刻有"重修岱庙碑"，碑高5.93米，宽1.53米，螭首龟趺。碑阳刻文13行，满行64个字，凡479个字。此碑是岱庙最详细的记事碑，碑中记载了在康乾盛世中大规模的修建活动。

乾隆皇帝到泰安的次数，在帝王中可以说是首屈一指。从1748年陪母亲第一次登泰山，至1790年最后一次巡幸山东并登泰山为止，前后共11次，其中6次登上山顶，共留下颂岱诗84题，132首。摩崖与碑刻就有80余处。

在康熙帝题"云峰"刻石下面，是乾隆皇帝的"夜宿岱顶作"摩崖石刻。其"咏朝阳洞"摩勒在朝阳洞东北高耸的绝壁上，高20米，宽约9米，共60个字，字大近1米见方。

李文忠（1339—1384）明代著名将领。字思本，小名保儿，江苏盱眙人。朱元璋外甥，12岁时便死去母亲，父亲李贞带着他辗转乱军之中，两年之后才在滁阳谒见太祖。太祖见到十分喜爱，便将他收为养子，跟随己姓。李文忠读书敏悟，19岁时，以舍人的身份率领亲军，随军支援池州，击败天完军，骁勇善战为诸将之首。

另外《谒岱庙诗碑》立于1757年，乾隆作诗并书。碑阴刻《谒岱庙六韵》，行书；碑阳刻《谒岱庙作》；碑侧刻《谒岱庙瞻礼作》。

碑文内容主要是谒岱庙、拜泰山神，表明乾隆皇帝并不举封禅，而是虔诚地为民祈福。

泰山石刻主要包括历代帝王封禅告祭文，寺庙创建重修记，石经墓铭，颂岱诗文，题景及楹联五类，大部是自然石刻。

其书法艺术，既有真草隶篆，也有四体糅融，既有古拙若痴者，也有龙飞凤舞者，既有大家之手，也有石匠之书。

泰山及其周围，历代皇帝和文人名士如苏轼、蔡京等留下的题字题诗数量众多。这类题刻，首先以诗为最多，其次是颂文题句。

著名的诗刻有唐代大诗人杜甫的《望岳》，北宋文学家苏轼的《黄茅岗》，其弟苏辙的《题灵岩寺》，明代文学家于慎行的《登岱六首》，诗人崔应麒的《题晒经石水帘》。

颂文有泰安知府朱孝纯撰书的"泰山赞碑"，陈昌言"汉柏图赞碑"，袁家普题"高瞻远瞩"等。这些名人佳作，与山川竞美争辉。

遍布泰山上下的各种石刻，一处接一处，一联接一联，引导着人们渐入佳境，使人仰观俯察，进一步认识泰山的真面目。

阅读链接

泰山石刻是齐鲁文化史中的一枝奇葩。它不仅是中国书法艺术品的一座宝库，还是中华民族的文化珍品。

历代帝王到泰山祭天告地，儒家释道传教授经，文化名士登攀览胜，留下了琳琅满目的碑碣、摩崖、楹联石刻，而泰山摩崖石刻是名山之最。

生动精巧的潍坊风筝

潍坊又称潍都、鸢都，制作风筝历史悠久，工艺精湛。潍坊风筝同中国许多民间艺术形式一样，产生于人们的娱乐活动，是寄托着人们的理想和愿望，与人们的生活有密切联系的娱乐品。

风筝是怎样发明的？有人说是我们的祖先受到风吹斗笠、树叶的启发，有人说是受帆或帐篷的启发，也有人说是受了飞鸟的启发。

最早的风筝出现在中国，是在2000年前的战国时期，鲁国的墨翟曾"斫木为鹞，三年而成，飞一日而败"。这就是世界最

沙燕风筝

风筝蝴蝶

早的风筝，别具匠心。

后来，墨翟把制造木鹞的方法传给他的学生鲁班，鲁班又加以改进，用竹为材料制成竹鹊，传说能在空中飞三日之久。鲁班还曾"制木鸢以窥宋城"，把风筝用于军事。

风筝作为一种娱乐工具，大约从唐代开始。713年，唐玄宗李隆基曾在山东蓬莱宫宜春院观看"八仙过海"风筝的放飞。

到了唐代中期，进入了繁荣稳定的发展阶段，风筝的功能开始从军事用途转向娱乐，同时由于纸业的发展，使得风筝的制作材料也由丝绢开始使用纸张。风筝走向民间，风筝的类型也多了起来。

五代时的李邺在纸鸢的头部装上竹笛，故名"风筝"，并相沿后世。

而到了明清时期，风筝的发展达到了鼎盛。明清时期的风筝，无论在大小、样式、扎制技术、装饰放飞技艺上都比从前有了很大的进步。

明清风筝的装饰手法上也较过去丰富。风筝和各

年画 中国画的一种，始于古代的"门神画"。清代光绪年间，正式称为年画，是中国特有的一种绘画体裁，也是中国农村老百姓喜闻乐见的艺术形式。大都用于新年时张贴，装饰环境，含有祝福新年吉祥喜庆之意，故名。

种民间工艺开始有机地结合起来。当时潍坊杨家埠年画作坊还用木版年画来印刷风筝纸，民用纸扎艺人所用的装饰手法和材料也多样化起来，有贴纸、纸塑浮雕、剪纸、描金银、加纸花等。

在音响装置上也有发展，除过去的响弓外，"又以竹芦贴簧，缚鹞子之背，因风气播响，曰'鹞鞭'"，在沿海一带，还有用葫芦、白果壳做成哨子，个数、大小不一地装在风筝上，发音雄浑，周围几里均能听到。

潍坊风筝经过历史演变和横向传播，逐渐形成了选材讲究、造型优美、扎糊精巧、形象生动、绘画艳丽、起飞灵活的传统风格与艺术特色，和京式风筝、津式风筝等交相辉映，鼎足而立。

潍坊风筝具有浓郁的地方生活气息和生动的气韵，扎制博采众家之长，特别是在风筝的造型结构和绘画色彩上，把国画的传统技法，灵活运用到风筝的绘制上，形成了造型优美、扎工精细、色彩艳丽的独特风格。

潍坊风筝艺术品种繁多，由于风筝艺人和各行各业的风筝制作者不同的生活阅历、不同文化层次和不同的知识结构，形成了不同体系和流派。

清代，潍县城里的风筝作坊和店铺就有30余家，清明时节在集市上摆摊的有数十户，外地客商在这里络绎不绝，生意十分兴隆。

历代相传，潍坊风筝出现了几大世家。

陈家风筝：由清代同

■ 传统风筝

潍坊年画风筝

治年间著名风筝艺人陈善庭首创。年轻时曾在潍坊永盛扎彩铺帮工，跟一位姓丁的师傅学花灯、风筝的扎制。

丁师傅被召进京城，陈善庭便继承了扎彩铺，制作风筝的营生，并兼绘朝堂壁画，名气很大，人称"陈扎彩"。他把自己擅长的人物风筝改造成家禽走兽风筝，如"十二生肖"等，很受群众喜爱。

唐家风筝：起始于明末，其作品曾流传于青州、莱州、沂州三府。到清代咸丰年间"唐家风筝铺"正式开张。祖传下一部《扎彩图谱》，其中介绍了21种串式、桶式、硬翅风筝和彩灯的扎制方法。

"唐家板子硬翅风筝"两翅加宽，使之更加吃风、宜飞。同时，唐家还创造了象形风筝，"双燕"被称为一绝。

张家风筝：由潍坊城关人张衍禄创始。他10岁起跟邻居牟恒邦学扎制风筝，后自立门户，开起了风筝店，他卖风筝有个特点，就是边卖边讲风筝的典故和扎制技术。

因张衍禄善于经营，对风筝鉴别有独到之处，所以其他风筝世家均跟他交好。外地客商来潍坊选购风筝，也常先与张家接头，无形中，他这里成了潍坊风筝的集散中心。

张衍禄还根据北方春季风力情况，运用力学原理，发展了拴中线的技术。他设计的拴一根线、两根线和三根中线的技术，使各种风筝放飞时易于保持平衡，为各名家所采用，对后世影响很大。

牟家风筝：其代表人物牟秀兰，代表作桶子风筝中的彩绘牡丹是

特色鲜明的地域风情

她的绝招，故人们送她美称"牟丹"。牟丹制作的风筝以桶子和板子为主，她独特的"牡丹仙子"风格别具，其骨架是人物和盛满牡丹的花篮，放飞时先把人物送上天，然后用"蝴蝶碰"将花篮带到空中。

郭家风筝：由郭乃馨开创，他年轻时跟潍县名画家丁启吉学国画，擅工笔彩绘人物，尤擅画马。他的风筝绘画完全采用国画工笔技法，着色重远观效果，喜欢用大块对比强烈的透明颜色。他制作的风筝可以拆卸、折叠，并非常讲究起飞效能。

胡家风筝：创始人胡敬珠11岁时即学扎风筝，后与兄弟胡敬明放风筝时，拾到一只断了线的小龙头蜈蚣风筝的头，极感兴趣。他把这只龙头拆开，重新组合，反复琢磨，终于模仿着扎制成了一只龙头蜈蚣。他丰富了潍坊串式风筝的制作，其独特制作方法，广为流传。

杨家埠风筝：将木版年画的特点融合到彩绘上，形成了独特的风格。其代表人物是杨同科，他掌握各种传统题材100多种风筝和10多种扎制方法，大胆创新，终于树立了崭新的杨家埠风筝风格。为解决杨家埠风筝起飞难的问题，他改变了双翅的比例，减轻了骨架的重量，使其能够"一级风起，五级风不折"。他制作的风筝，大的有300多米长的龙头蜈蚣，小的有首饰盒那么小的蝴蝶，都达到了较高的水平。

另外，著名的潍坊风筝世家还有韩家风筝、孙家风筝等。

阅读链接

风筝的造型模仿的自然事物、社会生活以及神话传说中的形象，都寄托着吉祥和吉庆，兴趣和理想。那绚丽多彩的颜色，与其说是所模仿事物的标志，不如说是人们对美好生活的向往。

潍坊风筝历史悠久，题材丰富、广博。以其材料的奇特选用，设计的夸张变形，画工的年画技法，以及放飞的巧用力学原理，构成了浓郁的乡土气息和独特神韵，蜚声古今中外。

驰名中外的周村丝绸

西方人对中国的最初认识是从丝绸开始的。他们把中国这个遥远的东方国度称为"赛里丝"，意即"丝绸之国"。

丝绸是中国的象征，也是山东淄博周村的象征。很久以前，丝绸就成为周村的主要产业。周村因丝绸而闻名，在2000多年的历史中与苏杭丝绸并美神州，也是丝绸之路的起点。

传说在远古时候，周村上空飞来一只凤凰，嘴里衔着一个茧子，引导人类学会了用丝绸遮体。凤凰为了看到丝绸技术在当地普及，不惜让自己化为了一座山峰，就是周村的凤凰山，在周村的南郊镇还有一个村子叫凤凰村。

在古老的周村大地上，分布着许许多多龙山文化遗址，特别是在於陵故城周围，有许多各式纺轮等远古丝绸工艺遗物，而周村的前身便是商朝的於陵侯国。

於陵侯是远古炎帝时候爽鸠氏之后，也是战国时期齐文化的发源地。从此，丝绸如一颗上好的良种在齐鲁落地生根、发芽、生长、成

熟，从此，丝绸成为文化使者，远走他乡。

■ 古代织布机复原泥塑

西周时期，武王伐纣与周公东征后，从镐京经洛邑、曲阜直达齐都淄博建立了东西大道，即周道。

司马迁讲，邹鲁"颇有桑麻之业""齐鲁千亩桑麻""与千户侯等"。桑麻滋养出无与伦比的齐鲁"女工"。姜太公到齐，即"劝其女工之业"。到春秋时，齐地女工率先使用铁制的刀针。《管子·海王》载："一女必有一刀一针。"《论衡·程材》讲："齐部世刺绣，恒女无不能。"当时，齐地制作的精美丝织品有"冰纨、绮绣、纯丽之物，号冠带衣履天下"。

秦始皇统一中国后，带领浩浩荡荡的随从视察各地。他听从了道士徐福的建议，组成庞大的船队，出海寻仙求药。船上除了3000名童男童女，还满载齐地出产的瓷器和丝绸。

丝绸之路 起始于中国古代的政治、经济、文化中心古都长安，连接亚洲、非洲和欧洲的古代陆上商业贸易路线。它跨越陇山山脉，穿过河西走廊，通过玉门关和阳关，抵达新疆，沿绿洲和帕米尔高原通过中亚、西亚和北非，最终抵达非洲和欧洲。它也是一条东方与西方之间经济、政治、文化进行交流的主要道路。

徐福 即徐市，字君房，秦著名方士。他博学多才，通晓医学、天文、航海等知识，且同情百姓，乐于助人，故在沿海一带民众中名望颇高。后来被秦始皇派遣，出海采仙药，一去不返。后来，有徐福在日本的平原、广泽为王之说。

张骞（前164—前114）字子文，中国汉代卓越的探险家、旅行家与外交家，对丝绸之路的开拓有重大的贡献。开拓汉朝通往西域的南北道路，并从西域诸国引进了汗血马、葡萄、苜蓿、石榴、胡麻等。

■ 国家博物馆内珍藏的古丝绸

经历了楚汉之战后，刘邦建立了大汉王朝。这位最喜欢穿齐国丝绸的农民皇帝，下令在齐国设立三服官，全国共有管理从事丝织品加工的三服官两处，专门织造供应皇室和对外礼品的丝绸产品。

於陵和临淄为代表的齐国乃其一，占到了当时国内丝绸产量的绝大多数。临淄、定陶、济宁成为丝织业的三大中心。

《汉书》中曾描述当时周村所属的长山县"俗弥多织"。

张骞的出使、班超的远征，第一次把华夏与神秘的西方联系起来。随着汉帝国的开疆拓土，东西方的贸易开始繁盛起来。

作为丝绸之路的起点，《史记》与《汉书》在谈到蚕桑丝纺业时，都是只言齐鲁而不及其他。

於陵城门一开，一车车丝绸东运海港，那里有朝鲜等国的商人在翘首以待；一支支驼队整装待发，是将要横跨亚洲腹地，在大漠孤烟的辽阔天幕下远征西域的商旅。

周村，此时已成为中国海上丝绸之路与陆上丝绸之路的重要源头之一。

唐代时山东的丝绸，多半经过山东各州间的道路，经过山东东西大道，运往中原各地，直至丝绸之路。

■ 丝绸之路浮雕

杜甫《忆昔》诗云：

忆昔开元全盛日，小邑犹藏万家室。
稻米流脂粟米白，公私仓廪俱丰实。
九州道路无豺狼，远行不劳吉日出。
齐纨鲁缟车班班，男耕女桑不相失。

足以反映齐鲁家庭纺织业的领先地位和在人们心目中的印象。

古老的中华文明，孕育出流传千古的中国三大民间传说故事。其中董永与七仙女的故事，表达了封建社会中劳动人民对理想境界的渴望，最集中地代表了中国的农耕文化和丝绸文化。

杜甫 （712—770）河南巩县（今巩义市）人，字子美，自号少陵野老，世称"杜工部""杜老""杜少陵"等。盛唐时期伟大的现实主义诗人。他忧国忧民，人格高尚，他的1400余首诗被保留了下来，诗艺精湛，在中国古典诗歌中的影响非常深远，备受推崇。被世人尊为"诗圣"，其诗被称为"诗史"，并与李白合称"李杜"。

据历史记载，董永是山东高青县高城镇人，因为父亲去世无钱下葬，卖身到於陵为奴。他的事迹被作为家庭伦理道德的典范广为流传。

民间把牛郎织女故事中追求爱情自由的思想嫁接到他的身上，演绎出《天仙配》美丽动人的神话。董永是农民的形象，织女是丝绸女工的形象，正因为如此，故事在中国流传几千年长盛不衰。

在周村东郊，修建有规模宏大的董永祠和董永墓葬，存留有槐荫、金盆底、变衣铺、辛韩、萌山、董永山等与董永故事有关的地名，成为源远流长的丝绸文化的写照。

周村的丝市街、绸市街是唐宋以来不断发展起来的古街。丝市街长长的石板路，鳞次栉比的丝店，空气中弥漫着新鲜蚕茧特有的气息，栈房中遗留着缕缕的生丝。

唐代大诗人白居易以"天上取样人间织"来形容丝绸的精美，周村的丝绸，足以当得起这样的赞誉。

伴随着丝绸之路中外商贸的交往，中西方的文明互相渗透，互相融合，互相补充。

周村丝绸制作泥塑

古代对外贸易的丝绸

到了宋代，由密州、淄州、曹州到汴州的道路，成为当时全国的重要道路。周邦彦的《汴都赋》提到，当时齐鲁之地的丝麻织品、渔盐制品以及域外来的珍奇异物经过山东道路运到汴州的，无所不有。

明朝以前主要交通要道从古城村往南，经演礼、道开，一条往南去博山，一条往西经彭阳经王村至济南。

明末清初时期，周村丝织业大多为手工，清朝中叶，丝绸作坊不断涌现，至清末，各地丝商纷纷到周村投资办厂，周村已发展成为山东丝织业的中心。

清代道路主要为官马大道。清初，山东东西大道通过王村道路的开辟和周村商业的兴起，其路线走向改由王村经周村到张店。由于这条交通大道走向的改变，周村的商业迅速发展起来，成为商贾荟萃的"旱码头"和"丝绸之乡"。

清代乾隆年间，植桑养蚕已成为周村人民的主要行业。"每于夏季，丝市极盛"，附近地区所产蚕茧大都运往周村市场出售。

"桑植满田园，户户皆养蚕。步步闻机声，家家织绸缎"，这首民谣生动地再现了当时周村丝织业的繁荣景象。

早在唐宋时期，古商城初具雏形。明清时期达到鼎盛，发展成闻名全国的商业重镇。当时即有"金周村、银潍县，济南日进斗金，不如周村一个时辰"的说法。闻名全国的"八大祥字号"中的"七大祥"都是在周村完成的原始资本积累，然后走向全国各地。

随之而来的是湖广、吴越及东北、蒙古族商人，而影响最大的，是东方商人从章丘县旧军经由周村发展到全国的瑞蚨祥孟氏家族。

1821年，瑞蚨祥在周村大街挂牌，1835年，它的第一家分号瑞蚨祥绸布店在济南开张。1876年，当时年仅25岁的瑞蚨祥掌门人、有着"东方第一商人"之称的孟雒川把目光投向了京城最繁华的商业区大栅栏，成立北京瑞蚨祥绸布店，并征服了京城的达官显贵。

孟雒川经常到周村老柜来视察或主持业务，并且有专门的公馆，瑞蚨祥后来发展成中国规模最大的民族商业老字号。

清代中叶，丝绸印染兴起，周村逐渐成为全国著名的丝绸加工基地。至代清光绪年间周村开埠前夕，周村已有浆坊40余家、染坊70余家。

老街上的永和丝店、同泰丝店、瑞蚨祥绸布店、庆和永绸布店，每天门前都是车水马龙，来自东北、西北、南方以及国外的客商络绎不绝。就是它们，组成了中国名副其实的丝绸博物馆。

阅读链接

战国以来，齐地的丝绸业以於陵为冠，周村东临渤海，西近运河，正是这种独特的地理位置使它成为在山东乃至全国都有影响的、以丝绸贸易为主的商品集散地。

周村老街上的丝绸业至明清时达到全盛，并且远销海外，促进了中外商贸的发展，成为真正的丝绸之乡。

八闽魅力

八闽文化源远流长，是中华文化的重要组成部分，有着鲜明的区域特征。同时，八闽文化又极具个性魅力，多元性、矛盾性、海洋性的突出特征形成了特色鲜明的文化氛围。这些特色文化也都突出表现在八闽地区的雕刻和工艺上，以及饮食和服饰文化上。

其中，工艺如寿山石雕、惠安石雕、莆田木雕、德化瓷器、福州脱胎漆器等，饮食主要体现在八闽地区独特的茶文化，服饰主要表现在畲族妇女的凤凰装。

中华一绝的惠安石雕

惠安石雕历史悠久，源远流长，技艺巧夺天工，久负盛名，是中华民族优秀传统文化的一朵奇葩，素有"中华一绝"之美称。

早在1600多年前的晋朝，惠安石雕作为永久性的艺术已被应用。追溯历史，惠安雕艺来源于五代时期，八闽名将"青山王"张悃，他率兵驻扎惠安县城东的青山，镇守边陲，其部下大多数是从中原带来，他们把中原的先进生产技术包括石雕带来并不断发展壮大。

史料记载，张悃部下先是在青山一带传授石雕技艺，后来向崇武惠安

全境不断扩大传授的范围。

惠安石雕的技艺一传入就有相当高的水平。惠安境内最早的石雕作品是唐末威武节度使王潮墓的文官、武士、虎、马、羊等圆雕和莲花浮雕，宋代石雕也已有1100多年，其工艺已达到相当高的水平。

宋代的洛阳桥遗存的石将军、桥墩石塔的佛像雕刻、中亭的题词沉雕，无论采石、石雕都说明那时的技术水平很高，而洛阳桥修建的领导者蔡襄，其母亲为惠安人卢氏。

洛阳桥是距青山7.5千米的一座由石条叠成桥墩用海砺作固定物长达1.5千米的跨海大桥，桥面石条有些长达10米，重达10吨。在当时充分利用海水的潮汐，石条放在船上，涨潮时使得桥墩固定；待退潮时，船体下降，石条放置于两桥墩中，作为桥面。而石料也是在惠安境内开采的。如此巨大的工程，必须依靠惠安工匠参加。

闽乡拾英

八闽魅力

■ 惠安石雕牛

沉雕 又称阴雕，指凹下去雕刻的一种手法，与浮雕相反。大多用于建筑物墙面装饰的雕刻和碑塔、牌坊、墓葬、摩崖石刻、宅居楹联、匾额以及工艺品等的题刻。其中以摩崖石刻、碑牌、楹联题刻为最多。沉雕中有一类称为线雕，最为精美。

惠安佛像石雕

特色鲜明的地域风情

　　泉州东西塔的石料经考证也是由惠安境内开采运去的，其众多圆雕和浮雕神佛像离不开惠安工匠的雕刻。

　　明朝时，惠安考上进士在朝廷为官的人较多，各种牌坊、墓区的石雕产品更多。兴建于明初的崇武古城是用石头砌就的石城，这类遗物有张岳墓的将军、马、虎、羊，崇武城隍庙的石狮等，这些都标志了当时较高的石雕工艺水平。

　　明代还有黄塘后郭宋岩峰寺凿岩浮雕高1.75米的观世音菩萨像和高近2米的普贤菩萨像。尤其是南埔乡元建清修的沙格宫中5对辉绿岩、花岗岩的透雕石龙柱，其中一对大龙柱，其龙头不是由下向上，而是由上向下，一眼望去，宛如从海中腾空而起又骤然俯冲而下，大有雷霆万钧之势，令人见之莫不盛赞惠安石雕艺人的技高艺绝。

　　清代是惠安石雕大发展的时期，艺术风格趋向精雕细琢，注重线条结构和形态神韵之美，形成了惠安石雕的南派风格。建于清代光绪年间的后龙乡峰尾东岳庙内的一对辉绿岩透雕大龙柱尤为奇特，若持物击之，东柱会发出铿锵之音，如龙在细吟，西柱则黯哑无声，得以区分雌雄，由此可见惠安雕匠艺人的高超技艺。

还有福州于山法雨堂前的蟠龙柱，蟠龙自上沿石柱盘绕而下，整体风格流畅飘逸，扇形鳞片叠拼匀称，腿、趾刚劲有力，充满质感。双足一踏波浪，一握带环龙珠，鹿角呈祥、虾须飘冉，虎眼仰望苍穹，大有呼啸而上、腾云而去之动感。

惠安石雕作为中华民族优秀传统文化的一朵奇葩，历经1000多年的繁衍发展，仍然保留着非常纯粹的民族艺术传统，保持着很完整的延续性，从未被西方外来文化所异化或改变，具有强烈的民族性。

惠安石雕早期主要服务于宗教，具有浓厚的宗教色彩。主要体现在宫观寺庙的建筑设计、雕刻安装，寺内外塔、亭、柱、栏等的建造雕刻，以及对神佛造像出神入化的雕刻上。

惠安石雕在艺术风格上，讲究形神兼备，富有动感和气势，具有一种震撼人心的动态美和神态美；在艺术特征上，突出纤巧、流丽、繁缛、精细、神奇，含有细节语言，富有赏心悦目的艺术效果，体现了南派石雕婉约精美的特色。

惠安石雕作为南派石雕艺术的代表，影响了中国石雕艺术的半壁江山，在中国雕塑史上占有一席之地，国内雕塑界普遍认同"北有曲阳，南有惠安"之说，其地位和影响不容忽视。

阅读链接

惠安石雕文化的形成是与其独特的自然地理环境、当地的民俗风情及多元化的文化氛围紧密相连的。

作为一个历史悠久、以传统石雕为主体、为特色、为群体并赖以生存和繁衍后代的雕刻之乡，惠安石雕艺术源于黄河流域的中原文化，又融汇汲取闽越文化、海洋文化以及沿"海上丝绸之路"传入的外来文化的技艺精华，并与建筑艺术相生相伴，经上千年的文化积淀，从单纯的手工技艺上升为一种独具特色的石文化。

白如象牙的德化瓷器

德化，是福建的"瓷都"，中国历史上著名的产瓷区之一。德化的陶瓷业，以制作历史悠久，烧制规模庞大著称。

在德化，无论是人口密集的城关还是偏僻的村野，经常可以发现

德化窑法式座架香炉

古瓷片和古瓷窑的遗址。德化瓷器始于宋代，明代后得到巨大发展。以白瓷塑佛像最为闻名。

瓷质作乳白色，洁白晶莹。产品以瓶、罐、杯、盘等日用瓷器为主，兼有雕塑艺术的陈设瓷器，多用贴花、印花、堆花做装饰。

在德化陶瓷发展史上，出现了不少工艺美术大师。他们创作的作品，共同构成了德化陶瓷艺术的灵魂。明代的何朝宗是其中最杰出的一位。

何朝宗，德化县隆泰村人，是明代驰名中外的瓷雕艺术大师。何朝宗祖籍江西省临川县，其先祖何昆源，于1369年任江西建昌府卫军，后调泉州右卫所任右营旗官，奉命拨军到德化县隆泰社厚苏村屯垦，并在该地开基定居。

何朝宗的村子及其附近的乐陶、宝美、东头一带为德化古代著名瓷乡，窑场密集，其产品于宋元时代已远销国外。离后所不远有座白泥崎，盛产优质高岭土，何氏家族的后代有许多人利用其得天独厚的条件从事瓷业生产。后来因何朝宗利用该山优质瓷土烧制驰名于世的瓷观音，而改名"观音岐"。

何朝宗生性聪慧勤敏，深受环境的熏陶，热爱雕塑艺术，自幼随父学艺，为各地宫庙寺院雕塑修饰

■ 德化窑白釉执壶

堆花 又称"堆锦"，是山西长治地区一项传统的手工艺品，产生于清代光绪年间。堆花制作的主要工艺是：先将图形描在薄纸板上，照线剪裁成若干块，再在这些纸片上贴飞边等等，后蒙上所需绸缎，并按图案要求将蒙上去的这些绸缎经过"拨折"等工序，制为片状半成品，最后再制成成品。

佛像，广泛吸取古代建筑和各种佛像雕塑艺术的技术精华。

到了青年时期，何朝宗已是一位远近知名的佛像雕塑艺术巧匠。他所塑的各种神仙佛像，如永春县熙里乡古德院高两米多的普陀观音、德化程田寺的善财、下尾宫的大使、东岳庙的小鬼等，形态逼真，栩栩如生，无不表现出各自独特的个性。

何朝宗不但擅长泥塑木雕，瓷雕的造诣也极深。他善于综合泥塑、木雕、石刻各种技法之长，根据瓷塑工艺的特性，使雕塑艺术和优异瓷质得到巧妙的结合。

何朝宗的瓷雕工艺讲究精雕细刻，造型精巧优美，人物形神兼备，衣纹深秀流畅，线条潇洒洗练，开创了别具一格的何派艺术，享誉中外，成为中国瓷坛艺术的精华。

其作品发挥了中国传统的"传神写意"的手法，以其精湛娴熟的技巧和丰富的生活经验，细致入微地通过人物的表情和仪态，传神地表现出人物的内心世界；格调高雅，肃穆大方，形态逼真；既保持神话的色彩，又蕴含美好、幸福、健康的意境，富有强烈的艺术魅力和极高的欣赏价值。

何朝宗所塑的观音、如来、罗汉、达摩等作品，传神地反映了人们的美好理想、愿望和幸福追求的寄托，可以说件件精粹，堪称瓷雕艺术的典范。

■ 德化窑白瓷笔筒

普陀 位于浙江宁波舟山群岛东南部，因境内佛教胜地普陀山而得名。普陀山为中国四大佛教名山之一，自唐代开创观音道场已千年之久，是国内外最大的观音菩萨供奉地，在中国沿海及东南亚一带久享盛名。

他设计创作了渡海、盘膝、坐岩、坐式、披坐、跌坐、跌坐没雾、普陀等形态各异的观音，造型精致，端庄慈祥，仪态宛然，蕴含着高深莫测、耐人寻味的神秘感，令人见而生敬，叹为观止。

特别是以滋润晶莹的乳白色釉烧制成的象牙白瓷观音，胎骨坚实匀称，美如脂玉，质感强烈，让人爱不释手。所以他的作品被誉为"东方艺术的精品"，在东西洋市场上都是热门货，各方以高价争购。

德化白瓷的品质可与象牙媲美，釉面的晶莹甚至略胜当年，用建白瓷制作的器皿呈半透明的乳黄或牙红色，脂润玉泽，典雅隽秀。

德化高白度瓷，白如凝霜冻雪，质如羊脂美玉，精薄如蛋膜，声如银磬。这种以德化特有的优质原料研制出的产品，独占国内瓷器白度的鳌头，烧成各种薄胎器物，洁白至纯、清新宜人。

用它制成灯具，光影温柔；制成茶具，茶色清澈；制成映影杯，绰绰浮影；制成瓷花，质如丝绢，配上绿叶、褐枝，几乎可以乱假成真。

历来以精细奇巧夺人的德化瓷塑，到了后世更加放射异彩。人物、花鸟、禽兽等各种题材在瓷塑天地任意驰骋。但最出众的还是古典人物的造型，从民间喜闻乐见的如来、观

达摩　又称菩提达摩，意译为觉法。自称佛传禅宗第二十八祖，为中国禅宗的始祖，故中国的禅宗又称达摩宗，于南朝梁武帝时期航海到广州，后一苇渡江，北上嵩山少林寺，面壁九年，传衣钵于慧可。

■ 德化窑观音菩萨像

音、弥勒、罗汉、八仙、寿星，到屈原、关公、郑成功，还有那些民间传说故事，如天女散花、嫦娥奔月、牛郎织女、吹箫引凤等，种类繁多，不胜枚举。

仅各种姿态和不同规格的瓷观音就约有200多种：有滴水观音、送子观音、渡海观音、十八手观音、二十四手观音、三十六手观音、千手千眼观音。

高的近两米，小的仅5厘米，美妙的瓷质釉色和古朴清逸的造型构成的精品，充分显示了瓷都艺人的聪明才智和高超的技艺，显示出古老瓷都深厚的文化积淀。

德化窑不仅以"象牙白"瓷闻名世界，而且白瓷的器型十分丰富，在继承传统工艺的基础上又有所创新和突破，品种繁多，制作精巧，造型丰富多彩，开创了工艺百花齐放的新时代。

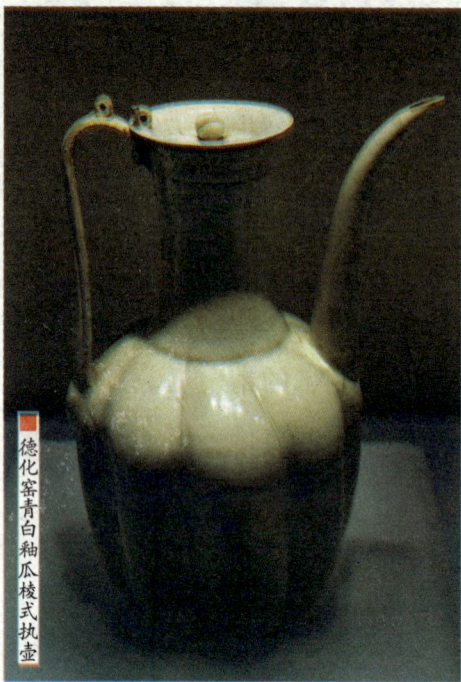

德化窑青白釉瓜棱式执壶

阅读链接

德化窑历史悠久，历经了千年的风霜，在中国陶瓷史上留下了光辉的一笔，在世界陶瓷史上"中国白"一词也就成了德化白瓷的代名词。"中国白"原是法国人对明代德化白瓷的赞誉，他们认为这是"中国瓷器之上品"。

德化白瓷因其产品制作精细，质地坚密，晶莹如玉，釉面滋润似脂，故有"象牙白""猪油白""鹅绒白"等美称。在中国白瓷系统中具有独特的风格，在陶瓷发展史上占有重要地位，在国际上有"东方艺术"之声誉。

东方珍品福州脱胎漆器

福州脱胎漆器，是具有独特民族风格和浓郁的八闽地方特色的艺术珍品，与北京的景泰蓝、江西的景德镇瓷器并称为中国传统工艺的"三宝"，享誉国内外。

福州脱胎漆器的首创者，就是清乾隆年间福建福州府侯官县漆艺

古代裱书的漆器制品

福州脱胎漆器

人沈绍安。

沈绍安早年为油漆匠，在福州杨桥路双抛桥附近开设"沈绍安"老铺，以油漆加工为业，并且制售漆筷、漆碗、神主木牌之类的小商品。

当时福州为八闽首府，手工业比较发达，虽然说漆器行业在各种手工业中的地位首屈一指，但是竞争十分激烈，生意并不好做。

同时，福州从南宋开始有了漆器，到了清初也经历了几百年的历史，陈旧的工艺影响了漆器行业的进一步发展。由于店中生意清淡，沈绍安不时到官家深宅或宫观寺庙去做油漆活儿。

有一次在一座古寺做工时，沈绍安发现寺庙大门的匾额木头已经朽烂，但是用漆灰夏布裱褙的底坯却完好无损。

细心的沈绍安从中受到启发，回家后仿照旧匾，用泥土先塑出模型，然后在模型外面裱上夏布，涂上青漆，等漆干了之后脱去土模，再行髹漆加工上色，经过反复试验、改进，终于造出了最早的脱胎漆器。

脱胎漆器的原理与传统的"夹纻"技术息息相关。"夹纻"制作技术，源于战国，兴于西汉，魏晋时期走向成熟。

寺庙大佛，多用"夹贮"法塑造，首先竖立木柱

特色鲜明的地域风情

匾额 指上面题着作为标记或表示赞扬文字的长方形横牌。它是中国古建筑的必然组成部分，相当于古建筑的眼睛。悬挂于门屏上作装饰之用。但也有一种说法认为，横着的叫匾，竖着的叫额。匾额大致可分为石刻匾额、木刻匾额和灰制匾额。

夏布 是一种用苎麻以纯手工纺织而成的平纹布。苎麻，也称白叶苎麻，是多年生宿根草本植物，自古便是中国重要的纺织纤维制作物，被古人称为"富贵丝"。

支架、竹篾绷扎、细麻、稻草、泥土及漆灰糊封，涂上漆泥，塑出骨肉、糙漆、磨光、漆彩漆、贴金饰，开光点睛，完成后，把像内木架等重物酌量拆除，减轻重量，以供当年庙会出巡时需要。

夹纻器型技术是佛教造像的重要方式，一直延续了近千年，在唐晚期两度灭佛以后，绝大多数漆艺佛像都被毁坏殆尽，佛教造像的夹纻技术也逐渐衰败，直至失传。

沈绍安发明的脱胎漆器与隋唐时期的夹纻佛像的做法均属同一类型，其核心技术就是漆器胎骨的成器方法。

脱胎漆器的制作方法有两种：一是脱胎，就是以泥土、石膏等塑成胎胚，以大漆为黏合剂，然后用苎麻布或绸布在胚胎上逐层裱褙，待阴干后脱去原胎，留下漆布雏形，再经过上灰底、打磨、髹漆研磨，最后施以各种装饰纹样，便成了光亮如镜、绚丽多彩的脱胎漆器成品了。二是木胎及其他材料胎，它们以硬材为坯，不经过脱胎直接髹漆而成，其工序与脱胎基本相同。

福州脱胎漆器的一个显著特征是"色彩瑰丽，光亮如镜"，人们对它产生好感，在一定程度上取决于髹饰上的

开光 根据宗教不同分为佛教开光、道教开光、阴阳师开光、堂口开光。开光对于各个宗教来说，是通过一种仪式来接引灵性和仙气帮助请宝人，就像给物品点上烛光，自己做善事、修功德就会让烛光更亮，在冥冥中引到灵性和仙气一样。

闽乡拾英

八闽魅力

■ 福州脱胎漆器

描金 在漆器工艺中，又称泥金画漆，是指在漆器表面，用金色描绘花纹的装饰方法，常以黑漆作地，也有少数以朱漆为地，也有把描金称作"描金银漆装饰法"的。描金装饰均用手工描绘，金水的手工操作方法是根据装饰部位，用描金笔蘸取金水描绘花纹，镶边、铺金地或结合其他装饰使用。

■ 福州软木画和脱胎漆器

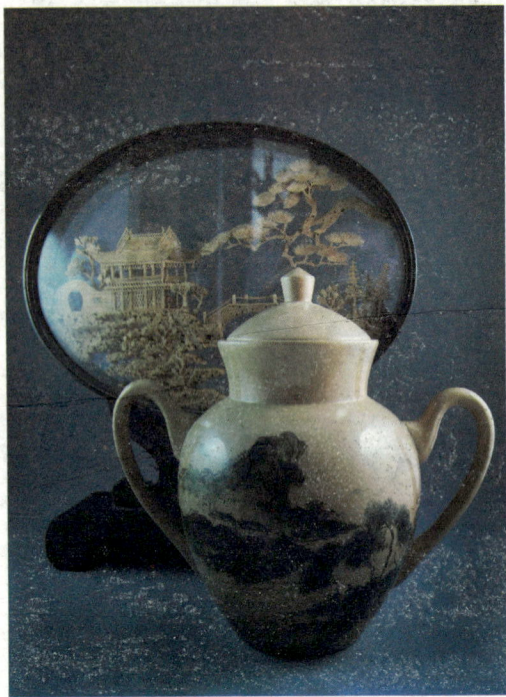

丰富多彩。其传统髹饰技法有黑推光、色推光、薄料漆、彩漆晕金、锦纹、朱漆描金、嵌银上彩、台花、嵌螺甸等。

沈绍安首创的脱胎漆器技法，开创了中国漆艺文化的新面貌，在当时产生了极大的影响。沈绍安进贡朝廷的脱胎菊瓣形朱漆盖碗，通高10厘米，口径10.8厘米，壁薄如纸，厚不及1毫米。

乾隆帝见后龙颜大悦，亲自在盖内、碗心题刻隶书填金诗一首：

制是菊花式，把比菊花轻。

啜茗合陶句，含露掇其英。

乾隆帝的诗，生动地描述了沈绍安脱胎漆器的特点，足见当时沈绍安首创的脱胎漆器产生的巨大影响。

自沈绍安在乾隆年间首创脱胎漆器起，其技艺代代族传家承，故又有福州"沈氏脱胎漆器"之称。

沈绍安第五代孙沈正镐、沈正恂把泥金和泥银调到漆料当中去，在原有红、黑、朱、紫的髹漆技艺基础上，新研制出金银、天蓝、苹果、葱绿、古铜等颜色，使漆器表达的方式和手段得到全新的改变，做出来的作品达到了华丽辉煌、灿烂夺目的效果。

福州脱胎漆器的最大优点是：光亮美观、不怕水浸、不变形、不褪色、坚固、耐温、耐酸碱腐蚀。最大特点是：轻。

福州脱胎漆器所具有的这些优点、特点，是由其特殊的制作工艺、高超的髹漆技艺所决定的。作为脱胎技艺同髹漆艺术相结合的产物，福州脱胎漆器的制作颇为不易。

福州脱胎漆器

从选料、塑胎、髹饰至成品，每件成品都要经过几十道甚至上百道工序。工艺非常复杂，制作和阴干等十分费时，故一器之成往往需要数月，成品还需密闭在阴室里很久。

1898年，沈正镐、沈正恂选送脱胎漆器作品参加巴黎国际博览会，并获得金牌，从此福州脱胎漆器在国际工艺美术界崭露头角。

接着，沈正镐、沈正恂以及沈正愉、沈幼兰等沈氏脱胎漆器世家产品先后选送参加意大利、美国、柏林、伦敦等地的博览会展出，获得了各种奖牌，声誉大振。

阅读链接

1949年后，沈氏兰记漆器店改制为脱胎漆器公司，著名漆艺家李芝卿、高秀泉在设计、髹饰艺术等方面都取得了新的突破。

作品荣获全国漆器造型设计一等奖，并为人民大会堂福建厅、台湾厅用作主要装饰品。

千年传承的闽乡茶文化

中国被称为"茶的故乡""茶文化的发祥地"。福建是乌龙茶的故乡，有1000多年的历史，是茶文化的发祥地，著名的莲花峰及其莲花茶构筑了一道独特的闽乡茶文化风景线。

从柴米油盐酱醋茶到琴棋书画诗酒茶，茶与百姓生活，如此贴

陆羽品茶雕像

近，雅俗共赏，茶是一种深沉而隽永的文化。数千年的历史积淀和文明传承，使绚丽多彩的华夏文明奇妙地溶化在茶香之中。

以至于在人类历史上，人们视茶为生活的享受，友谊的桥梁，文明的象征，精神的化身。它的发现与应用，曾给世界以震惊，为世人所瞩目。

■ 福建制茶工艺

福建茶文化凝聚着地理灵性，茶在福建已有上千年之久，茶类的创制要数福建最多，品茶的技艺也数福建最奇，福建茶叶在中国茶叶发展史乃至世界茶叶发展史上具有重要的历史地位和文化价值。

福建产茶文字记载，最早见诸于南安县丰州古镇的莲花峰石上的摩崖石刻"莲花茶襟"，刻于376年。这比陆羽《茶经》记载的要早300余年。

古时丰州是闽南政治、经济、文化中心。莲花峰位于镇北桃源村的西北处，峰高约120米，远在西晋即建有莲花岩寺。

至唐代，山腰上建有一座欧阳詹书室。唐末诗人韩偓在此隐居时，曾咏诗"石崖觅芝叟，乡俗采茶歌"以描写当年莲花峰茶的生产情景。

建茶、斗茶在宋元二朝蔚然成风，明清时期，茶叶创新增多，开创尝试乌龙茶制作工艺，茶叶贸

陆羽（733—804）字鸿渐，号竟陵子、桑苎翁、东冈子，又号"茶山御史"。复州竟陵（今湖北天门）人是唐代著名的茶学家，一生嗜茶，精于茶道，以著世界第一部茶叶专著《茶经》闻名于世，对中国茶业和世界茶业发展做出了卓越贡献，被誉为"茶仙"，尊为"茶圣"，祀为"茶神"。

特色鲜明的地域风情

《唐人茶宴图》

斗茶 又叫"斗茗""茗战"，是古时的一种雅玩。斗茶，即比赛茶的好坏之意，是惠州传统民间风俗之一。是每年春季新茶制成后，茶农、茶客们比新茶优良次劣排名顺序的一种比赛活动。有比技巧、斗输赢的特点，富有趣味性和挑战性。其实是一种茶叶的评比形式和社会活动。

易渐盛，武夷山的茶山、茶水更加点缀了福建茶的文化底蕴。

后世茶文化在继承前人的基础上进一步发扬光大，种茶、制茶、售茶、品茶、赛茶等几乎占据了茶乡人的生活内容。

1011年，泉州太守高惠莲题刻"岩缝茶香"。1506年始建"不老亭"。亭名因北宋戴忱题刻于莲花石上的诗中有"一莲花不老，过尽世间春"而得。

不老亭因全亭的梁柱、屋盖及所有的构件都是花岗石雕刻成的，俗称"石亭"。自此莲花峰茶改称"石亭绿茶"。

至清代道光年间莲花峰下种茶更盛，且在南安一带渡海谋生的人较多，石亭绿茶渐成为侨乡送祝"顺风"的礼品，久而久之，华侨嗜饮，随后，石亭绿茶畅销南洋诸岛，甚至远销欧洲。

游子思乡，石亭寄意，茶与亭与人构筑了一道独特的侨乡茶文化风景。后世古镇焕彩，新楼成片，但山门楹联依然：

> 茶绿峰青，开放几更今古；
> 亭高莲傲，醉醒一样乾坤。

建茶因产于建溪流域而得名。建茶有文字记载的是在南北朝时期，唐朝开元天宝年间《开元天宝遗事》记载："逸人王休，居太白山下日与僧道异人往还，每至冬时，即溪敲其冰精壶煮建茗，共宾客饮之。"表明建茶历史悠久。

唐冯贽撰的《记事珠》称"建人谓斗茶为茗战"，说明闽人斗茶习俗始于唐。北宋林逋在《建茶》中写道：

> 石碾清飞瑟瑟尘，
> 乳香烹出建溪春。
> 世间绝品人难识，
> 闲对茶经忆古人。

时至宋代，福建以北苑贡茶和斗茶活动闻名于世，开创了一代斗茶比艺的茗饮之风，并风靡全国。可谓"龙飞凤舞倾朝庭，斗茶比艺创时兴"。

乾坤 八卦中的两爻，代表天地，衍生为阴阳、男女、国家等人生世界观。是中国古代哲人对世界的一种理解。《系辞上》认为，乾卦通过变化来显示智慧，坤卦通过简单来显示能力。把握变化和简单，就把握了天地万物之道。古人以此研究天地、万物、社会、生命和健康。

■ 《宋人斗茶图》

特色鲜明的地域风情

■ 辽代壁画《备茶图》

北宋丁谓《咏茶》；北宋·范仲淹《和章岷从事斗茶歌》；蔡襄撰《茶录》；宋子安撰《东溪试茶录》；黄儒撰《品茶要录》；徽宗赵佶撰《大观茶论》；熊蕃撰《宣和北苑贡茶录》……都详尽记载和研究了当时福建的栽茶、制茶、品茶技术及饮茶风习。

据记载，北苑茶的宋代茶书占一半以上，茶诗词达千首以上。宋代武夷茶为建茶组成的一部分，至1302年创立焙局，设置御茶园于九曲溪之四曲畔，每年制"龙团"五千饼。从此，武夷茶大量单独入贡，元朝鼎盛，至御茶园解体长达260年之久。

宋元两朝，福建出现了以"龙凤盛世""茗战成风"为特征的宫廷茶文化与文人茶文化的鼎盛时期，九曲溪孕育而成的中国皇家茶园"御茶园"，不仅代

范仲淹（989—1052），北宋时期著名的政治家、思想家、军事家、文学家、教育家。1043年，与富弼、韩琦等人参与"庆历新政"，提出10项改革建议。后被贬为地方官，辗转于邓州、杭州、青州，晚年知杭州期间设立义庄。

表了武夷茶的历史辉煌，而且象征闽茶在中国茶叶的特殊地位。

当斗茶之兴渐减，明清时期的福建茶进入了创新时期，创制了多种茶类，是继宋代贡茶和斗茶之后的又一次辉煌。

明末清初，福建创制了乌龙茶，释超全《武夷茶歌》《安溪茶歌》；陆廷灿《续茶经》引的《王草堂茶说》；董天工编《武夷山志》等记载了乌龙茶的制作技术。

福建生产工夫红茶。相传清代咸丰和同治年间，在福安坦洋村试制成功，经广州运销欧洲，很受欢迎。此后大批茶商接踵而来，入山求市，开设茶行，周边茶叶云集坦洋，"坦洋工夫"的名声也不胫而走。

在福建境内，还有白琳工夫、政和工夫，通常称为"福建三大工夫红茶"。

福建用茉莉花窨茶大约始于明朝。到清朝，窨制方法较明朝又有所发展，并开始出现大量的商品茶，清代咸丰年间，茉莉花茶大量生产，畅销华北各地。

1890年前后，各地茶叶运到福州窨制花茶，福州便成为

■ 《唐人茶宴图》

特色鲜明的地域风情

■ 古人品茶泥塑

花茶窨制中心。

创新茶科技,丰富茶种类,成了这一历史时期的主旋律。此时茶叶贸易渐盛,在相当一段时期,武夷茶成了中国茶的代称。

《崇安县新志》记载:"武夷茶,始于唐,盛于宋元,衰于明,而复兴于清。"

武夷茶文化有1000多年的悠久历史,武夷山是儒、佛、道三教同山之处,有人曾赞道:"东周出孔丘,南宋有朱熹。中国古文化,泰山与武夷。"

茶与三教有不解之缘,茶中蕴和,茶中寓静,茶的"和、静"的禀性乃三教所追求的境界,三教思想之精华也丰富了武夷茶文化的内涵。

古典美学认为:"石者,天地之骨也;骨,贵坚深而不浅露。水者,天地之血也;血,贵周流而不凝滞。"

武夷山是山水石的一体化,是中国古典山水美学的精粹之所聚者，自然风光独树一帜，"三三秀水清如玉"的九曲，与"六六奇峰翠插天"的三十六峰、九十九岩的绝妙结合，它异于一般自然山水，是以奇秀深幽为特征的巧而精的天然山水园林。

武夷岩茶与武夷山堪称一体，"好山，好水，出好茶"，武夷是"茶以山名，山以茶而名"。

安溪产茶有字可考于唐代。唐代末，阆苑岩岩宇大门有："白茶特产推无价，石笋孤峰别有天。"开先县令詹敦仁曾留下许多茶诗。明清崛起，至光绪三十年（1904年）茶园面积达20多平方千米，并有大规模的出口量。

种茶、制茶、售茶、品茶、赛茶等几乎占据了安溪茶乡人的生活内容。制茶讲科学，品茶有文化，他们沿袭"没有三杯不成礼数"的风习，劝茶款款，言笑晏晏。

安溪茶艺的推出，总结了历代的品茶经验，结合地方品茶习俗，简古纯美，主要以铁观音的特殊茶韵为本体茶性，阐明其沏泡技艺和茶艺精神内涵。

其茶艺流程有：神入茶境、茶具展示、烹煮泉水、瑶池出盏、观音入宫、悬壶高冲、春风拂面、瓯里酝香、三龙护鼎、行云流水、观音出海、点水流香、香茗敬宾、欣赏汤色、细闻幽香、品香寻韵。

通过茶艺，传达了"纯、雅、礼、和"的精神追求。颇有"嫩柳池塘初拂水，简古纯美问春风"之美。

阅读链接

福建乌龙茶问世后，就受到人们的喜爱并出现了适于乌龙茶的独特品饮方式，俗称工夫茶。

清彭光斗《闽琐记》、袁枚撰《随园食单》、梁章钜撰《归田琐记》、施鸿保撰《闽杂记》、徐珂《清稗类钞》、连横《雅堂文集》等都有记载。此间，乌龙茶也传入了台湾。

中华石帝福州寿山石

中华瑰宝寿山石是中国传统"四大印章石"之一，分布在福州市北郊晋安区与连江县、罗源县交界处的"金三角"地带。

寿山石的开发利用早在南朝元嘉年间之前就已开始，而把寿山石彩石加工成工艺品则要上溯到数千年前的新石器时代。

关于寿山石的由来，在八闽地区还流传着一个美丽的传说故事：

很久以前，在太阳升起的东方，有一对金色的凤凰。这对美丽的神鸟，为了寻找一个山清水秀的地方栖息下来，就不停地飞啊、飞啊，飞了七七四十九天以后，飞到了福

福州寿山石雕刻

州市郊的寿山、九峰和芙蓉三座山峰的上空。

凤凰见这里处处翠竹苍松，山花烂漫，山间飞泉喷洒，流水潺潺，立即就被这仙境一般的风光迷住了。神鸟唱啊、飞啊，快活地绕着三座山峰飞来飞去，一会儿掠过寿溪水，一会儿冲上九重天，上下盘旋着，久久不愿离开。直到太阳渐渐西沉，这对凤凰才双双飞落寿山溪边，在一丛白绒绒的芦花下过夜。

没想到，到了四更天，那只美丽的雌凰产卵了，生了一粒彩蛋，百鸟一起飞来向它祝贺。它们扑棱着翅膀离巢飞起，飞到凤凰栖息的上空，绕着一片荧荧的白光飞舞。

福州寿山石印章雕刻

这时东边山头还没露白，山林里的百鸟忍不住欢快地唱起歌来。鸟儿们围着凤凰飞着、唱着，唱亮了山，也唱亮了水，唱得那粒圆圆的彩蛋闪着一圈一圈的红光，乐得那只雄凤围着彩蛋跳来跳去。

不料，正在这时候，被山中奇光异彩吸引来的寿山人，发现了凤凰，他们高兴地大声喊道："啊！凤凰！凤凰！山里出了凤凰！"

这一喊却立即发生了不幸！那只正高兴着的雄凤蓦地受惊，"啪"的一声，双爪踩在蛋上，它也顾不得蛋壳破了，便与雌凰一起飞回东方去了。

那粒破了壳的凤凰彩蛋的蛋清和蛋黄从壳里流了出来，流着流着，慢慢地流入了寿山溪里，又随着溪

九重天 古人认为天有九层，因泛言天为"九重天"。中国汉代扬雄的哲学著作《太玄》曰：有九天，一为中天，二为羡天，三为从天，四为更天，五为晬天，六为廓天，七为咸天，八为沈天，九为成天。又曰：天以不见为玄。

■ 福州寿山石蔬菜工艺雕刻

特色鲜明的地域风情

枇杷 古名芦橘，又名金九、芦枝，是蔷薇科中的苹果亚科的一个属，为常绿小乔木。树冠呈圆状，树干颇短，一般树高3～4米。叶厚，深绿色，背面有绒毛，边缘呈锯齿状。枇杷原产中国东南部，因果子形状似琵琶乐器而名。

水缓缓地向前流去……

星移斗转，寒来暑往，这凤凰蛋液溶进了寿溪里，使溪水变得更清、更柔和了，在太阳光下泛着金色、黄色和红色的光波。这溪水又慢慢地渗进溪边的水田，把田底的石头染成黄、白和淡红几种颜色。

因渗进地里的蛋黄浓淡厚薄不匀，所以在寿山石中，就有了黄金黄、橘皮黄、桂花黄、枇杷黄、杏花黄、鸡油黄、粟子黄、葵黄和豆黄等各样色种。

那被人称为"银裹金"的田黄石，因染了蛋黄又染了蛋清，表皮洁白，石芯却是纯黄的，所以特别名贵，价值超过黄金几倍！

传说固然美丽，其实寿山石原本是一种天然石料，品种繁多，主要分布在福州市郊寿山的田坑、水坑、山坑等地。

寿山石分为多种：质地细密，色彩丰富，质透明如冻的名"寿山冻"；纯净如羊脂的名"白芙蓉"；略呈透明，具萝卜纹条带，呈橘黄、熟栗黄、枇杷黄及金黄色者，名"田黄"，尤其珍贵，是刻制印章的上品。

据说在明朝年间，有一年大考时，正逢严寒，滴水成冰，印泥也冻结了，其他考生都无法盖印，唯独福建考生带去的田黄石图章，能使印泥化冻，留下印章，传为佳话。从此，田黄石被誉为"印石之王"，文人雅士都喜爱用它雕刻印章。

民族英雄福州人林则徐对寿山石情有独钟。林则徐在他为官的不同时期，曾经用过不同的"闲章"，其中有"读书东观视草西台""江淮草木知""管领江淮河汉""宠辱皆忘""身行万里半天下""青宫太保之章""历官十四省统兵四十万"等。

这些"闲章"印文或出于自拟，或用古人成句，传世者不少，而且多数是用寿山石刻成的。不仅恰如其分地喻示了林则徐的经历和功绩，更主要的是表现了他的高尚情操。寿山石高洁超群的品质，正是林则徐坦荡襟怀的最佳写照。

寿山石雕不仅文人喜爱，更是历代皇室垂爱之物。清朝入关后的10位皇帝，几乎每个皇帝都特别喜欢福州的寿山石。

如康熙皇帝就极喜欢用寿山石制成印玺，他曾用田黄石刻成"体元主人"小玺和"万机余暇"闲玺，还有"坦坦荡荡""景运耆年""康熙宸翰""保合太和""佩文斋""戒之在得""御赐朗吟阁宝"等用寿山石制成的印玺。

其中"御赐朗吟阁宝"是赐给四

439

闽乡拾英

八闽魅力

■ 福州寿山石雕件雕刻

■ 福州寿山石弥勒
佛像

戒之在得 出自
《论语·季氏》
中，孔子道：
"君子有三戒：
少之时，血气未
定，戒之在色；
及其壮也，血气
方刚，戒之在
斗；及其老也，
血气既衰，戒之
在得。"这是儒
家关于"克己"
的"自戒"内容。

皇子，即后来的雍正皇帝的，用寿山芙蓉石雕刻成双狮钮，形象逼真生动，雕工流畅细腻。

比起康熙皇帝，雍正皇帝对寿山石的喜爱有过之而无不及。据统计，他共用过200方左右的印玺，其中，有160余方为寿山石所制，而且很大一部分在他没有登基的时候就开始使用。

雍正原被封为"和硕雍亲王"，受赐圆明园。于是他便拥有"皇四子"和"圆明主人""竹梅烟舍""洗桐山房""松柏室""娱耕织""禅悦""冰壶秋月""朗吟珍赏"等50余方印玺，其所用的材料主要是寿山石中的高山石或芙蓉石，少数为田黄石，钮雕以狮钮为主。

1723年，雍正登基后，便开始大量用寿山石制成御用宝玺，绝大部分是用五色的寿山石雕刻而成的。其钮多为圆雕螭、龙等，雕工细腻，抛光圆滑，有很高的艺术水平。

乾隆皇帝也有寿山石印玺100多枚，而且有许多传奇故事。他曾经特别下旨征用福州寿山田黄石作为祭天的供品，取"福寿田丰"的寓意，因此田黄石被誉为"石帝"。

乾隆还选用一块田黄石镂空成了3条石链，每链系一方石印玺，分别为"乾隆宸翰""唯精唯一""乐天"。这3方印玺被称作"乾隆三链章"。

乾隆特别喜欢田黄石，他的印玺几乎清一色都是用田黄石刻成的，如他有田黄组印"乾隆御笔""所宝唯贤""德日新"；田黄小玺"信天主人""长寿书屋""三希堂"；田黄石回文9方套印"循连环连环循环循连"等。

自乾隆之后，直至宣统皇帝，也都有大量印玺是用寿山石制成的。

阅读链接

　　雍正在位13年，加上他当"和硕雍亲王"的时间，也不过20年，却有约160方用寿山石制成的印玺，可见他对寿山石喜爱的程度。

　　如雍正二年制的有"雍正御制之宝"、雍正三年制的"雍正御笔之宝"，雍正六年制的"喜起""勤政殿""四宜堂""养心殿""崇实政""懋勤殿"等，共31方。

　　此外还有"壶中无""谦斋""膺天庆""诚求""和四时"等寿山石印玺。

武夷山船棺崖葬奇观

　　船棺是八闽地区武夷山的奇观之一，也是八闽文化的一个重要标志。

　　在中国南方有些地区有船棺崖葬的习俗，但以福建武夷山崖葬船棺最早，距今已有3800多年。

　　关于它们的由来，有这样一个传说：

武夷山悬棺处

■ 古代船棺

在很早以前，武夷山原是一片汪洋，花草皆无，烟霞尽绝，当地的武族和夷族人的日子过得十分凄惨，两族人的疾苦被天宫的一位神仙知道后，他动了恻隐之心，决定帮助武夷人开建武夷山。

这仙人吹了口仙气，施展仙术，将江西九龙山的8条龙和许多山峰都幻化成青蛙，驱赶到武夷山填海，转瞬间，武夷山就变得峭壁掩映，秀峰嵯峨。真可谓是"奇花瑶草馨香，红杏碧桃艳丽"，一派人间仙境。

山清水秀给武、夷两族人带来了一片生机，他们感谢仙人的恩德，把他称作"武夷君"，供奉为"移山大仙"，年年祭祀，岁岁朝拜。

可是常言道，"福兮祸之所倚"，人们正沉浸在幸福之时，一场灾难降临了。

一次，王母娘娘召开蟠桃宴会，各路神仙都前往瑶池赴宴。席间，几位神仙讲起武夷君如何受武夷百姓崇奉，近旁一大耳仙妒忌道："武夷君能移山，我

王母娘娘 传说中的女神。原是掌管灾疫和刑罚大神，后于流传过程中逐渐女性化与温和化，而成为慈祥的女神。相传王母住在昆仑仙岛，王母的瑶池蟠桃园，园里种有蟠桃，食之可长生不老。亦称为金母、瑶池金母、瑶池圣母、西王母。

能倒海，只要略施小术，管叫武夷山再度沦为汪洋。"

武夷君一闻此言，打了个寒噤，暗叫祸事来了！他立即驾祥云飞奔武夷山，变成一个云游和尚，一边挨家化斋要饭，一边警告武、夷两族人："大难要临头，快凿木船，架壑逃生吧！"

族人将信将疑，但还是立即用古柏、楠木雕凿成船。

果然，三天三夜之后，忽见黑雾翻卷，愁云滚滚，一时间电闪雷鸣，雨漫乾坤；天上银河泻下，村前白浪滔天，真的是桑田变成了沧海，陆岸陷入了波涛，刹那间武夷山又成了一片汪洋大海。

两族人纷纷驾起船只争相逃命，求救声直冲霄汉，惊动了南海观音菩萨，她拨开云雾一看，便手托净瓶赶去相助。只见观音将柳枝往下一点，喝声"退！"那水全被吸进净瓶中去了，两族人得救了。

武、夷两族人从此便在武夷山长住下来，在群峰之间，用破旧了的木船作桥梁，相互往来，后来，两族联姻，便合成武夷人了。

为铭记凿船救命之恩，按祖上风俗，武夷人家家都要凿船架壑，连死后的棺木也要做成船形，安葬在洪水淹不到的岩壁洞穴中。

那些架壑船和船棺千年不朽，一直留在九曲溪滨的峰岩壁洞上，人们乘筏游九曲时便可看到。

阅读链接

船棺崖葬曾被称为千古之谜，引起了考古学家的重视。古代科学技术那样落后，人们又是如何把船棺悬放在悬崖绝壁上去的呢？人们百思不得其解。

现代科学家受到了一个启示，才揭开了这个谜，了解了古代人将船棺放置悬崖的古老技术，也充分地感受到了古代人的聪明才智。

船棺崖葬是武夷人在与自然界长期斗争中形成的习俗，反映出了古代人对生死命运所进行的顽强抗争。

宝岛风韵

　　台湾地区原住民族属于古代的百越族，虽历经千载，但仍然保持了本民族特色的风俗，如射耳祭、矮灵祭等。

　　台湾是一个移民众多的地区，客家族群强调的文化，在语言、风俗、习惯、文学艺术等方面，都留存着丰富的中原古风，这方面可以从台湾的妈祖信仰上得以体现。

　　此外，台湾少数民族的音乐颇具特色，特别是与中原音乐、戏曲融合之后产生的具有台湾特色的当地戏剧、民歌、舞蹈等，都有力地展现了台湾文化的多样性。

展示猎人精神的射耳祭

　　台湾少数民族重视祖灵信仰，相信祖灵居住在山上，并且会保护族人收获丰盛。几乎各个族群都有丰年祭，各族群也有自己独特的祭典，例如，布农人的射耳祭与小米祭。

　　布农人在原住民中，和泰雅人同属于典型的高山民族。分布在台湾中央山脉的布农人，在台湾高山族中，以剽悍、勇猛、刚毅而著

台湾少数民族服饰

辉煌绽放 宝岛风韵

■ 古人狩猎画面

称，而其英勇善猎的技术，更令人钦慕。

　　传统布农人靠山吃山，对于大自然相当敬畏，一年当中不论播种、收成、除草、打猎，都有固定的祭祀仪式告天谢神，其中射耳祭是最重要的祭典。

　　布农人是一个没有文字的族群，自古以来，他们就是根据月亮的阴晴圆缺和一年四季环境变化与农事活动，来定出自己的祭祀历法。

　　布农人一年中有很多庆典和祭祀活动，其中射耳祭也叫打耳祭和小米丰收祭，是布农人一年中最重要的隆重节日。射耳祭和小米丰收祭，代表了布农人传统生活中对狩猎和小米的虔诚与期待丰收的喜悦心情。在这两个重大的节日里，布农人都穿戴美丽的服饰，尽情地饮酒、歌舞。

　　举行射耳祭的时间在每年四五月间，正好是小米结穗、丰收在望的日子。祭典前，族里的男人会擦亮

历法 用年、月、日等时间单位计算时间的方法。主要分为阳历、阴历和阴阳历三种。阳历亦即太阳历，以地球绕太阳一周为一年；阴历亦称太阴历，以朔望月为一个月。农历是阴阳历的一种。历法中包含的其他时间单位尚有节气、世纪和年代。

台湾原住民

特色鲜明的地域风情

巫师 在古代社会中有很多的功用：他们可以用魔法保护他人，以免受到自然灾害、外来者和敌人的伤害。他们也负责改正错误，衡量对错，操控大自然和解释恐怖的现象等。因此几乎每个村落里都有巫师，他们是村里最重要的人物，男性和女性巫师都存在。

自己的猎枪、弓箭，组成10余人的队伍，上山狩猎；此时也是男人展现勇气和技艺的时候，如果能够猎得山猪、鹿等大型动物，将被族人视为英雄。

同一时间，猎人的妻子开始准备食物并酿制香醇的小米酒，待男人扛着丰硕的成果归来，妇女们便带着佳肴和小米酒至村口迎接，猎人也将捕得的兽肉拿出来给大家分享，气氛颇为欢乐。

第二天凌晨，男人们携带自己的猎枪，陆续来到氏族的祭场。祭场内通常有棵大树，树下挂着历年来祭祀用的兽骨。

巫师首先祭兽骨，以表达对猎物的敬意，祈求来年依旧丰收，并挂上新猎物的兽骨。随后举行点火祭，巫师将预先准备好的桃、李、盐肤木以及称为"嘎巴库斯"的芦苇秆放入地上的坑洞中点火。

桃、李象征丰收，盐肤木则是布农人制作火药的原料，关系到打猎的成果，而"嘎巴库斯"则由于富含油脂，为露宿野外时燃烧取暖的薪柴。借由升火过程的顺利与否，便可预测氏族当年的运势，因此巫师在点火时都会相当小心，通常都能一点即燃。

当柴堆的火势旺盛地燃烧起来的时候，大家也趁此时赶紧拿出自己的猎枪在火堆上挥舞着，希望借此能招来好运，这便是打耳祭之前的枪祭。

接着，巫师便开始发玉米，以玉米数数人头，借以均分兽肉；如果数目错误，则被视为厄运的征兆。

待天空大亮时，祭仪的核心"射耳祭"便正式登场，所有男性集合在广场上，从年龄最小的开始，或以弓箭或以猎枪，依续向场中央竖起的山羌或水鹿等兽耳射击。

射耳是为了培养族人精湛的狩猎技术，使之成为

弓 是抛射兵器中最古老的一种弹射武器。它由富有弹性的弓臂和柔韧的弓弦构成，当把拉弦张弓过程中积聚的力量在瞬间释放时，便可将扣在弓弦上的箭或弹丸射向远处的目标。弓箭作为远射兵器，在春秋战国时期应用相当普遍，被列为兵器之首。弓是自人类出现战争到近代枪炮大量使用为止，弓的作用是任何武器都无法替代的。

辉煌绽放
宝岛风韵

■ 古人祭祀场景

英勇高明的猎人；为了荣耀，也为了期待射中后能为族人带来好运，大家都聚精会神，全力以赴。待轮完一圈，主祭的巫师便射出最后一箭，并吟诵祈求丰收的祷文，正式祭典在此便告一段落。

接下来的阶段，女人不得参与的禁忌解除，气氛也由严肃转为轻松，男人们围坐在广场的空地上，女人们则围在外围，热闹的夸功宴"马拉斯打邦"正式登场。

这时，场中大家轮流传吃兽肉、小米酒，勇士们鼓足中气轮流唱和大声报出家庭姓氏，并夸耀祖先的荣耀以及个人英勇事迹，说到兴奋处，大伙齐声附和，酒酣耳热之际，气氛越来越高昂。

而家庭若有新媳妇或新生儿，也会趁此时机由长老介绍给族人认识，并给予祝福。

最后，在欢乐的气氛达到最高潮时，全族老少一起高唱"祈祷小米丰收歌"，举世惊艳的八部和声此时登场，浑然天成的歌声仿佛天籁，待歌声告一段落，族人们才踩着愉悦的脚步散去，并且在心中期许着，今年必定又是丰收的一年。

阅读链接

在时代变迁下，布农人的各项祭典随着传统文化的式微而快速散失，仅存至今的射耳祭则成为永续猎人精神的一脉香火。

从前，枪祭都是实弹射击，后来改以燃放鞭炮代替。除台东县海端乡的初来、雾鹿等地仍维系着氏族动员的传统外，各地布农族的射耳祭，后已多改由部落甚至全乡联合举办。

祭典之外，往往增加不少热闹的活动，一方面凝聚族人的认同，另一方面也向外人展示猎人精神中尚武而坚毅的一面。

以异族为核心的矮灵祭

矮灵祭是台湾赛夏人之主要祭仪，每两年旱稻已收三分之一后举行，在赛夏人心目中占有极重要的地位，它具有非常特殊的异质要素，是以异族矮灵为核心的祭仪。

矮灵祭分为五部分，即迎灵、祭灵、娱灵、逐灵、送灵。每一部分占一夜，正中的一夜"娱灵"为本祭，须排在秋割月之望夜，正值旱稻收获之时。

台湾少数民族服饰

在五段祭仪前后还有附加的仪式，每一段祭仪由日斜或日暮前开始，至翌日日出后完毕，故每段祭仪虽只占一夜，实则跨两天，所以全部祭期有6天。每两年举行一次，10年则举行大祭。

古人狩猎岩画

特色鲜明的地域风情

巫术 指中国古代企图借助超自然神秘力量对某些人、事物施加影响或给予控制的方术。传说舜的儿子做了巫咸国的首长，带领巫咸国生产食盐。他们把卤土蒸煮，使盐析出，成为晶体，外人以为是在"变术"。加上巫咸人在此过程中举行各种祭祀活动，别的部落把它看成是在实施一种方术，于是称为"巫术"。

矮灵祭的由来，有一个古老的传说：相传在很久以前，有一群居住在新竹五峰乡上坪溪上游右岸半山腰岩洞内的族人，身高虽仅有3尺，但臂力强，而且擅长巫术，所以与之为邻的赛夏人很怕他们；不过，由于矮人能歌善舞，所以赛夏人每年到了稻粟收获举行祭典时，都会邀请矮人一同唱歌跳舞。

只是，矮人在歌舞之余，经常借机侵犯赛夏人妇女，而矮人又善于隐身之术，所以赛夏人不易查到证据，往往在祭典过后，才发现有许多赛夏人妇女都怀孕了。因此，赛夏人对于矮人的怨恨便日益加深。

直到有一年的祭典，矮人又在调戏赛夏族的妇女时，恰巧被赛夏人看见，赛夏人已忍无可忍了，便绞尽脑汁苦想计策，于是，他们暗中把矮人回途时常爬上去休息的枇杷树先砍断一半，再用泥将树的缺口遮掩起来。

果真，矮人们依照旧习惯，一个一个爬到枇杷树上休息，就在矮人们都来不及反应时，枇杷树便瞬间倒下，矮人们一个一个都跌落深渊内淹死了，只有两个矮人幸免于难。

这两位矮人虽知是赛夏人设计害了他们的族人，但人单势薄也无可奈何，便决定往东方离去，离开前，还将祭歌与舞步教授给赛夏人。赛夏人虽然除去了心头大患，但内心却感到不安，于是开始祭祀矮人，安抚他们的灵魂，以化解彼此的仇恨。

从此以后，就在秋收之后的月圆夜里，赛夏人不断地唱着、跳着，邀请矮灵归来，再一次与赛夏人同乐，并在歌声中请求矮灵的原谅与赐福。

赛夏人的矮灵祭每两年举办一次，传统上是在农作物收成后的月圆前后举行，大约在农历十月十五下元节前后。每10年举行大祭一次。大祭和一般的矮灵祭的最大区别是：大祭有祭旗的制作。

这是一个用五六米高的竹子做成的大祭旗，上面用红色和白色的布条装饰着。这个旗子只有姓夏的赛夏人才能够碰触，且在祭典当

台湾民俗

典故 原指旧制、旧例，也是汉代掌管礼乐制度等史实者的官名。后来一种常见的意义是指关于历史人物、典章制度等的故事或传说。典故这个名称由来已久。最早可追溯到汉朝。《后汉书·东平宪王苍传》中记载："亲屈至尊，降礼下臣，每赐宴见，辄兴席改容，中宫亲拜，事过典故。"

中，要一直不断地绕着祭场走动。走动或起动时，可由胡、樟二姓的人搀扶协助。

相传，这个旗子的由来是有典故的：

在很久以前，赛夏部落发生了一场瘟疫，各宗室无一幸免，尤其是朱家几乎灭绝。唯一存活下来的，是一位年逾六十、头发半白的老人家。他的家人都死了，一个人孤苦伶仃，很是可怜。

于是，夏家就将一位18岁的少女许配给他做妻子，好延续朱家香火。朱家对于夏家这样的恩情十分感谢，就赠予一条红布以表心意。

此后，每次10年大祭的时候，夏家就会做出一面这样的大旗，上面红色的布条是表示朱家赠旗的信物，而白色的布条则是指赛夏人团结、洁净的象征。

经过长期的发展及地理上的区隔，赛夏人矮灵祭发展成为南北两大祭团：南祭团涵盖苗栗县南庄及狮

■ 古人祭祀集会岩画

潭等地的赛夏人，祭场位于向天湖；北祭团主要是新竹县五峰乡五峰的赛夏人，祭场位于大隘。两者祭典内容大致相同，不过南祭团所有的祭仪都比北祭团早一天。

祭典前一个月的南庄会谈，开启了矮灵祭的序幕。会谈内容主要是约定祭典举办的日期，会谈之后，族人开始练习平常禁唱的祭歌，而且屋室、器物上绑着象征驱邪的芒草结，并保持心境的平和，不可与人有所嫌隙，否则将会招致矮灵的不悦，被矮灵所惩治。

少数民族头饰

一个月之后，矮灵祭正式开始，第一天称为迎神，有请神、分猪肉、请灵及表彰事宜等仪式活动。其中请灵，是当天最重要的仪式，先由日家族人向东方射箭，告知矮灵祭典的来临，再由各姓长老供奉猪肉串、糯米酒，向东方虔敬地祝祷以召请矮灵。

第三天的娱灵，是整个矮灵祭典中祭祀的重点。当天清晨，先由日姓家进行，再由其他各姓跟进，原因是日家肩负射箭示信的责任，过程类似祖灵祭。

第四天傍晚，族人齐聚在祭场，以歌舞表达对矮灵的崇敬。开始由象征矮灵的臀铃引领着手牵手的族人起舞，然后也杂在族人当中，与之共舞。

进行到子夜时分，唱到最悲怆的以雷女的故事比喻矮人落水而亡时，所有的声响及舞蹈停止，全体面

向天湖 位于苗栗县南庄乡东河村，是赛夏人中的最大部落。相传几百年前，这里原是一处湖泊，昔人因见该湖仰望天空，而取名向天湖，亦称仰天湖。后因大东河支流向源头侵蚀，切穿湖岸，湖水流失，留下土壤肥沃的湖底，成为山间盆地，移居此地的原住民，将其辟成耕地。

向东方，主祭站在臼上向东方祝祷并训诫族人。以后几天的活动都是以彻夜不断的歌舞来纪念矮人。

最后一天，在舞蹈结束之后，祭场出现一连串仪式，由赛夏人演出一幕矮灵祭由来的故事。透过这样的展现，告诉族人过去的历史文化和和谐的传统美德。在收获祖灵祭结束后，矮灵祭正式落幕。

因为矮灵祭开始时，族人分别邀请祖先及矮灵参与盛会，因此，必须到祖灵祭结束，矮灵祭才告一段落。在为期一个星期左右的祭典期间，与会的人一定要随身携带辟邪用的芒草。在部落里的人都要庄重严肃，不能有什么开玩笑的举动或者是随便批评。

这时，在外地求学或工作的族人都要回到部落参与祭典。若不如此，将可能会有意外或者是病痛的发生。严重者会被矮灵抓去，导致暂时性的无法动弹。

此时，主祭就必须召集各家小主祭进入祭屋，用芒草覆盖发病者全身，并且用心忏悔以及祈求矮灵的宽恕。如此一来，发病者便能恢复呼吸和意志。

特色鲜明的地域风情

阅读链接

关于矮灵祭，另有一个传说，情节大致雷同，但在矮灵祭的成因有所出入。赛夏人将通往矮人住处的山枇杷树桥砍断一半，桥上的矮人落水死亡。

剩下的两位矮人将训诲赛夏人的叮咛事项编入歌舞，传给赛夏人并警告他们要遵从约定举行纪念矮人的祭典，唱矮人教导的祭歌，否则农作物会歉收甚至灭族。说完向东沿着河岸边撕开山棕叶边下诅咒离去。但只有朱家的人学得完整，所以每次祭典由朱姓族人主祭。

炮轰寒单爷和盐水蜂炮

炮轰"寒单爷"和盐水蜂炮，都是台湾人民在元宵节时举行的特殊的民间活动，历史悠久，热闹非常。

寒单爷又称"玄坛爷"，是台东地区汉人的民间信仰中相当独特的一支民间活动，每年正月十五元宵节时，寒单爷出巡，一连两天，伴随着各路神明绕境，更成为地方盛事。

关于寒单爷的由来，一直众说纷纭，民间一般有两种说法：

一种说法是寒单爷本是商代武将赵公明，周武王伐纣时在阵前殉职，死后在天界专司财库，与生前四位部属合称"五路财神"，因此迎寒单爷

台湾南路财神

其实就是迎财神，由于寒单爷怕冷，因此人们便以鞭炮为之取暖。

相传台东的寒单爷被一户养鸭人家从西部随身带来，一年遭逢大水，附近人家皆遭洪水冲毁，唯独这户人家平安无事，自此寒单爷声名日渐传开。

养鸭人家后来将寒单爷留下，并嘱咐乡民每年上元节时，要让寒单爷出巡，以消灾解厄，并带来财富，炮轰寒单爷的习俗就此流传下来。

■ 台湾东路财神花灯

另一说法则是：寒单爷系台东当地的流氓，在地方上欺压良善，无恶不作。某年元宵，乡民计诱寒单爷饮酒，将其灌醉后，再以鞭炮将其炸死。因此后来每逢寒单爷出巡，各家无不添足火药，大肆轰炸一番以泄怨气。

迎寒单爷的仪式十分特别，由真人所扮演的"肉身寒单"，要面画大花脸，头系红帽巾，手执榕叶护体，上身赤裸地立于神轿上，在台东市的大街小巷中逡巡。

所到之处，店家、信众无不热烈地投以鞭炮。炮竹声震耳欲聋，寒单爷却仍面不改色，神气活现。

除了寒单爷，众家神明在这天也会上街巡境，由台东各庙宇联合组成的大型队伍，热热闹闹地绵延了几千米，一路上风光体面、喜气洋洋。

荷叶仙师 为泥水匠业的祖师爷，相传荷叶仙师乃仙人的化身，初期，教人制瓦起造房屋，其后徒众甚多，知其技艺超群，争相欲拜仙师为师。而仙师的名号，乃因仙师的小腿有痼疾，终日以荷叶、芋叶裹其伤腿，故以名之。

值得一提的是，阵头中的神明除妈祖、荷叶仙师外，还会出现原住民的神明，实为后山"原汉交流"的一大特色。

盐水蜂炮也是台湾元宵节时著名的地方民俗活动，地点在台南盐水镇，所谓蜂炮是指许多冲天炮组成的大型发炮台，点燃时万炮齐发，有如蜂群倾巢而出，故称"蜂炮"。

盐水镇靠海，多住以讨海为生的渔民，来自福建沿海，蜂炮的活动可能起于清代光绪年间，盐水镇瘟疫流行，居民基于民间习俗，向当地的"关圣帝君"祈求平安，并依占卜结果，在元宵节晚上，请出庙中的周仓爷做开路，关圣帝君殿后。

一路燃放爆竹，绕区一晚，后来遂演变为一个传统，起初全区都在元宵节前后为时三天燃放爆竹，后来逐渐改为各村轮流放爆竹的形式。

关帝圣君 乃儒、佛、道三教均尊其为神灵者，在儒家中称为关圣帝君，另有文衡帝君之尊称；佛教以其忠义足可护法，并传说他曾显圣玉泉山，皈依佛门。因此，尊他为护法伽蓝神、盖天古佛；道家中由于历代封号不同，有协天大帝、武圣帝君、关帝爷等，民间则俗称"恩主公"。

459

辉煌绽放

宝岛风韵

■ 台湾中路财神和北路财神花灯

基本的蜂炮做法是以木条定制大型支架，可从两尺至两丈高，再将冲天炮排满在木架上，可从几千支到一万余支冲天炮不等，接着将冲天炮的炮心连接起来，组成炮台或炮城，再加以外观装饰，粘贴色纸，组成人形、动物形等。通常家族会动员家人一起制作蜂炮来参加活动。

盐水蜂炮的路线惯由盐水镇的关圣帝君庙前开始，祭神庆典时间皆为农历正月十四上午八时开始，要到正月十五傍晚，各家才会开始推出炮台，待神轿与轿夫出发后，就正式揭开序幕。

当神轿行到炮城前，主人拉开红布，撕下炮台上"某某家敬献关圣帝君"字样的红纸，焚烧在神明面前后才正式引燃自家的炮城。一时万炮齐发，极为壮观！参加蜂炮活动的民众多准备有厚的衣服、帽子来参加此炮声隆隆、火光不断的民俗庆典。

阅读链接

寒单爷的名称有"寒丹""韩郸""韩单""韩丹""邯郸""邯丹""邯单"等多种不同写法，推论其原因，应该是口耳相传的过程中造成的变化，或是古字和现代用字的不同，实际上皆是一样的。

在魏晋南北朝时期成书的《搜神记》和《真诰》等，都有寒单爷的神迹，但只是司土下冢中事，或是瘟神。直到元朝的《搜神广记》和明朝《封神演义》之中，才有较完整的记载。

热烈而吉祥的送王船

　　台湾西港庆安宫的"送王船"每三年一次，通常在农历四月中旬举行。

　　送王船是整个祭典仪式的最高潮。送王船仪式是中华传统文化的组成部分，其信仰习俗历史悠久，信众数以万计，且长盛不衰。

　　送王船又称"王船祭"，这种习俗最早可追溯到明初，"送王船"仪式依序有王船的制造、出仓、祭奠、巡境、焚烧等。

　　送王船是送"代天巡狩"

岳飞塑像

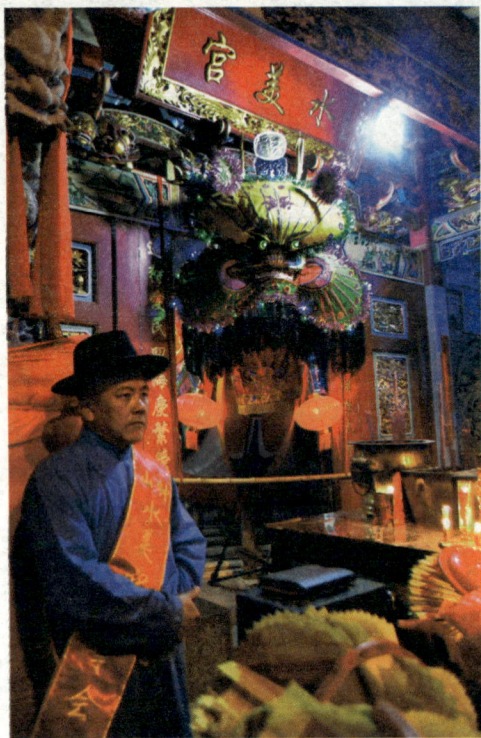

■ 专人看管王船

的王爷。关于王爷的传说尚无定论，大多指岳王爷。

每年农历四月十六，台湾及闽浙各地均会举行"贡王"活动，敬奉岳王爷，祈求平安。岳王爷即宋朝抗金英雄岳飞，他精忠报国，屡建奇功，遇害后被玉帝封为"代天巡狩"岳府王爷。

岳王爷不但代天稽查人间善恶，还管理海上亡魂，故岳王爷也成为民间航海的保护神。因此，岳王爷自古就受到广大善信者的敬仰和崇拜。

沿海民众对岳飞的崇拜与信仰起源于800多年前：相传在很久以前，闽南沿海瘟疫流行，海盗猖獗，民不聊生。

那年，某村有一个新娘自娘家返回时，带来了一个岳王爷的香火袋，这个香火袋当天便显灵并托梦给后村的族长，说他是岳王爷神灵，受玉皇大帝敕封"代天巡狩"前来该村镇境，以保佑村民的平安。

地方族长不敢怠慢，立即通过扶乩请示原任王爷，证实岳王爷确已率众兵将进入该村境内，遂请道士按一定的科仪将镇境的重任移交给了岳王爷。

从此，当地民众便将岳王爷作为本村的镇境神灵加以奉祀，岳王爷也就成了沿海人民的保护神了

后来，"王爷"除岳飞之外，又加入了其他人

玉帝 即玉皇大帝，全称"昊天金阙无上至尊自然妙有弥罗至真玉皇上帝"，又称"昊天通明宫玉皇大帝""玄穹高上玉皇大帝"。玉帝除统领天、地、人三界神灵之外，还管理宇宙万物的兴隆衰败、吉凶祸福。

物，最早的可追溯到明初，最晚也到清代雍正年间。清初台湾渔家为缅怀郑成功的丰功伟绩，以王爷作为代天巡狩的神而奉祀，并造"王船"送之入海，虽不言明而心领神会。因此王爷并非代表"瘟神"，而是代替皇帝巡游四方、赏善罚恶，保佑风调雨顺、国泰民安。

"送王船"又称"烧王船"，是沿海渔港、渔村古已有之的民俗，通过祭海神、悼海上遇难的亡灵，祈求海上靖安和渔发利市。

仪式开始时，人们开始为王船"化妆"：船头正面为狮头图案，并按规矩在两侧插上旗子，谓左青龙、右白虎。船尾正面则绘上大龙，船前后竖有"代天巡狩池府千岁"的红色号旗。

船舷上方共插有60个纸人，分别代表了"天将""水手"等不同的身份，插旗的顺序是丝毫错不得的，有专人拿着秩序册，一一仔细核对。

精心"打扮"过的王船由专人看管，停放在沙坡尾，周围划出一圈空地，以免船身被人碰伤。王船的尺寸、结构近似于真船，船桅、船帆样样不缺，据说这

左青龙、右白虎 青龙、白虎都是中国传统文化中的四象之一，根据五行学说，龙是代表东方的灵兽，青龙既是名字也是种族，青龙的方位是东、左，代表春季；白虎的方位是西，右，代表秋季；朱雀的方位是南、上，代表夏季；玄武的方位是北、下，代表冬季。

■ "送王船"出庙

■ 古代造船场景

祭品 即祭祀时用的物品。根据不同种族和不同地域，祭品的形式十分丰富，有动物如猪、牛、羊、鸡，也有植物，还可以是衣物等物品。在远古时代和愚昧时代，甚至有拿活生生的人作为祭品；暴政时期也曾出现过用活人陪葬与祭祀的情况，十分残忍。

艘船放入水中也一样能行驶。

依照古礼，"送王船"活动维持5天，斋醮、歌仔戏表演等民俗活动交叉进行。大鼓凉伞、舞龙、歌仔戏等精彩节目陆续上演。

下午3时许，船身下方的固定物被抽走，王船开始凭借腹部下的车轮缓缓前进。有近300人组成9支表演队伍同时行进，全长近200米，边走边上演舞龙、舞狮、大鼓凉伞等节目为王船开道。长龙沿着大路，慢慢走向圣妈宫旁的海边。

队伍到达海边时，正值退潮时段。王船化火是活动的高潮之处，主办方为此准备猪头、猪肚、鸡、鸭、鱼"猪头五牲"祭品进行祭拜。数百份祭品都用红袋子包裹着，其中也包括了香客送来的柴、米、油、盐和菜肴等。

随后，祭品被放入海中，慢慢漂向远方。这不仅是为了祭拜仙人，更多是为了告慰曾经葬身大海的人们的亡灵。

随后，点火仪式开始。此时王船停放在沙滩上，船头向着大海。乩童以纸钱引火，随后众人也上前帮忙。不一会儿，火光冲天，王船船身传来"噼噼啪啪"的焚烧声音。

在场的渔民和信众见状纷纷跪地，默默祈求上苍能将平安、好运和吉祥赐予自己。

火借风势，船只渐渐消逝在熊熊大火之中，两个时辰后，王船彻底化为灰烬，旁观的信众这才转身慢慢离去。下一次海水涨潮之时，会把船灰一起带走，这象征着祭品全部送给了祭祀对象。

台湾早期以渔业为主的港口，常有王爷信仰的寺庙及祈福祭典。其中最具代表性的有：外埔合兴宫一带的文兴七府王船、富美七府王船、文兴四府王船，云林嘉

仙人 即神仙，是中国本土的信仰。仙人信仰在中国早在道教产生之前就有了，后来被道教吸收，又被道教划分出了神仙、金仙、天仙、地仙、人仙等几个等级。远在佛教传入中国之前，中国本土就有了仙人的信仰。佛教传入中国之后，把古印度的外道修行人也翻译成了仙人。

辉煌绽放

宝岛风韵

■ 古代木船

古人祭典

义一带的五年千岁、台南一带的五府千岁、屏东一带的温府千岁。

而王船祭典中，最著名的是拥有数百年历史的东港东隆宫平安祭典。东隆宫建于清代圣祖康熙年间，主祀温府千岁，平安祭典活动每三年一科，是将奉上天旨意代天巡狩的千岁爷接上岸，称为"请王"。

平安祭典过程重点在于千岁爷绕境仪式，经过数日的祭典绕境，称为"出巡"。之后，千岁爷必须回天庭缴旨，而"送王船"则是送走千岁爷的仪式，称为"宴王""送王"，也是整个祭典的高潮。

送王船的平安祭典代表着地方百姓对千岁爷的感激，并祈求神明赐福东港百姓。

阅读链接

送王船仪式是大陆同台湾同胞民间文化交流的纽带。人缘关系创造了神缘关系，而神缘关系又密切了人缘关系，对于王爷的崇拜在海外华侨华人中具有深远的影响，也是海外华侨华人回乡探亲，寻根谒祖和进香朝拜的"根"之一。

它发挥着联系海内外亲人情谊，增进共识，促进民间文化交流的社会功能。这是中华民族向心力和凝聚力的一种表现，同时也是中华民族优良道德品质的表现。

富有风情的高山族歌舞

台湾高山族是中国大陆南方古代百越人的后裔，也是一个能歌善舞的民族。在数千年来与大陆汉族移民共同开发建设宝岛台湾的历史长河当中，逐渐形成了富有自己浓郁民族风情的歌舞。

高山族音乐有民歌与器乐两大类。民歌比器乐丰富，可分劳动

台湾高山族歌舞

高山族舞蹈

歌、生活歌、仪式歌和叙事歌 四类：

劳动歌是在农耕、狩猎、捕鱼及其他劳动中唱的，以农业劳动歌最多；生活歌分抒情歌、朗诵歌、讽刺歌、舞歌、酒歌、儿歌和催眠歌等；仪式歌分礼俗歌、祭典歌和巫咒歌等；叙事歌是以叙述历史来缅怀祖先和颂扬部落头领等为内容的传说故事歌。

高山族的乐器，主要有口簧、弓琴、竖笛、鼻笛、乐杵、竹筒、铃、裂缝鼓和龟甲等。

古代的台湾高山族舞蹈，往往都是以熊熊篝火为中心，群集饮酒，酒酣则歌舞并作，众多舞蹈者携手围成圆圈，边舞边唱，显示族群团结的力量，展现人们快乐的心情，舞蹈动作通常都是有节奏地踩脚、跳跃、摇身、摆手等。

台湾高山族是一个善于狩猎和捕鱼的民族，再现自己狩猎和捕鱼生产活动的舞蹈动作，就成了高山族舞蹈的重要内容。如高山族舞蹈中有先退一步，然后

会饮 古代社会普遍流行的一种习俗，即人们在宴会上通过歌颂诸神和饮酒举行庆祝。大家通常在竞技或者节日之后聚在一起，一边观赏娱乐、一边吃饭喝酒、一边聊些轻松愉快的话题，描写会饮也逐渐成为一种受人欢迎的文艺题材。

双脚向前跳去的动作，这些动作便是在模仿战斗中或狩猎时的进攻姿态；另外，双脚并拢半蹲，向前后左右跳动，同时双手下垂摆动或平举手腕的动作，也是在模仿各种围猎动物的姿态。

居住在海滨或岛屿上的高山族，舞蹈中则往往表现捕鱼的情景。如兰屿岛上雅美人的舞蹈中就有模拟划船的动作。

高山族舞蹈也有表现大自然的内容，如群舞时，双脚有节奏地缓慢向一旁移动，双手垂放在身体前方有节奏地轻轻摆动，仿佛一条大河滚滚流动。

明末清初，随着大陆汉族移民的到来，汉族的银饰、铜铃等装饰物又极大地丰富了高山族的舞蹈。早期高山族的民间舞蹈，手臂动作比较简单，有了银饰、手铃之后，舞蹈动作上便着意增多了手臂的动作，或摆动或甩动。如阿美人在跳舞时，腰与手足都挂铃铛，铿然作响，契合节拍，乐趣无穷。阿美人认

乐杵 高山族人击体鸣乐器，流行于台湾各地。由一种舂米工具木杵发展而成。早在1700多年前，木杵就与木鼓一起被高山族先民用于集会号召。高山族人舂捣稻谷时，发现长短、粗细的木杵，能奏出节奏明快、曲调和谐的乐声，便将它称为"乐杵"，用它伴奏的歌曲为"杵歌"。

辉煌绽放

宝岛风韵

■ 高山族舞蹈

为跳铃铛舞，可以逢凶化吉，带来好运和希望。

高山族舞蹈的动作比较简单，节奏特别鲜明，具有明显的原始舞蹈风格。高山族人将内心的喜悦全部倾注在歌舞之中，内在节奏体现于外部形体动作上，形成一种颤动的舞蹈律动特征，结实有力，具有一种天真烂漫、热情奔放的动人美感。

甩发舞是高山族雅美人原始舞蹈的遗存形式，雅美人生活在名为兰屿的海岛上，暖湿的海洋气候和充足的阳光，令雅美少女们体质健美，都有一头乌黑的秀发，并喜欢赤足走路。甩发舞是高山族雅美人的女子舞蹈，具有浓郁的海洋色彩。据说有祝愿父母长辈们健康长寿之意。

"发舞"可以和"杵舞"相媲美，同样显示出她们是海洋文化的主宰者形象。过去，由于民俗禁忌，雅美人妇女白天不跳舞，她们认为白天舞蹈被男人看到是一种耻辱，所以多在月夜海滩上跳舞。明亮的月夜，她们来到宁静的海边，聚集在铺满卵石的海滩上跳"甩发舞"。在美妙别致的表演中，彰显青春活力。

阅读链接

每当渔船归来的傍晚，迎着金红色的落日，蓄有长发的健壮雅美妇女便集合在碧波翻滚的大海边，站成横排挽臂歌唱。

她们先散开长发，轻摇身体歌唱，然后相互紧挽双臂，小臂屈于胸前，俯身将头发甩到前面，随着由缓慢而逐渐加快的歌声晃动着身躯，边歌边进，直至发梢触及地面。

在金碧辉煌的彩霞衬托下，前后摆动不止的长发，犹如阵阵滚动的波涛。这正是雅美妇女用自己优美的形体和舞姿，来象征海洋波涛的壮丽和迎接远航捕鱼归来亲人所特有的方式。